遠藤比呂通 著

市民と憲法訴訟
CONSTITUTION AS A SWORD

信山社
SHINZANSHA

芦部信喜先生の名を記念して

はじめに——市民と憲法訴訟

　本書は，人権問題を主要な争点とする憲法訴訟の理論と実践について考察する。

　ある時代状況の中で，人間の尊厳を奪われつつある市民が，裁判の場に救済を求めたとき，その叫びを法律家は，果たして受け止めることができるのか。

　また，それを受け止めるためには，どのような技術・方法が不可欠なのか。

　そのような，問いが本書の導きの糸である。

　ここで言う「市民」は，ある政治共同体の一員である。

　市民相互は，政治共同体の維持のために，信頼しあうことが不可欠である。誰かが，信頼を裏切れば，共同体の維持は難しくなる。パートナーに裏切られた夫婦，同性愛カップルの例から，平和条約を結ぶ国際社会まで，この理はあてはまる。

　その市民が，国民国家という共同体の一員として，人間の尊厳を奪われたという主張（叫び）を行うことが，人権問題である。

　人権問題とは，共同体の維持を市民から信託された為政者が，その信頼を裏切り，市民の人間の尊厳を踏みにじることである。

　あるいは，市民の多数者が少数者を排除することである。（為政者が少数者を排除しようとする自らの行為の正当化を「人権」の名で行うことほど，人権に対する冒瀆はありえない）。

　為政者による人権侵害に対しては，抵抗という手段が存在している。人権が為政者を拘束するものである以上，人権概念には，この抵抗権概念が不可欠である。

　社会の多数の横暴に対しては，少数者は，糾弾という手段を用いてきた。現在は，国際人権法による差別行為の禁止に，重点が置かれつつある。

　本書は，これらの2つの問題を扱った著者の論稿のうち，前者に関するものを土台として，書き下ろされたものである（後者については，他日を期したい）。

はじめに——市民と憲法訴訟

すなわち，本書は，人権侵害を主たる争点として，国家の為政者の行為である，立法や行政処分を憲法に基づいて無効であるとして主張する市民に焦点を合わせる。

市民は，何を，いつ，どのように，誰に対し，主張すればよいのか。

市民の代理人の弁護士には，どのような技能と態度が要請されるのか。

市民の提起した訴訟において，裁判所はいかに憲法判断を行うか（あるいは，回避するか）。これが，本書の問題意識である。

以下，本書の構成について述べる。

第1部は，人権を主要な争点として提起された裁判に関する理論に重点を置く。いわゆる，「憲法訴訟論」と呼ばれる領域を扱う。

人権問題を主要な争点とする憲法訴訟において，裁判官がどのような手法で判断を行うかの問題の考察は，1960年代の初頭に，憲法学者の芦部信喜と裁判官の時國康夫が司法研修所において飛躍的に展開させた。

そこでの思考形式の特徴である「立法事実」とは何かを，考察するのが第1章「立法事実」である。

そこでは，特に，法律の合憲性を支えている一般的事実である「立法事実」と，当該市民に関する特定の「司法事実」は，双方とも「憲法事実」として重要であること，および，「司法事実」の認定のために使われる証拠調べによってしか，「立法事実」は認定されない，ということを強調した時國の考察の跡を辿る。

第2章は，行政事件訴訟における行政裁判官の思考形式について考える。

芦部と時國の立法事実論が主として刑事実体法の憲法適合性をモデルとして構築されていたことから，行政事件訴訟でどのような判断枠組みを用いて憲法問題を考察すべきかが必ずしも明確でなかった。

2006年1月に，大阪地方裁判所民事第2部（西川知一郎裁判長）によって下された2つの判断は，この問題にスポットをあてるうえで，極めて重要な示唆を含む。

事案は，大阪市内にある3つの公園をめぐるものであった。争点は，公園でテント様家屋に居住している人々についてのものであり，住民票の不受理処分が争われた事件では，「客観的な生活の本拠である」という実態によって，不受理処分が違法とされたが，都市公園法の除却命令およびその代執行

（いわゆる強制排除）が争われた事例では、「客観的な生活の本拠である」という実態が認定されたにもかかわらず、占有の明渡しではなく、「物」の除却という手続をとることが適法とされたのである。

一見矛盾する上記2つの判断の背後には、行政裁判官の要件事実的思考形式が浮き彫りにされている（巻末資料参照）。

憲法訴訟論が、どういう主張をすれば勝ちやすいかという極めて実践的なものだとすれば、上記思考形式の正確な理解と限界の認識はその不可欠な前提となろう。

第3章は、刑事事件の「司法事実」の認定が、人権問題として極めて重要であるという問題意識より行われた、仙台弁護士会のシンポジュウムでの講演記録である。

死刑か無期かを、陪審あるいは裁判官が判定するというのは、「実は被告人が市民であるかどうかを究極的に判定することであり、だからこそ、『司法事実』としては、被害者側の事情を考慮してはならないのではないか」という、アメリカ合衆国連邦最高裁のサーグッド・マーシャル裁判官の意見を考察する。

第4章は、箕面忠魂碑訴訟最高裁判決を素材として憲法訴訟における歴史認識の問題について考察する。

憲法訴訟において憲法事実と並んで重要なのは、憲法の規定が制定された歴史的背景である。

特に、政教分離規定については、政教分離思想と制度の歴史の考察が憲法判断のために不可欠である。

その歴史の問題を十分考察しなかった最高裁判決には、どのような問題点があるかを、日曜日授業参観訴訟の問題提起とも併せて考察する。

第2部は、市民についてである。

第5章は、沖縄という共同体と国民国家日本という共同体の相克が問題となった、内閣総理大臣を原告とし、沖縄県知事を被告とするいわゆる職務執行命令訴訟について考える。

反戦地主と呼ばれる市民が、国民国家共同体の市民であるだけではなく、読谷村および沖縄県という地方自治体の市民であるという事実。当該市民の土地を駐留アメリカ軍による軍事利用のため収用しつづける国民国家日本。

はじめに——市民と憲法訴訟

その収用に，当該市民だけでなく，読谷と沖縄の首長が協力しないという決断。

上記訴訟は，市民が個人としてもつ平和思想が，読谷と沖縄の首長の政治思想に共有されたために起こった紛争であった。

上記訴訟で裁判所は憲法判断を回避したが，何をどう，判断すべきであったかを市民が負う様々なレベルの共同体の一員としての政治的義務の問題にまで掘り下げて考察する。

第6章は，大阪市西成区にある大阪市立今宮中学校南側歩道にある，テント様家屋居住者に対する大阪市による強制撤去の違法性を争った裁判を扱う。

「ホームレス」と呼ばれる彼らが，法主体として扱われることがなかった事実に目を向け，誰が市民であるのかを考察する。

第7章は，「らい予防法」違憲訴訟を素材としながら，市民の人権侵害を認識する役割を担う専門家の責任の問題と隔離によって生じた包括的人権侵害の実態について考察する。

第8章は，高齢にもかかわらず，年金制度から全く除外されている在日1世の問題を考察することによって，周縁化された市民の排除によって初めて「国民国家」日本が成立した背景を描き出す。

第3部は，刑事訴訟における市民の権利についての位相を総合的に考察する。

第9章と第10章は，捜査段階において，社会的，道義的，法的非難を受けながら（the accused），身柄拘束されている被疑者の人間の尊厳を確保するためには，黙秘権（特権）の規定と解釈されてきた憲法38条を自由の規定（人権）として読み直すべきことが検討される。

第11章は，市民を共同体から排除する究極的方法である死刑という制度について，市民相互の政治的義務の問題にまで還元して考える。

第12章は，刑事事件の有罪か無罪かが争われる事件に，市民である陪審が参加するため必要な適正手続のうち，特に，人権問題としての人種問題が最も先鋭に浮かび上がる陪審選定手続に焦点を合わせて，考察を行う。市民の裁判への参加に不可欠な条件とは何かを問うものである。

むすびでは，憲法訴訟が誰の視点から読まれるべきかについて考える。

そこでは，中絶と女性の自己決定をめぐるアメリカ合衆国最高裁のケーシ

一判決についてなされた，弁護士小島妙子の問題提起に対し，応答する。

ケーシー判決は，女性の中絶に関する自己決定権を認めた，1973年のロウ判決を維持したわけであるが，オコナー裁判官の意見は，「過度の負担のテスト」として知られるものである。

ここでいう「過度の負担」が問題としているのは，「自立した主体」である女性が「責任」ある決定を行えるかどうかにあるのか，というのが法学者ドゥオーキンの問題意識であった。

この問題意識の重要性を認めるとしても，配偶者からの家庭内暴力に対し，全く無防備になっている女性と子どもという現実の重みが見えてこない，というのが，ドメスティック・バイオレンスの問題をライフワークとする弁護士小島の問題提起である。

そこには，憲法訴訟の当事者とは誰なのかを問い直す問題提起が含まれている（これがなければ，立法事実論は単なる権力正当化の道具と化す）。

以上が，本書の梗概である。

次に本書の成立の経緯について一言。

本書の直接の生みの親は，法政大学の江橋崇教授である。江橋教授は，草稿に目を通して下さり，貴重なコメントを下さったばかりでなく，出版の仲介の労をとって下さったからである。

本書は，筆者の師であり，「市民と憲法訴訟」に生涯を捧げた故芦部信喜先生の名を記念して出版される。

最後に，編集の労をとって下さった，信山社の渡辺左近氏，鳥本裕子氏，木村太紀氏に深謝する。

2007年3月1日

西成にて　　　遠藤　比呂通

目　次

はじめに──市民と憲法訴訟（i）

第1部　憲法訴訟と事実の認定

第1章　立法事実
　　　　──刑事訴訟においていかに憲法判断を行うか──────3
　1　憲法訴訟はいかにして誕生したか（3）
　2　憲法訴訟において裁判官は何をすべきか（7）
　3　時國立法事実論の精華（猿払事件旭川地裁判決，判例時報514号〔1968年〕20頁）（16）

第2章　要件事実
　　　　──行政訴訟においていかに憲法判断を行うか──────25
　1　2006年1月の2つの裁判（25）
　2　行政裁判官の思考形式（26）
　3　強制排除において考慮さるべき憲法事実（29）

第3章　司法事実
　　　　──死刑についてのサーグッド・マーシャルの最終意見──37
　1　被害者の権利と被告人の権利（37）
　2　ペイン対テネシー州事件判決（40）
　3　マーシャル裁判官の反対意見（42）
　4　被告人を個人として判断すること（45）

第4章　歴　史
　　　　──歴史認識を欠いた箕面忠魂碑訴訟最高裁判決──────49
　1　司法審査論の諸相（49）
　2　憲法解釈における「歴史」（52）
　3　政教分離思想の「歴史」（59）
　4　政教分離制度の「歴史」（64）

    5　戦後史の中の最高裁 (69)
    6　むすび (73)

   付論：政教分離の原則とは (75)

第2部　周縁化された市民の憲法訴訟

第5章　沖縄反戦地主
　　　　──内閣総理大臣を原告とする職務執行命令訴訟最高裁判決　81

    1　はじめに (81)
    2　砂川から読谷へ (85)
    3　護憲から積極的平和論へ──戦後憲法学の軌跡 (95)
    4　個人から市民へ (99)
    5　祖国のために死ぬこと (105)

第6章　ホームレス状態にある人々
　　　　──今宮中学南側歩道強制排除大阪高裁判決──────107

    1　人権・その神話性──権利を持つ権利の喪失 (107)
    2　「釜やん」の物語──釜ヶ崎いこいの家法律相談の事例から (109)
    3　法主体としてのホームレス──非対称の依存を見据えて (112)
    4　強制立退き1──何が起こったか (113)
    5　強制立退き2──釜やんは、法主体として扱われたか (116)
    6　強制立退き3──居住権からの評価 (117)
    7　法制度とその担い手──では、弁護士はどうなのか (119)

   付論：ホームレス問題への一視角 (122)
    (1)　西宮事件 (122)
    (2)　ホームへの帰還──物語から学ぶ (123)
    (3)　セルフメイドマン──ホームレスの裏側にあるもの (125)
    (4)　ひとりひとりと向き合うこと──強制排除への非難 (129)
    (5)　日雇い労働者からホームレスへ──構造的要因 (133)
    (6)　ニューカマーへの我々の責任 (136)
    (7)　質問への答え (136)

第7章　ハンセン病療養所に隔離された人々
　　　　──らい予防法熊本地裁違憲判決──────139

目　次

　　　1　「らいの父」光田の使命感（139）
　　　2　「らい予防法」と専門家の責任（139）
　　　3　「らい予防法」の廃止と熊本地裁判決（141）
　　　4　患者・回復者が被った人権侵害（142）
　　　5　「らい予防法」の制定過程（145）
　　　6　ハンセン病経験者とともに（146）

第8章　在日高齢者
　　　　――在日高齢者年金差別事件大阪高裁判決――――――149
　　　1　本件事案の概要（149）
　　　2　大阪高裁判決の憲法および国家賠償法解釈（151）
　　　3　本件事案において裁判規範として用いられるべき基準（153）
　　　4　原告らの国籍喪失の経緯の立法事実としての重要性（157）

第3部　刑事訴訟における市民の権利の位相

第9章　刑事手続における沈黙の自由
　　　　――市民の政治的義務には自白の義務は含まれない――167
　　　1　功利主義対切り札としての人権（167）
　　　2　リベラリズム対コミュニタリアニズム（172）
　　　3　市民の政治的義務（178）

第10章　取調受忍義務論の意義と限界
　　　　――憲法38条を自由の規定として読む――――――185
　　　1　自己負罪拒否特権（185）
　　　2　被疑者に対する自白追及（190）
　　　3　取調受忍義務の存否（197）
　　　4　任意性の概念（201）
　　　5　沈黙の自由（204）

第11章　死刑と適正手続
　　　　――人は死刑を受け入れる義務を持つか――――――209
　　　1　はじめに（209）
　　　2　学説の流れ（210）
　　　3　本章の問題関心（212）

4　自然状態における政治的義務（213）
　　　5　市民社会におけるデュー・プロセス（217）
　　　6　人は死刑を受け入れる義務を持つか——むすびにかえて（219）

第 12 章　市民参加と刑事陪審
　　　　——陪審選定手続におけるカラー・ライン——————223
　　　1　事実の概要（223）
　　　2　判　旨（224）
　　　3　研　究（228）

むすび——憲法訴訟の当事者としての市民————————233

あとがきにかえて——同業者諸氏へ——————————245

［資料］大阪地方裁判所第 2 民事部平成 18 年 1 月 25 日決定（靫公園テント
　　　　家屋除却命令執行停止却下決定）（241）

参考文献（266）

初 出 一 覧

はじめに――市民と憲法訴訟（書き下ろし）

第1章　立法事実（書き下ろし）
第2章　要件事実（書き下ろし）
第3章　司法事実（原題「憲法論からみた死刑制度」仙台弁護士会2004年プレシンポジュウム「死刑制度を考える」講演録）
第4章　歴史（原題「裁判規範と政治過程」樋口陽一編『講座憲法学6・権力の分立(2)』日本評論社，1995年）
　付論　政教分離の原則とは（1993年3月9日朝日新聞文化欄〔夕刊〕）
第5章　沖縄反戦地主（原題「積極的平和論の基礎」岩村正彦ほか編『岩波講座現代の法1』岩波書店，1997年）
第6章　ホームレス状態にある人々（原題「法主体としての『ホームレス』？」法社会学64号〔2006年〕）
　付論　ホームレス問題への一視角（原題「New Comerと呼ばれる人々――ホームレス問題への一視角」KG人権ブックレットNo.6，2002年関西学院大学主催春季人権問題講演会講演録）
第7章　ハンセン病療養所に隔離された人々（原題「らい予防法の法律上の問題」沖浦和光＝徳永進編『ハンセン病――排除・差別・隔離の歴史』岩波書店，2001年）
第8章　在日高齢者（書き下ろし）
第9章　刑事手続における沈黙の自由（原題「刑事手続における沈黙の自由（3・完）」法学60巻4号〔1996年〕）
第10章　取調受忍義務論の意義と限界（原題「刑事手続における沈黙の自由（1）」法学53巻3号〔1989年〕）
第11章　死刑と適正手続（原題「刑事裁判の適正手続」『特集 日本国憲法50年の軌跡と展望』ジュリスト1089号〔1996年〕）
第12章　市民参加と刑事陪審（原題「陪審選定手続における人種問題（カラーライン）」憲法訴訟研究会報告，ジュリスト1027号〔1993年〕）

むすび――憲法訴訟の当事者としての市民（書き下ろし）

第 1 部

憲法訴訟と事実の認定

「憲法訴訟論は盛んですが、学者が裁判官になって訴訟法を頭に入れたうえで憲法裁判に臨めるような状況にあるかどうか。憲法学がいままで訴訟を前提にして積み重ねられてこなかったんじゃないでしょうか」
(芦部信喜発言。樋口陽一との討論より。『講座憲法学 6・権力の分立(2)』〔日本評論社，1995 年〕)

第1章　立法事実

――刑事訴訟においていかに憲法判断を行うか――

1　憲法訴訟はいかにして誕生したか

　1961年の秋から行われた，最高裁判所司法研修所のセミナーのタイトルとして，「憲法訴訟」は日本での産声を上げた。

　芦部信喜（東大教授，当時）と時國康夫（裁判官，当時）が，ハーバード・ロー・スクールでポール・フロインドの「憲法訴訟」セミナーに参加して，日本に帰国した直後のことであった[1]。

　司法研修所のセミナーは，芦部と時國との共同で主催され，1969年の秋まで継続した。そこでは，人権侵害の有無を主要な争点とする憲法訴訟において，法律の必要性と合理性に関する事実の分析・論証が重要であるということが，法曹の卵達に対し，主として日本の憲法判例を素材として，設問形式で語られた。

　「憲法訴訟」という言葉の誕生は，「立法事実」という言葉の誕生でもあった。

　セミナーの大要は，芦部「憲法訴訟論の課題」（『人権と憲法訴訟』〔有斐閣，1994年〕第5論文〔1987年初出〕）に紹介されている。

　それによれば，中心となったテーマは，「立法事実」と，憲法上の争点を提起する「当事者適格」という，それまで実務でも理論においても，十分に議論されてこなかった，憲法判断に固有の技術論であった。

　教材として選ばれた判決例のほとんどは，刑事訴訟において，攻撃防御の方法として，つまり無罪の理由として，憲法違反が持ちだされた事例である。具体例をみよう。

　① あん摩師，はり師，きゅう師及び柔道整復師法7条が適応症の広告を禁止しても憲法21条に反しないとされた最高裁判決（最大判昭和36年

第1部　憲法訴訟と事実の認定

2月15日刑集15巻2号347頁)
② 公衆浴場法2条2項が公衆浴場の設置場所の「配置の適正」を許可の条件とし、これに基づく条例が一定の距離制限をしている点の合憲性を認めた最高裁判決（最大判昭和30年1月26日刑集9巻1号89頁）
③ 東京都公安条例最高裁判決（最大判昭和35年7月20日刑集14巻9号1243頁）等。

芦部は、たとえば、②の事例において、裁判所が、「配置の適正を保つための必要な措置を講じないと、公衆浴場の偏在（公衆の浴場利用の不便）、濫

1　Freund, P., On Understanding the Supreme Court(1949) ; The Supreme Court and Civil Liberties, 4Vand L. Rev. 533(1951) ; Review of Facts in Constitutional Cases, in Supreme Court and Supreme Law(Cahn ed.) ; The Supreme Court and American Economic Policy, 4Judicial Review 142(1959) ; The Supreme Court of the United States(1961).

　　フロインドは、言う。「憲法の裁判官の第1の要件が哲学者だということであるならば、第2の要件は彼が余り哲学的であってはならないことである。仕事に成功するには、広汎に固く保持された抽象からの演繹よりも、むしろ事実に熱中することが要求される。憲法の裁判官は建築家、すなわち、芸術家の幻想と、素材の長所・短所および利用価値に関する確実な知識とを調和させる建築家である。カナダでの経験が特に例証しているように、いちばん不十分な憲法判例のあるものは、詳細な事実の記録を利用しないで下された勧告的意見の形式をとっている。周知の言葉を使えば、思弁からの判決は経験からの判決に屈すべきである」(Freund, ibid (1961) at 109)。

　　芦部「合憲性推定の原則と立法事実の司法審査——アメリカの理論・実態とその意義」清宮退職記念『憲法の諸問題』（有斐閣、1963年。後に、芦部『憲法訴訟の理論』〔有斐閣、1973年〕所収。引用頁数は後者による）124頁は、フロインドの言葉を、「憲法訴訟に事実の分析・論証がいかに重要な意義をもつか明らかである」ことを「きわめて示唆的」に示すとして引用する。

　　なお、芦部は、1976年に堀木訴訟の控訴審判決を「生存権規定を観念的に解釈し重度身障者の生活実態に眼をおおった立論では、『生ける法の体系』をもつことはできない」と批判する短評の中で、再び上記フロインドの言葉を「著名なあるアメリカの学者の言葉」として引用し、裁判規範としての憲法に関する事件において妥当な解決を生み出すための「心構え」であると強調している。芦部「法は事実から生ずる」法学セミナー 255号（1976年。後に、芦部『憲法叢説1』〔信山社、1994年〕所収。引用頁数は後者による）188～189頁。

立による無用の競争（既設浴場の経営不合理化と衛生設備の低下）を招来し、国民保健及び環境衛生の上から好ましくない」という認定をしたことに合理性があるのか、を疑問とした。

この認定は、「全く資本主義社会の経済実態を無視した」（上告論旨）認定であり、これを、「健全な社会常識」（原審）としたり、最高裁が、既存の業者の圧力に押され議員立法として成立した条項の提案理由をほとんどそのまま引き写したりするのは、結論はともかく、訴訟過程そのものが一層問題である、と主張した。

これらの教材は、憲法判断の適切な方法を示す例というよりは、むしろ、「重要な立法事実の論点が安易に提出され、裁判所もそれに大きな比重をおかず、時にはかなり独断的な認定が行われる」例（①）、「立法事実の不明確な記録にもとづいてくだされた」例（②）、「社会科学上綿密な分析を要する立法事実を突如として認定した」例（③）として使用され、本来ならば、当該事案でどのような方法を用いて、「立法事実」が検証されなければならなかったかを、将来の憲法訴訟の基礎として、具体的に論じるためのものであった。

そして、芦部は「裁判官、とくに弁護士が、立法事実の重要性と社会学的証拠の意義をあらためて認識する必要があろう」と説いた（芦部「合憲性推定の原則と立法事実の司法審査」『憲法訴訟の理論』〔有斐閣、1973年〕第3論文〔1963年初出〕）。

これに対し、時國は、最高裁判所の憲法判例の問題点を、芦部とは違った角度から捉えていた。すなわち、芦部が「なんら専門家の意見（証拠）にもとづいた客観的な事実の法則ではない」と強く批判した、上記②の事例についての最高裁の認定に対して、時國は、「憲法判断の素材となる立法事実は、争いの余地なき程確実である必要はない」と反論して、別の点において、問題があると指摘していたのである（時國「憲法事実」『憲法訴訟とその判断の手法』〔第一法規、1996年〕第1論文〔1963年初出〕）。

時國は言う。

「問題は、訴訟中に顕出され両当事者の目にさらされなかった資料に基き立法事実が認定され、判決中に、依拠した資料が明示されないとすると、法の合憲性についての判断の基礎となった立法事実の認定が、専断的示威的で

ないことを担保するものがない点にある」と。

すなわち，立法事実について，憲法判断の根拠となった資料については，裁判官はその典拠を記載する必要があるだろう。

時國が問題とした，憲法判例の問題点は，まず，この点にある。

たとえば，立法の必要性について，上記②の最大判昭和30年1月26日は，「公衆浴場の設立を業者に委ねて，何等その偏在及び濫立を防止する等その配置の適正を保つために必要な措置が講ぜられないときは，その偏在により，多数の国民が日常容易に公衆浴場を利用しようとする場合に不便を来たすおそれをなきを保し難く，また，その濫立により，浴場営業に無用の競争を生じその経営を不合理ならしめひいて浴場の衛生設備の低下等好ましからざる影響を来たすおそれなきを保し難い」と立法事実を認定した。

それは，1950年4月29日に，衆議院厚生委員会で，公衆浴場法改正法律案の提案者の青柳委員の発言内容にほぼ対応する（第7回国会衆議院厚生委員会会議録34号）。

しかし，最高裁は，その資料を明示的に引用しなかったのである。

そして，裁判官が依拠する資料について明示するだけでなく，当事者双方にそれを争う機会が与えられる必要がある。

さらに，場合によっては，立法過程に関する資料あるいは当該立法事実についての権威的文献が存在しない事件について，違憲を主張する被告人がその不存在を主張することも考えられる。そういった場合，裁判所は鑑定証人として，専門家を証人尋問しなければならなくなるが，最高裁判所にはそのような権能はない，という問題が生じる。

上記事案では，第1審で法律の憲法適合性について法律学者が専門家証人として採用されたが，立法目的として国会で審議された事項について，立法の必要性の不存在を証言していない。したがって，十分な審理がなされているといえなかったのである。

さらに，問題なのは，弁護人により，立法の合理性，すなわち，立法目的を達成するのに距離制限を行うというのが，必要最低限の制限であるのかについての主張が行われていないことである。立法過程においてこの点に関する検討の経過は全くなく，この点をつけば，勝ちやすかったのではないか，というのが時國の問題意識であった（この手法は，実際，1975年の薬事法違憲

判決において採用されるが，その際，薬事法1963年改正の立法過程において全く立法の合理性が検討されていないことが重要視されている）。

時國は，以上の問題意識から，まず，下級審において憲法適合性の主張・審査が行われていない事件において，上告段階で主張を行うことは不適法ではないか，さらに，場合によっては，事実審に差し戻すべきではないかという提案を行う。

さらに，立法過程の資料や権威的文献を明示し，当事者双方に争わせることが，最低限必要であるが，そういった資料だけでは憲法判断ができない場合は，通常の訴訟手続で用いられる証拠調べの手続を用いて，特に下級審における専門家証人の採用を通じて憲法判断の精緻化を行っていくべきである。

したがって，問題は，専門家証人による証拠調べで明らかになるような，具体的な事実の問題にまで憲法問題を刈り込むことができるかである。

立法の必要性だけでなく，その合理性にまで立ち入って，しかも，「極限状態における比較衡量」すなわち，「現行法の採った手段により付加される法の効用性から受ける社会の利益と，より極端的でない手段を選択した場合に享受さるべき人権との憲法的価値の衡量」（時國・前掲『憲法訴訟とその判断の手法』63～64頁）という問題に憲法問題を還元することができれば，この場合には，立法府ではなく，裁判所が，通常の訴訟手続のなかで，憲法判断を十分行えるのである。

裁判官は，いかなる場合に，このような極限状況における衡量を行うことが許されるのだろうか[2]。

これは，人権の種別とか，規制の目的にもよるが，そのような図式的な処理が可能かどうかは，通常の手続で裁判官が憲法判断を行うことの実際の過程をもう少し考慮して考える必要がある（この点を指摘する文献として，江橋崇「立法事実論」芦部編『講座憲法訴訟第2巻』〔有斐閣，1987年〕，西村枝美「違憲審査における厳格さ」手島古稀『新世紀の公法学』〔法律文化社，2003年〕）。

2 憲法訴訟において裁判官は何をすべきか

人権侵害が主要な争点となる憲法訴訟において，裁判官はどんな問題に直面するのであろうか。時國が主たる関心対象とした刑事訴訟を例にとり，考

えてみよう。

たとえば，覚せい剤自己使用により，覚せい剤取締法違反の訴因で起訴された被告人に対する裁判をどう行うか，という問題を例にして考えよう。

暴行により被告人から獲得された自白を警察官面前調書として，検察官が証拠提出してきた場合どうなるか。暴行により獲得された自白の証拠能力については，憲法38条2項が，「強制，拷問若しくは脅迫による自白又は不当

2　これに対し，上記③の東京都公安条例に関する大法廷判決において，「集団行動」が「多数人の集合体そのものの力，つまり潜在する一種の物理的力によって支持されることを特徴とし」，「それは極めて容易に」暴力に発展する可能性があるという，いわば集団行動の病理面についての一般的事実を，具体的事件の司法事実の演繹ではなく，「群集心理の法則と現実の経験に徴して明らかである」とした。

担当調査官は，上記認定について以下のような異例のコメントを行う。

「（集団行動）の病理面の重視が判決全体を支配し，条例の合憲性判断の基礎付けとなっている。かくして，暴力化の危険性のある物理的力を内包している集団行動に対しては，公共の福祉——公共の安寧の保持——のために，ある程度法的規制を加えることはけだし止むを得ない，というのが多数意見の論理である。論理は単純である。……本件における第1審判決も，そこに定立された根本原則（新潟県条例最高裁大法廷判決が打ち出した集団行動に対する一般的事前抑制が違憲であるという根本原則）を立論の出発点として，東京都公安条例につき，集団行動の自由に対する事前抑制が許されるか，事前の抑制として許可制と届出制の区別，許可基準の合理性，明確性，不許可処分の通知義務，救済規定，条例の運用の実情等につき委曲をつくしてその違憲性を明らかにしたのであった。しかし今回の大法廷判決は，第1審の『これらの努力を水泡に帰せしめたものであり，自らの先例や下級審の苦心に対して非礼をあえてしたと評するほかはない』（伊藤教授・中央公論〔1960年9月号〕53頁）のである」。

田原義衛「昭和25年東京都条例第44号集会，集団行進及び集団示威運動に関する条例の合憲性」『最高裁判所判例解説刑事篇（昭和35年度）』279頁以下，286頁および287頁。広中俊雄『警備公安警察の研究』（岩波書店，1973年）225頁は，最高裁の上記認定について，「ここにあるのは，一言にしていえば警察的感覚である」と指摘する。そして，集団行動をそれ自体「危険」視するこの昭和35年最判の見地は，「いわば刑法論的に補強」され，「届出ないし許可申請の義務に違反した主催者のみならず，集団行動の指導者ないし指揮者，煽動者，場合によっては単純参加者まで処罰することを正当化する「届出ないし許可申請のない集団行動をそれ自体『違法』視する見地」まで高められていく。この間の事情については，広中・前掲198-274頁。

に長く抑留若しくは拘禁された後の自白は，これを証拠とすることができない」として明文で否定している。

　刑事訴訟法319条は，憲法の自白の証拠排除を，「任意性のない自白」の排除として規定するから，裁判官は，自白調書の成立の任意性を判断することになる（同322条）。

　そこで，裁判官の仕事は，①捜査官が被告人に対し暴行を加えたのか，②その暴行の結果，被告人が自白をしたのか，という事実を証拠に基づいて認定することになる。

　弁護人が自白調書の任意性を争った場合，検察官は自白調書が任意に成立したことを証明しなければならないが，その立証方法は，伝聞証拠法則等の証拠法則に基づく厳格な証明である必要はないとされている。通常は，裁判官は，まず，被告人質問の職権発動をして，被告人の陳述に基づき，任意性について合理的疑いが生じるかを判断する。そして，疑いが生じた時点で，調書を作成した捜査官本人について，検察官の立証を促し，証人として取り調べることになる。

　捜査官が，①②のいずれも証言で否認した場合，弁護人は反対尋問で証人の証言の信用性を弾劾することになる。

　双方の言い分は，いずれも，当事者的なものであり，裁判官にとって真偽の判断はかならずしも容易ではない。しかし，多くの場合，被告人供述より，捜査官の証言が信用され，「被告人は任意に供述した」と認定される。

　任意性が肯定されれば，自白の証拠能力は通常は認められるので，刑事訴訟法322条に基づいて，裁判官は証拠採用を行い，検察官が当該自白調書を裁判所に提出する。

　調書に記載された自白（たとえば，「私は，2006年11月16日に，大阪市西成区の自宅で，覚せい剤0.02gを，水に溶かして，注射器で，右腕に注射しました」）は，被告人に対する訴因を特定する公訴事実を直接証明する証拠として，信用性のある限り，最有力な証拠となる。

　ただ，憲法も刑事訴訟法も，自白が唯一の証拠である場合，有罪とすることはできないという証拠法則を採用しているので，補強証拠として，検察官は，被告人からの採尿経過を示した検証調書と，被告人の尿には，覚せい剤特有の成分が含有されていたという鑑定書を提出する。

第1部 憲法訴訟と事実の認定

　暴行により自白が強制されたと，被告人および弁護人が主張する事案では，採尿の過程にも，暴行などの強制があったと主張されることが多い。
　この場合，弁護人が証拠能力を否定して，証拠を不同意にするので，裁判官は，鑑定書等の成立の真正も判断することを迫られる。
　刑事訴訟法321条3項および4項は，検証調書および鑑定書の成立の真正については，作成者の尋問によって証明しなければならないとするから，ここでも，採尿を行った捜査官等が証人として調べられ，被告人の供述との信用性の比較において，裁判官が事実認定を行う。
　しかし，採尿が違法の逮捕に基づいて行われた場合，証拠の排除については，憲法35条の捜索・差押えの令状主義を定めるだけで，明文で規定していない。
　この点について，判例は，「令状主義の精神を没却するほどの重大な違法があり，違法捜査の抑止という見地」から証拠排除を決定するとしている（最判平成15年2月14日刑集57巻2号121頁）。
　そこで，裁判官は，①被告人の採尿にいたるまで，違法な逮捕等が存在したか，②その結果，採尿が行われたのか，③その違法は，令状主義の精神を没却するほどの重大なものか，について判断する。
　これらの証拠の証拠能力が肯定され，罪となるべき事実「被告人は，2006年11月16日に，大阪市西成区の自宅で，覚せい剤0.02gを，水に溶かして，注射器で，右腕に注射した」が「合理的な疑いを超えて」証明されたという判断を裁判官が行えば，被告人は有罪となる。
　そうなると，次に，被告人の行為責任に応じた，量刑の幅の中から，量刑要素に応じた，刑を選択する判断をすることになるのでる。
　以上列記した事実において，裁判官は，罪となるべき事実を認定するために，様々なレベルの事実を認定しなければならない。
　罪となるべき事実については，適式な証拠手続・方法に基づいて，証拠能力の制限内で認定されなければならないが（いわゆる厳格な証明），自白の任意性などの訴訟法上の事実には厳格な証明は必要でないとされている（自由な証明）。
　しかも，後者には，判決理由において，裁判官の判断の根拠となった証拠を示す必要もない，とされている。

しかし，憲法38条，35条の侵害が認定される上記事実については，検察官も，裁判所も，捜査官の陳述書などの伝聞証拠は使用せず，証人尋問を採用する。
　これらの，訴訟法の事実が，憲法訴訟に関する事実のうち，いわゆる「司法事実」であるが，この点に関しては，検察官による挙証責任が認められ，上記のように，証拠調べの方法も特定されている。
　ただ，注意しておかなければならないのは，司法事実と呼ばれる事実の中にも，被告人や当該事件に固有な事実の他に，証拠排除の判断には，「捜査官による違法捜査の抑止」について判断しなければならないし，あるいは，量刑要素の中には，「覚せい剤を野放しにすると，社会一般に危険を及ぼす」というような，一般的な要素が含まれていることである。
　上記事案で，被告人がそもそも，刑罰実体法規である覚せい剤取締法を本件に適用するのは，憲法13条および31条に違反すると主張した場合どうなるか。
　被告人および弁護人は，覚せい剤を自己使用して，他人に危害を及ぼしたことはなく，自分の日常生活も，仕事にも大きな影響を受けていないから，かような無害な場合にまで，自己のための使用をも禁じ，違反者に「10年以下の懲役」という厳罰を科す覚せい剤取締法19条および41条の3第1項第1号は，憲法13条の包括的基本権に含まれる「嗜好品への自由」（覚せい剤の使用は，喫煙や飲酒と同様な行為である）を侵害し，さらに，刑罰法規の実体の適正を要請する（自由の侵害の程度に比して，規制の手段が過度である法規は認められないという，いわゆる比例原則）憲法31条にも違反すると，冒頭手続で陳述・主張したとしよう。
　この事案で裁判官は，憲法13条および31条の文言解釈に依拠して，そもそも「覚せい剤を使用する自由」などは，一切，憲法の保障を受けないという判断を行い，この主張を一蹴する道もある。
　しかし，過去の裁判例をみると，そのような方法によらず，むしろ，当該行為がもたらす一般的害悪に目をむけて，「自己使用の自由が憲法13条の保障する基本的自由に含まれるとしても」，「公共の福祉」により制限されるという手法をとっていることが判明する。
　そのような害悪として，過去の判例により認定されているのは，「覚せい

剤を濫用するときは習慣性を生じ進んで慢性中毒症となり肉体上，精神上病的状態に陥り，遂には非行，犯罪を犯し，社会公共に危害を及ぼす虞がある」という事実である。

　上記認定事実は，もちろん裁判所の独断ではなく，覚せい剤取締法が制定施行された1951年の第10回国会参議院厚生委員会会議録6号にある，参考人としての，医師や警察官等の証言内容に依拠していることが，判明する。

　覚せい剤取締法は，現在まで，数次にわたって改正され，自己使用に対しての刑罰はその都度厳罰化してきたが，覚せい剤の濫用に対して，一定の制限がなされる必要があるという点においては，今日も争いがないであろう。

　立法事実の検証を主張する立場は，この問題に対し，以上のような，立法の必要性を支える社会的・経済的・文化的事実の検証を要請するだけでなく，立法の合理性を支える事実，すなわち，立法目的を達成する手段が必要最低限であることを示す事実の判断をすることを裁判所に要請するのである。

　立法の必要性を基礎付ける事実は，ほとんどの場合，国会の委員会や本会議の提案理由や，質疑応答の内容を調べれば，見つかる。それらは，公知の事実であることも多いだろうし，裁判所に顕著な事実であることもある。さらに，権威ある文献を参照すれば，裏付けられることもあるだろう。

　しかし，立法の合理性に関する事実，すなわち，立法目的を達成する手段が必要最低限であるかは，必ずしも立法過程で議論されているわけではなく，裁判所に顕著な事実や，公知の事実として認定できるわけでもない。

　上記の事例で言えば，

ア　覚せい剤自己使用の抑制のためには，輸入，営利目的のための所持，譲渡，意に反する使用等を厳重に処罰すれば足りる

イ　自己使用を刑罰によって禁止しても，一般予防の見地からも，特別予防の見地から，ほとんど効果がなく，むしろ，覚せい剤中毒症を薬物中毒症として，保健衛生の見地から，自傷，他害が予測される事案に限って，複数の医師の診断の下に，措置入院等させれば十分ではないか

ウ　罰則によるとしても，正式公判の選択肢しかなく（法定刑は懲役刑だけである），罰金刑により略式起訴の余地がないのは重きに過ぎるのではないか（公務員であれば，正式起訴されれば，判決が執行猶予付きでも免職になる）

以上被告人および弁護人から提起された，覚せい剤取締法19条および41条の3第1項第1号の憲法適合性についての主張は，多くは，刑事政策の分野で論じられていることである。裁判官は，これらの問題に，どのように，どこまで回答する必要があるのか。それが，裁判官が憲法訴訟で直面する最も困難な問題である。

 上記のそれぞれの論点において，国会の委員会の会議録や本会議の議事録に，立法者である国会が依拠した証言や文献がなくても，検察官に立証を促せば，立法者が依拠したと思料される何らかの文献が提出される（あるいは，裁判所が，職権で調査することもできる）。そして，国会がそれらの資料に信を置いたのも相当であると考えられる限り，立法府の判断を尊重し，立法の合理性にも事実による合理的基礎があるということになる。

 それでは，弁護人が上記①ないし③の論点について，立法事実の存在を否定する有力な文献等を証拠提出し，鑑定事項を立法事実の存否として，鑑定証人を申請してきたらどうなるか。

 裁判官としては，鑑定証人を採用して，伝聞証拠法則等の厳格な証明手続によらず，認定ができる。ただし，アないしウの全ての論点に審査の必要があるわけではない。

 たとえば，裁判所は，「覚せい剤自己使用の抑制のためには，輸入，営利目的のための所持，譲渡，意に反する使用等を厳重に処罰すれば足りる」という主張については，証拠調べを行う必要はないであろう。

 上記主張は，犯罪の一般予防だけが覚せい剤取締法の唯一の立法目的だと前提しているが，「覚せい剤の濫用による保健衛生上の危害」（同1条）には，自己使用を行う本人の保健衛生上の危害も含まれているとすれば，この主張は根拠を失うからである。

 また，「自己使用を刑罰によって禁止しても，一般予防の見地からも，特別予防の見地からも，ほとんど効果がなく，むしろ，覚せい剤中毒症を薬物中毒症として，保健衛生の見地から，自傷，他害が予測される事案に限って，複数の医師の診断の下に，精神病院に措置入院等させれば十分ではないか」という主張についても，薬物濫用の事例が，精神保健及び精神障害者福祉に関する法律の入院措置に該当するか疑問があるだけでなく，精神保健法を保安処分的に運用する危険性の見地からも，軽々しくは判断できない問題であ

る。

　これに対し、「罰則によるとしても、正式公判の選択肢しかなく（法定刑は懲役刑だけである）、罰金刑により略式起訴の余地がないのは重きに過ぎるのではないか（公務員であれば、正式起訴されれば、執行猶予付き判決でも免職になる）」という主張は、当該被告人が、誠実に勤務してきた公務員であり、薬物使用の常習歴もなく、友人に勧められ1度だけ使用してしまった例であり、その点を深く反省しているという事情にあるなら、裁判官は真剣に考慮することを迫られる。

　何よりも、本件は被害者なき犯罪であり、実害が本人を含めてない事案に、いくら量刑要素を考慮しても、罰金刑が選択できないというのは、裁判官としても、必要最低限の手段であるかについて、疑問が生じるところである[3]。

　しかし、裁判官は、それだけで、法律を違憲とできるわけではない。被告人の常習性の有無についての他に覚せい剤の実社会への危害の実態について、上記制限を不可欠とするような事実の存否について専門家の鑑定を必要とするだろう。

　そのうえで、罰金刑を含んだ刑罰という、より少なく憲法上の権利を制約する方策があり、これによっても、立法目的が同様に達成されることが積極的に認定しうる段になって、初めて、違憲の判断をすることができる。

　裁判官が、人権問題を主要な争点として主張されている訴訟において、直面すべき問題が以上のようなものであるとすると、裁判官は、特定の事件で起こった特定の事実と、数多くの事件中に起こった特定的事実を基礎として抽出される一般的事実の双方について判断を迫られることになる。

　前者を司法事実、後者を立法事実（立法府が立法の資料とするのと同質の事実）と呼ぶことがあるが、憲法上の論点を主要な争点とする憲法訴訟においては、両者はいずれも重要であり、併せて憲法事実と呼ばれる。

　司法事実は、証明責任の分配が可能であり、証拠調べの方法も特定されて

3　先例としても、立法目的達成のためとられた具体的方策が、不合理に大きいため違憲とされた事例として、団体等規制令の行政調査のためにする呼出に応じない行為に対し法定された刑罰が不当に重いとした、最大判昭和36年12月20日刑集15巻11号2017頁がある。

いる点に特徴がある。しかし，刑事訴訟の場合，量刑の判断要素になる覚せい剤の自己使用のもたらす常習性（特別予防），それに伴う社会的危険（一般予防）のように「特定的事実を基礎として抽出される」一般的事実も裁判官が常に考慮すべき事実である。

　さらに，違法な捜査手続で収集された証拠（被告人に対する鑑定書）の作成が真正だとしても，逮捕自体に重大な違法がある場合（たとえば，被疑者が所持品検査に応じず，車を発進しようとしたので，ドアに手が挟まれたとして，公務執行妨害で被疑者を逮捕した），その証拠を排除して被告人を無罪にすべきかどうかを判断すべきときは，「令状主義」の見地から，「同様な違法な捜査を抑止」すべきかどうかについて，裁判官は判断する必要に迫られる。

　後者の判断には，「被疑者の身体の自由を保護する，憲法の令状主義の精神を没却するのはどのような場合か」という見地と，「覚せい剤の捜査には，現場における所持品検査について，捜査官にどの程度の裁量が必要か」という捜査の必要性の見地からの利益衡量が必要になる。

　裁判官は，同種事案の膨大な裁判例の中から，評価の決め手となる要素を抽出し，当該事案の証拠調べの結果明らかとなった事実にそれを適用することになる。

　概して言えば，現場での多少の行きすぎ（被疑者の車の発進を止めようとして，エンジンキーを抜いたり，ドアに手をかけて，降りるように促す行為）によって証拠排除が行われることはなく，捜査官の作為（ドアに手を挟まれていないのに，挟まれたとして逮捕するなど）がある場合に限って排除するという衡量が行われているようである。

　以上の司法事実の認定の問題の延長に立法事実の認定の問題がある。

　刑事訴訟において，被告人が刑事実体法の憲法適合性を争い，被告人に当該刑事実体法を適用することは憲法に違反すると主張している場合，裁判官がなすべきことが上で述べたような事柄だとするなら，立法事実の認定は司法事実の認定に用いられる証拠調べ手続によりなされうることになろう。

　覚せい剤の常習性のように，公知の事実であるか裁判所に顕著な事実である場合，裁判官は，特に証拠調べをする必要がない。

　しかし，被告人が立法の合理性についての立法事実の不存在を有力に主張し，裁判官がよるべき権威ある文献に依拠することができない場合は，専門

家による判断を待つしかない。

　立法事実を認定するために，裁判官に特別な方法があるわけではない。専門家としての立法府が，依拠した合憲性に関する事実について立法過程から明らかでなくても，検察官によって提出された事実が合理的である限り，裁判官はそれを尊重しなければならないだろう。

　しかし，次の点においては，むしろ，裁判官が立法府に比べて事実認定に優れている。

　「立法府が個人の憲法上の権利に配慮をしている場合でも，具体的事実関係の下で，法がどのように個人の憲法上の権利に効果を及ぼすかを見る利益を，裁判所がみることのできるのと同じ程度で立法府がもつものではない」。

　したがって，特に，刑罰法規として適用が主張されている法律について，被告人を含めたある範疇の人々に，人権を認めた趣旨と全く反するような結果が生じることが明らかなときには，裁判官は，自らの認定した司法事実の延長において，立法の合理性を判断することが許されよう。その際，裁判所の判断枠組みは以下のようになる。

　「極端な手段を選択している法により制限される人権と比較衡量されるべき公共の利益は，国家の安全とか，市民の平和といった公共の利益ではなく，極端な手段を選択している現行法と，より極端でない他の選択可能な手段を用いた法とをその極限状態で比較して見出される差異なのであり，両者の間には目的達成上大差がない場合には，より極端な手段により人権を制限することが違憲である」。

　このような手法を実際に，時國が裁判官としてどのように用いたかは，1968 年の猿払事件旭川地裁判決に集約されているので，最後にそのことに触れておこう。

3　時國立法事実論の精華
　　（猿払事件旭川地裁判決，判例時報 514 号〔1968 年〕20 頁）

　1968 年 3 月 25 日，時國を裁判長とする旭川地方裁判所刑事部は，「本件被告人の所為に，国公法第 110 条 1 項 19 号が適用される限度において，同号が憲法 21 条及び 31 条に違反するもので，これを被告人に適用することが

できない」という理由で，被告人大沢克己を無罪とした。

判決が認定した公訴事実（訴因として検察官が特定した罪となるべき事実について判決は，「関係証拠によれば……すべてこれを認めることができるとした」）は，以下のとおりである。

① 被告人は，鬼志別郵便局に勤務する郵政事務官である（すなわち，国家公務員である）。
② 被告人は，1967年1月8日告示の第31回衆議院議員選挙に際し，日本社会党（当時）を支持する目的（すなわち，政治的目的）で，自ら公営掲示板に同党公認候補の選挙用ポスターを掲示し（6枚），知人に掲示を依頼して郵送配布し（合計約88枚），さらに掲示（あるいは分配掲示）を依頼して知人に直接配布した（合計約88枚）（すなわち，政治的行為をなした）。

検察官が上記公訴事実に対する適用罰条として主張したのは，国家公務員法110条1項19号（「政治的行為の制限に違反した者」は，「3年以下の懲役又は10万円以下の罰金に処する」），102条1項（「人事院規則で定める政治的行為をしてはならない」），人事院規則14-7第5項3号（「政治的目的」として「特定の政党その他の政治団体を支持」すること），同6項13号（「政治的行為」として「政治的目的を有する署名又は無署名の文書，図画，音盤又は形象を発行し，回覧に供し，掲示し若しくは配布」すること）であった。

公訴事実が認定された以上，処断刑（法定刑について本件では併合罪加重がなされる）から宣告刑を選択するために，情状を考慮するというのが，通常の刑事事件の進行である。

たとえば，本件では，情状として，
③ 本件公訴事実にあたる行為が，被告人が事務局長を務める猿払地区労働組合協議会の決定に基づいてなされた事実（労働組合活動の一環として行われたこと）
④ 被告人は，非管理職であり，職務内容も全く裁量の余地のないものであるという事実
⑤ 本件公訴事実にあたる行為が，勤務時間外にその職務を利用することなくして行われた事実
について，③は被告人の情状を不利にする要因として（政治的行為の政治性

を強めるものとして），④⑤は，被告人に有利な情状として（公務の民主的かつ能率的運営を害する具体的危険が皆無）考慮さるべき事実であった。

実際，時國裁判長はそのような事実を関係証拠に基づいて認定した。

しかし，それは，情状のための要素ではなく，本件で適用罰条として検察官が主張する国公法 110 条等の憲法適合性の前提となる重要な事実としてであった。

本件判決は，立法の必要性については，最高裁大法廷判決をそのまま踏襲した。しかし，立法の合理性については，司法事実である上記③ないし⑤に，本件法規が適用されることが必要最低限の規制といえるかの検討をするという，新たな手法が用いられた。

すなわち，権利に対する制約を，当該被告事件での司法事実に刑罰法規を適用するということの問題として，比較衡量の秤にのせ，そのような規制（特に刑罰で）までしなくても，懲戒処分というより制限的でない方法で同様な立法目的が達成できるかについて，専門家証言および鑑定書により，立法事実についての認定を行ったのである。

そのような刈込みをなしたことが，この判決のエッセンスである。

まず，判決は，立法過程について，次の2つの事実を認定する。

⑥　本件規定の立法経過の特異性として，1948 年の改正は，占領軍総司令部によって国会による独自の審議が許されない状況で作られた条文であること。

⑦　本件規定は，アメリカ合衆国のハッチ法およびそれに基づく連邦人事院会規則を参酌して制定されたこと。

そのうえで，判決は，母法であるアメリカ合衆国連邦最高裁の 1946 年のミッチェル判決多数意見の枠組みを憲法適合性審査の基準とすると宣言する（労働基本権に対する広範な裁量を認めた最高裁判決ではなく）。

それによれば，制約できる程度の判断権は，一時的には国会および人事院にあるが，制約の程度が社会一般に存在している観念をとびこえている場合は，その制約が合理的でないことを判断する権能が裁判所にあることになる。

そして，「社会一般の観念をとびこえているか」は，「慣行，歴史および年々変化する教育的，社会的，経済的状況を基礎として」判断されるだけでなく，「近代民主主義社会で先進国といわれている諸国における公務員に対

する政治活動の制限についての基本的考え方をも基礎」として判断する，という。

したがって，制約が合理的なのかどうかについての立法事実として，まず，諸外国の規制方式が参照されることになり，さらに，日本において 1948 年以降どのような状況の変化があったかが考察されなければならなくなる。

諸外国の状況については，

⑧　アメリカ合衆国では母法であるハッチ法も現行法も政治活動の禁止につき，刑事罰による制裁の定めはない。

⑨　全体の奉仕者であるという憲法 15 条が依拠するのはワイマール憲法であるが，現在の西ドイツでは，連邦官吏は全体の奉仕者であると法で規定されているにもかかわらず，政治上の自由がみとめられている。

⑩　被告人は現業公務員であるが，日本においては，1967 年の段階で国家公務員の 3 割が現業公務員であり，この状況は，公務員の 62％が現業公務員であるイギリスに近いが，現業公務員を含む下級公務員については，全く政治活動の制約がない。

という 3 つの立法事実が認定され，さらに，改正後の日本における状況については，

⑪　郵政職員を含む 5 現業の職員については，労働関係について，3 公社の職員と同様に，1952 年の公共企業体等労働関係法の適用を受けることになったが，1966 年最高裁判決（いわゆる全逓東京中郵判決）は，公労法 3 条で刑事免責に関する労組法 1 条 2 項を争議行為にも適用するとしているのは，「違法な争議行為に関しては，民事責任を負わせるだけで足り，刑事制裁をもって臨むべきではないとの基本的態度を示したといえる」と判示したこと。

⑫　日本が批准を検討している，ＩＬＯ 105 号条約は，政治的見解の表明に対する制裁としての強制労働を禁止していること。

⑬　1964 年の臨時行政調査会は，単純労務的な職務に従事する公務員については，その規制を最小限度にとどめる等，弾力的運用をするという意見を示している。

の 3 つの立法事実が認定された。

以上認定した立法事実から，公務員，特に現業であり，単純労務的な公務

第1部　憲法訴訟と事実の認定

員に刑事罰を科すことは行き過ぎではないかということを推認できる。

そこで、判決は、進んで、④で認定した司法事実の類型に該当する公務員が、⑤で認定したように、勤務時間外に政治活動に従事した場合について、法が目的とする、公務の公正な運営、行政事務の継続性、安定性およびその能率性を害するかを検討する。

その弊害は小さいが、施設を利用したり（⑭）、公務員であることを利用したり、職務の公正を害する意図を持っていた（⑮）りしたら、たしかに弊害があるが、そうでない場合は、著しく小さいという結論が導かれる。

これらの前提にたって、他のより制限的でない制裁方法である懲戒（国公法82条）との極限的状況での比較（すなわち、より狭い制裁方法があり、これによっても等しく法目的を達成することができるか）を行う。

特に、アメリカの例で懲戒処分のみで十分法目的が達せられていることが重要である。

しかも、国家公務員の政治活動禁止に対する刑罰は、決して軽くないし、③のように、本件の行為が労働組合活動の一環としてなされたことを考慮すれば、現業公務員を公社の公務員と同じ労働関係においた法の趣旨にも反するし、間接的に労働組合の表現の自由も侵害してしまう。

したがって、本件規定を、「非管理職である現業公務員で、その職務内容が労務の提供に止まるものが、勤務時間外に、国の施設を利用することなく、かつ職務を利用し、若しくはその公正を害する意図なしで行った政治的目的を有する政治的行為であり、しかも、労働組合活動の一環として行われた行為に適用するのは」、合理的にして必要最低限の域を超えていることになる。

ところで、「本件判決は、いわゆる適用違憲を採用した判決であるが、むしろ法令違憲とすべきであった」ということが、しばしば主張される[4]。

しかし、本件判決のエッセンスは、上記分析から明らかになったように次の2点にある。

第1に、被告人についての司法事実の認定を重要な出発点として、それと範疇を同じくする公務員にまで、刑罰法規を適用すべきかという、司法事実

---

[4] 芦部信喜「公務員の政治活動禁止の違憲性——いわゆる猿払事件第1審判決について」判例評論114号（1968年。後に、『現代人権論』〔有斐閣、1974年〕所収）。

の延長で立法事実の判断を行う方法を用いたこと。

　第2に，そのような極限的状況の司法審査を正当化するために，政治的な表現の自由という権利の性質による類型化だけでなく，近代民主主義を採用する諸外国の例との比較（特に，母法となったアメリカの例）および戦後社会の状況の変化を，鑑定証言と鑑定書によって，詳しく立法事実として認定したことである。

　この点に比べれば，法令違憲なのか，合憲限定解釈なのか，適用違憲なのかは，判決の理解評価にとって重要ではないと思われる。

　特に，連邦裁判所と州裁判所が別れた制度の下で発達してきた，適用違憲と法令違憲の区別という観点からこの判決を評価するのは，むしろ避けるべきであろう。

　すなわち，アメリカにおいて，連邦最高裁判所は，州法に対する解釈権がない。したがって，原則として，州法の憲法適合性審査について合憲限定解釈をする権限をもたないのである。

　この場合，連邦最高裁判所としては，州法の解釈が一義的に州裁判所により確定している場合は，法令違憲とする余地しかない。

　州法の解釈の余地がある場合でも，被告人に適用される限度（連邦最高裁に裁量上訴する事件で，被告人はすでに州に起訴されている）での審査は可能であり，むしろこれが原則である。

　この場合，被告人と同様な状況にある人に適用される限りで（as applied to）違憲という形の判決となる。

　また，州法の違憲的適用を差し止める訴訟あるいは州法の施行前に違憲の確認を求める訴訟などの訴訟形態に応じて，判断手法も当然変化することになる[5]。

　そうであってみれば，法律と憲法の双方の解釈権をもつ，日本の裁判官の判断手法については，違った考慮が必要となるのは当然である。

　本件判決は，被告人と類型を同じくする人々に対し適用することができないと述べただけである。無罪判決の理由としてはそれで十分であった。

---

[5] 時國康夫「合憲解釈のアプローチ(上)(下)」ジュリスト326号，327号（1965年。後に『憲法訴訟とその判断の手法』〔第一法規，1996年〕所収）。

第1部　憲法訴訟と事実の認定

本件判決が，極限状況における審査方法を採用した必然的結果としての判決の結論である。

その手法が，事実審裁判官の支持を受け，4つの高裁判決を含めた裁判官の琴線に触れた秘密であろう[6]。

しかるに，1974年11月6日，最高裁大法廷（刑集28巻9号393頁）[7]は，猿払事件について，司法事実の延長で立法の合理性を精査することを放棄し，公務員の政治的行為がもたらす弊害について，極限的状況を考察するのではなく，「累積的かつ波及的な効果」を重視することで時國の手法を否定したのである[8]。

しかし，今村成和が指摘するように，公務員の政治的中立の維持ということは，必然的にその者の政治的信条の問題にかかわるのであって，当人の内心の問題である以上，そもそも公務員自身の完全な政治的中立の維持は不可能である。したがって，立法の必要性，立法目的である行政運営の中立ということは，公務員自身の中立とは別に考えていかざるをえないのであって，だからこそ，職務の種類，行為の態様等についてきめ細かな区別が不可欠となる[9]。

最高裁の採用したアプローチは，「裁判官の独立＝政治的中立性と，それに対する国民の信頼」という，それまで司法行政の運営指針であったものを，公務員全体に及ぼすものであった。

今村が懸念したように，このようなアプローチは，公務員自身の政治的信条，内心への日常的な監視をもたらしつつある[10]。

そうであるからこそ，裁判官の「生活の知恵」として，発展を遂げた，時國立法事実論の復活が望まれる状況が，今日ほど切迫しているときはない[11]。

---

[6] これらの諸判決については，中山研一「公務員の政治活動に対する罰則の適用について」法律時報増刊『新たな監視社会と市民的自由の現在』（2006年）186頁。

[7] 猿払事件最高裁大法廷判決については，香城敏麿『憲法解釈の法理』（信山社，2004年）64頁以下，芦部信喜『憲法訴訟の現代的展開』（有斐閣，1981年）を参照。

[8] 「累積的かつ波及的な効果」という語法は，猿払事件最高裁判決を踏襲した，東京地判2006年7月20日（前掲注(6)・法律時報増刊81頁以下）の用いたものである。

[9] 今村成和「猿払事件第1審判決と最高裁」判例時報757号20頁（1974年），藤田宙晴『行政組織法』（有斐閣，2005年）320-326頁。

10 前掲注(8)の2006年東京地判は，国公法・社会保険事務所職員事件についてのものであるが，同事件の弁護人である加藤健次弁護士は，座談会において次のような発言をしている。「堀越さんがビラをまく前から，それを想定した映像があるということは，よく考えたら，おかしいことです。堀越さんのビラの配布と，それを尾行し，カメラを回す公安警察官が写っているビデオを公判で再生することを繰り返しやられました。ビデオには，堀越さんが普通の市民として，たんたんとビラをまいている姿と，入れ替わり立ち替わり，こそこそ尾行し，盗撮している公安警察官の姿が写っています……猿払判決は，最高裁全農林事件判決に始まる公務員関係判例の大転換の時で，また，裁判官に対する青法協攻撃とか，裁判官に対する統制が強まった時期になされた判決です。国公法・人事院規則の政治的行為の禁止が問われる事件は，裁判官も準当事者なのです」。石崎＝加藤＝内野＝本多＝川崎＝大久保「座談会 事件・公判と1審判決をどう見るか」前掲注(6)・法律時報増刊30頁，33頁。

11 中平健吉「憲法訴訟における実務上の諸問題」公法研究35号84頁（1973年）は，時國のアプローチを含む下級審の「生活の知恵」は，東京都公安条例最高裁判例の趣旨に従いながら，ケース・バイ・ケースで違憲審査権をフルに活かそうとするものであると評価する。また，藤木英雄「公務員の政治活動と刑事罰」判例時報757号19頁（1974年）は，「その罰則全体が違憲になる，というのではなくて，その特定の無害な行為に対しても罰則を適用するという限度で違憲になるという適用違憲と結びつく」という時國のアプローチを，「憲法的な解釈のあり方としては，最も説得力のある論理であった」としていた。

第 2 章　要件事実

――行政訴訟においていかに憲法判断を行うか――

1　2006 年 1 月の 2 つの裁判

　2006 年 1 月 30 日，大阪市中央区靱本町所在の靱公園東園において，大阪市（西部方面公園事務所）は，同公園内を起居の場所とし，日常生活を営んでいる人々の住居であるテント様家屋を，行政代執行法に基づき，強制撤去した。その結果，同公園を生活の本拠とし，いわゆる「ホームレス」状態を余儀なくされていた人々が行き場を失い，ある者は，他の公園に移り住むこともできなくて，行方不明の状態である。

　現在大阪地裁第 2 民事部において，除却命令（都市公園法 27 条の処分）の違法性を含めた，上記行政代執行の違法性について，損害賠償請求訴訟が係属中である。原告らは，代執行に至るまでに，除却命令の取消訴訟を提起し，併せてその手続の続行を停止するように裁判所に申し立てたが，裁判所により，1 月 25 日，却下された（巻末資料参照）。

　代執行後，靱公園を「見せしめ」に用い，長橋公園，天王寺公園側道，日本橋公園などで，「承諾書」を書かせたうえで，テント様家屋を撤去するという方式が，大阪市によって採用され，そうでなくても不安定な居住形態を強いられている人々が，最後の拠り所とするテント様家屋でさえ，いつ撤去されるかわからないという不安に脅かされている。

　上記執行停止却下決定の 2 日後である 2006 年 1 月 27 日，大阪地方裁判所第 2 民事部は，扇町公園の一画を 4 年間占有し続けたテント様家屋居住者の訴えを認め，テント様家屋の所在地が，住民基本台帳法にいう「住所」に該当するとした[1]。その理由は，端的に，当該テント様家屋が，原告の「生活の本拠」であったからである。

　しかし，上記判決後も，大阪市は，公園を「住所」とする住民票転居届を

不受理としているし，上記判決にも極めて批判的である。

2　行政裁判官の思考形式

まず，上記行政代執行に至る過程において，1月25日に下された，除却命令の執行停止却下決定（テント様家屋は，原告らの占有する住居であるとは認められなかった）とその2日後に，同一の裁判長によって下された，住民票不受理処分違法判決（テント様家屋が原告の生活の本拠である住所として認められた）に見られる，裁判官の法思考を分析・吟味しよう。

原告らの，執行停止の申立てに対し，西川裁判長は，行政事件訴訟法25条が規定する，執行停止のための消極的要件である「本案について理由がないと見えるとき」に本件は該当するとして，却下決定を行った。

そこで判断されたのは，原告らのテント様家屋は，都市公園法が定める管理者（本件は大阪市）によって，占用許可を与えられているかどうか（そのような占用許可が黙示で与えられたこともないかどうか）である。

もし，占用許可がなければ，不法占用物件として，管理者の監督処分たる除却命令の対象となる。これが，行政行為である除却命令の適法要件である。

取消訴訟で裁判官の審判の対象となる違法性とは，まず何よりも，当該処

1　賃金と社会保障1412号（2006年）58頁。当該判決については，永嶋靖久「『占有権原がなくても生活の本拠たる実態があれば住所』は当然の判決」賃金と社会保障1412号（2006年）53頁，笹沼弘志「住所裁判とホームレスの人々の市民権」賃金と社会保障1416号（2006年）4頁。

なお，上記判決については，大阪市北区長が控訴し，2007年1月23日，大阪高裁第10民事部は，テント様家屋を「住所」と認めないとして，逆転判決を下した。

控訴審判決は，「客観的居住の事実」だけでは足りず，その形態が，健全な社会通念に基礎付けられた住所としての定型性を具備することが「住所」の要件としたうえで，テント様家屋は，「およそ法令上認められないもので，我々の健全な社会通念に沿わない」としたのである。テント様家屋が「およそ法令上認められないものか」については，本文で後に述べるように異論があり，「占有権限」を問わない「住所」の認定に，「社会通念」を介在させたことは，「偏見」に左右されることを意味することになるので，極めて不当な判決である。

分が根拠法規に適合しているか（本件の事案で言えば，都市公園法が，管理者たる大阪市に，除却処分を行うことを授権しているか）ということである。

　都市公園法は，公園内に占用をするためには，管理者の許可を必要とすると規定するが，原告らのテント様家屋は占用許可を得ていない。そうであれば，不法占用物件として，管理者の監督処分たる除却命令の対象となる。

　不法占用物件である以上，それがテント様家屋として，原告らにより生活の本拠たる住居として占有されていようが，ただの放置物であろうが何の違いもないことになる。

　法の羈束はここまでである。

　根拠法が除却命令の対象として規定する物件について，その処分を行うかどうかは，管理者の裁量に属する事項である，ことになる。そうだとすれば，裁判所の判断は，除却命令が裁量の濫用か逸脱になるかどうかに限定される（行政事件訴訟法30条）。

　本件において，除却命令の対象になる物件が，原告らの生活の本拠として，原告らに占有されているという客観的状態は，ここで初めて考慮されることになる。

　すなわち，原告らのテント様家屋を除却するという命令によって，原告らに保障されている「個人の尊厳を確保し，健康で文化的な最低限度の生活を営むための相当の居住への権利」の侵害がある場合は，管理者たる大阪市の裁量が，比例原則に反することになり，違法となりうるのである。

　ただ，比例原則違反になる場合というのは極めて限定されている。すなわち，当該権利の設定充実のための社会的立法および社会施設の創造拡充に努力すべき責務を負うとしても，その趣旨を実現する具体的にどのような立法措置等を講ずるかの選択決定は，著しく合理性を欠き明らかに裁量の逸脱・濫用と見ざるをえないような場合を除き，立法裁量に委ねられているからである。

　除却命令とそれに引き続く代執行の結果，原告らが路頭に迷い生命の危険が生じるようであれば，裁量の濫用あるいは逸脱があるといえる。

　この点本件では，大阪市がホームレス自立支援法に基づいて，大阪城公園内にシェルターを設置するだけでなく，自立支援センターにおいて就業機会の保障を図るなど，一定の措置をとっているという事実がある。

第1部　憲法訴訟と事実の認定

　最低限度の居住への権利の具体的内容は，立法裁量の範囲内にある限り，違法といえないのであり，本件では，立法裁量の逸脱あるいは濫用があったとは考えられない。その結果，行政裁量の逸脱もないことになる。

　これに対し，住民基本台帳法にいう「住所」については，法の要件を満たす届出があった場合は，行政庁は受け付けなければならないという，法の拘束が明確である（裁量の働く余地がない）。そして，「住所」は客観的に生活の本拠としての性格を持てば十分であり，適法な権限に基づいて占有している必要はないから，原告のテント様家屋も「住所」として認めなければならないことになる。

　以上が2つの判断を行った，西川裁判長の思考形式であるが，その特徴を3点にわたって確認しておこう。

　第1は，裁判官の適法性の審査の主要部分が，行政処分の根拠法規との適合性にあることである[2]。除却命令が都市公園法に適合しているかは，根拠法規の解釈から，除却の対象となる物件が占用許可を受けているかどうかを審査すればよいことになるし，住民票の不受理が住民基本台帳法に適合しているかは，住民票の記載されている場所に，申請者が生活の本拠を有しているかという事実の審査によって決めることができる。

---

[2]　行政処分の根拠法規適合性において，裁判所が行う「立法事情，規定の体裁，附款規定の存在等，さまざまな情報を素材として，当該条文で示された認定という制度の作りかた，つまり，法的仕組みを明らかにすること」が，判例実務における行政法の解釈方法の特色であると，塩野宏は指摘する。塩野宏「行政法と条文」法学教室145号（1992年）15頁，同「公法と私法——判例分析」成田古稀『政策実現と行政法』（有斐閣，1998年）57頁。

　「仕組み解釈」を出発点として，判例実務と行政法学説の思考方法の異同を明らかにしようとする試みとして，橋本博之「判例実務と行政法学説——方法論をめぐる一考察——」塩野古稀『行政法の発展と変革(上)』（有斐閣，2001年）361頁。

[3]　藤田宙靖は，裁量の逸脱と濫用について，「主として，法律の規定そのものからは一義的に出て来ないが憲法その他の上位法との関係からして当然に存在するものと考えられなければならないルールによって行政庁の行動を縛る」ことだとしたうえで，「問題となっている裁量行為の根拠規範が明文上裁量権の行使にこのような限界付けをしていないときに」行われる解釈手法である，としている。

　藤田『行政法I総論（第4版改訂版）』（青林書院，2005年）99～102頁。

この思考形式は，まさに，法律行為について，たとえば，民法の売買契約の要件事実を，売買の価額と対象物の特定と考えて，請求する側に証明責任を負わせることで，民法の条文を裁判規範に具体化していくという思考形式と同様である。

 行政行為の要件事実的思考といえようか。すなわち，行政行為（処分）の根拠となっている法規を解釈し，その適法性の要件を画定させれば，行政行為の要件たる事実を審査することで司法審査が可能となるのである。適法性の証明責任は，原則として処分庁にあることになる。

 第2は，行政庁が行政行為（処分）の根拠法規適合性を証明すれば，それを争う市民は，行政庁の裁量の逸脱か濫用を証明しなければならなくなる，ことである[3]。民法の要件事実との対比でいえば，「抗弁」（原告と被告との関係は，民法と逆転しているが）を市民が主張する責任を負うことになる。比例原則違反や平等原則違反は多様な違法事由を含むし，明確なコントロール要素であることは少ないから，行政手続法が整備された今日では特に，手続違反が重要な「抗弁」になると考えられている。

 本件では主張されていないが，除却命令に際し，弁明機会の付与ではなく，正式な告知聴聞の機会が与えられるべきでなかったかということが，問題となりうる。

 第3に，以上の思考形式によれば，テント様家屋居住者のテントを住所として認めながら，物として排除することを一方で認めることに，矛盾がないことになる。すなわち，根拠法規との関係では，同一物が「住所」であり，「不法占用物件」であることは何の不思議もない。「生活の本拠としての客観的事実」は，前者では「要件事実」として考慮されるが，後者では，不法占用物件の除却が，裁量の濫用あるいは逸脱にあたるかに際して考慮される，「抗弁」の1つになるに過ぎないからである[4]。

3 強制排除において考慮さるべき憲法事実

 除却命令の執行停止決定の中立において，弁護団は様々な主張を行ったが，中心的なものは，社会権規約11条が規定する「この規約の締約国は，自己及びその家族のための適切な食糧，衣類及び住居を内容とする適切な生活水

4 なお，従来，いわゆる美濃部3原則といわれてきた分類基準を前提に，行政処分を，羈束行為，羈束裁量行為，自由裁量行為に分類し，法の拘束および司法審査の範囲を考察する説明が行われてきた。

前掲注(3)の藤田行政法がいうように，これらの分類は，もともと，法の拘束が及ばず裁判官の審査から除外される裁量行為に対しても，法のコントロールを及ぼそうという趣旨で行われてきたものである。

しかし，本文で述べたように，行政処分の法律適合性審査においては，当該処分の根拠規範適合性と根拠規範に明示されていない裁量の濫用・逸脱が常に問題になりうる。

たとえば，典型的な自由裁量行為であるとされる出入国管理及び難民認定法上の法務大臣の裁決を例にこの点を考察しておく。

いわゆるオーバーステイと呼ばれる不法滞在中の人が，入管に出頭し，違反調査の結果，退去強制対象者に該当するとされた場合，入国審査官はその旨の認定を行う（同47条3項）。

容疑者がこの認定に服さず，主任審査官に口頭審理を請求をした場合，特別審理官により口頭審理が行われ，上記認定が誤りでないという判定が行われる。さらに，容疑者が上記判定に服さず，主任審査官を経て，法務大臣に異議を述べた場合，法務大臣が裁決を行うというのが，法の仕組みである（同48条および49条）。

法務大臣は，上記裁決にあたって，「異議の申出が理由がないと認める」場合でも，「特別に在留を許可する事情」があるときは，在留許可（通常は，定住者）をすることができる（同50条）。

法務大臣の裁決中，異議の申出に理由があるか否かについては，典型的な羈束行為であり，特別な事情があるかどうかは，典型的な自由裁量行為であるとされている（後者の点について，最三小判昭和34年11月10日民集13巻12号1493頁）。

この制度は，1つの制度のなかに，行政の全過程，すなわち違反調査から退去強制処分までが組み込まれている点，異例の制度であり，根拠法規の羈束の範囲が条文に明示されている点においても異例である。しかし，この論理は，本文で述べた都市公園法の除却命令などの他の事例においても同様に当てはまる，のではないか。

だとすれば，もともと，行政事件訴訟における，根拠法規自体の憲法適合性審査を前提にしないで考案された美濃部3原則は，根拠法規に明示されない憲法適合性審査が常に問題となりうる現行制度の説明にそぐわないのではないか，という疑問が生じる。

上記藤田行政法は，濫用・逸脱を，合憲限定解釈，適用違憲の概念で説明し，比例原則，平等原則，を憲法13条，14条で説明するが，そうだとすれば，裁量の濫用・逸脱は，憲法規範との関係でいえば，端的に，根拠法規の憲法適合性の問題に還元さ

準についての権利」についてのものである[5]。

　すなわち，①「占有の形態如何にかかわらず，全ての人は，強制立退きに対し，法的に保護されるべき一定の占有の保障を持つべきであり，政府はこれらの保護を現在欠いている人々，集団との真正な話し合いによって，占有の法的保障を与える緊急の措置をとらなければならない」（1991年の一般的意見4）あるいは，②強制立退きには，高度の正当化事由が必要であるといういわゆる比例原則を適用すべきであること，③「影響を受ける全ての人々に対する真正な協議の機会，適当で合理的な事前通告」という手続的保障に加えて，「強制立退きは，結果として個人をホームレスとしたり，あるいは他の種類の人権侵害にさらされやすくするような状態のものであってはならない」から，「自力で備えることのできない場合は，適切な代替住居の入手をするための措置を講じなければならない」という要請（1997年の一般的意見7）に，除却命令は反する。

　社会権規約委員会は，一般的意見3で規約の最低限の中核的部分（minimum core obligation）は直接適用される裁判規範として国内法裁判所の法原になるべきだとしているが，日本の裁判所は社会権規約2条1項にある「権利の完全な実現を漸進的に達成する」という文言を根拠に，この勧告を受け入れていない（日本の裁判所において，国内法としての効力が承認されているのは，同規約2条2項だけである）。西川決定も同様な判断を示した。

　確かに，上記一般的意見4および7の要請は，立法措置を要請するもので

　　れることになる，からである。
　　「裁量の濫用・逸脱」は，行政事件訴訟法に明文で採用された制度である。
　　しかし，従来，裁量の逸脱・濫用といわれてきた事柄を，憲法解釈として，端的に根拠規範の憲法適合性の問題に置き換える努力が必要となる。
　　本文はその1つの試みである。
5　現在，靱公園の事案については，大阪地方裁判所第2民事部において，国家賠償法に基づく損害賠償請求訴訟に訴えを変更して係属中である。本文で検討する「原理」に基づいて，違法性についての「ルール」を定式化しようとする努力が弁護団の目標となっている。武村二三夫弁護士の統括により，生活保護法の居宅保護原則（小久保哲郎弁護士担当），除却命令は代執行が可能な「代替的作為義務か」（小野順子弁護士担当）という論点がそれである。

あると解されている。しかし，条約の国内法上の実施措置の中には，司法措置である裁判も含まれている。だとすれば，たとえ，社会権規約11条が直接裁判規範性を欠くとしても，国内法の解釈を行う際には，条約に適合的になされなければならない，ことになる。

②③の要件は，主として，事前手続を定める行政手続法の解釈や行政代執行法の要件として考慮すべきだということになる。

②の要件については，「不履行を放置することが著しく公益に反すると認められるとき」（行政代執行法2条）の解釈として，③の内手続的要請については，行政手続法が定める不利益処分のための手続として「聴聞」をしなければならない「行政庁が相当と認めるとき」（行政手続法13条1項1号ニ）に該当するとして，③のうち代替住居の提供義務については，「他の手段によってその履行を確保することが困難である」（同2条）の解釈として，国内法としての通用力が与えられるべきである。

これに対し①は，都市公園法の除却命令の対象をテント様家屋以外のものに限定する解釈が模索されるべきことを要請する。

人間による占有が考えられない「物」の除却のシステムを使用して，住居として使用されている「テント様家屋」を排除することの適法性が問われなければならない。

いずれにせよ，上記主張の中で，全ての出発点になっているのは，ホームレス状態に対し，「法的な占有保障」を行うべきことである。

この点，西川裁判長は，黙示の占有許可も認められないという文脈で，もし，申請があっても，法が列挙するどの占用許可の対象にもならないだけでなく，公衆の利用に著しい支障を及ぼすので占用許可を与えることができない，とする。

しかし，占用許可を与えるか否かについては，根拠法規の解釈として法の羈束が働くはずである。

都市公園法7条は，許可を与えることができる工作物その他の物件または施設として，7号「政令で定める工作物その他の物件又は施設」があり，それを受けて政令（都市公園法施行令）12条が，「都市公園ごとに，地方公共団体が条例で定める仮設の物件又は施設」を掲げる。

大阪市公園条例8条の2は，「市長が定める都市公園に設けられる仮設の

施設で，都市公園を故なく起居の場所として日常生活を営んでいる者の起居の場所として一時的に利用させる」旨規定する。

　この規定はいわゆるシェルターのための規定である。ホームレス自立支援法の制定過程の中でも，わざわざ，ホームレスの定義の中に「故なく」と規定したのは，シェルターは合法であるが，テント様家屋等は不法であることを確認する意味があった[6]。

　いずれにしても，原告たちのテント様家屋は，「市長が認めものではない」。しかし，都市公園法7条柱書が規定する「都市公園の占用が公衆のその利用に著しい支障を及ぼさず，かつ，必要やむをえないと認めるもの」の解釈において，「都市公園を故なく起居の場所とし日常生活を営んでいる者に起居の場所として一時的に利用させる」ことが，公益性として認められたことが重要である。これが，ホームレス自立支援法の制定されたことの意義であったはずである。

　都市公園で散歩し，遊戯し，ジョギングするものの便益も重要であるが，憲法25条の「健康で文化的な最低限度の相当の住居への権利」を具体化したと考えられる，法と条例の解釈において，「起居の場所として一時的に利用させること」が優先するという解釈がとられるべきではなかったか。

　そうだとすれば，むしろ，都市公園法7条5号の「非常災害に際し災害にかかったものを収容するため設けられる仮設工作物」（主体は公共団体に限定されていない）の解釈として，「ホームレス状態を余儀なくされている人々が緊急避難的に造ったテント様家屋」も占用許可の対象にすべきであると考える。

　しかし，もちろん，現在，大阪市をはじめとする自治体において，占用許可どころか，住民票も認められない立場に置かれている原告らに，占用許可を申請しなければ不適法であるというのは，法の解釈としてあまりに現実離れしている。

　そこで，黙示の占用許可があったとする解釈をとるか，少なくとも，「生

---

[6] この点については，八木正「ホームレス生活の構造状況と生活主体の営為——ホームレス問題の基本的なとらえ方」大阪市立大学人権問題研究センター編・人権問題研究5号（2005年）39頁。

活の本拠という実態」があり、「野宿生活を余儀なくされている事情」がある物件は、除却の対象物にならないという解釈がとられるべきである[7]。

いずれにせよ、司法判断において、重要なのは、各原告が、ホームレス状態にならざるをえなかったそれぞれの司法事実であり、それとの対比の中で、都市公園の公益的利用が考察されなければならないのである。

すなわち、都市公園法の除却命令の目的が公衆による都市公園の公益的利用の確保にあるとしても、占用物が客観的実態として、居住者の生活の本拠である場合には、より制限的でなく、同等に有効な目的を達成する他の手段が存在することが示唆されれば、その手段の不存在が立証されない限り、ホームレス状態にある人々の占有が保障されることが優先さるべきであろう。

公園における公共性は、「市長」が定義することができるものではなく、追い立てられる市民ひとりひとりの視点から捉えられた事実の検証によって判断さるべきであろう[8]。

この点、巻末の西川決定が、「仕組み解釈」と比例原則における裁量判断において極めて精緻であるにもかかわらず、申立人ひとりひとりの事情について全く判断要素として考慮していない点が問題となる。

裁判所は、社会権規約の居住権に適合するように、都市公園法を解釈すべ

---

[7] 森田寛二「許可・公企業の特許などの合理的再構成(下)——『自由』に関する『法律学』的研究・第1部」自治研究78巻8号（2002年）3頁、26頁は、「旅館業『許可』・風俗営業『許可』などを受けた者が当該営業について『双方向への自由』・《する自由としない方向への自由》を持つという法的事実を強調し顕著に示す——明るく照明を当てる——ことには、合理性が認められる」と指摘する。

本文で述べた、都市公園法上の黙示の占用「許可」により、「双方向の自由」が保障されなければならない状況に、ホームレス状態を余儀なくされている人々が置かれていることこそ、この問題の核心である。さらに「黙示」という概念自体、ホームレス関連の別事件で森田教授から示唆を受けたものである。

「許可」の根拠は、憲法25条に求められるが、より端的にいえば、「人間の尊厳」に基づく。

「個人の尊厳」と対比される実定法を補足する原理としての「人間の尊厳」については、広中俊雄「主題（個人の尊厳と人間の尊厳）に関するおぼえがき」広中俊雄編・民法研究4号（信山社、2004年59頁）。

きであり，その際，大阪市に「除却」によって「占有の保障」を奪うことを授権しているかの根拠法規の解釈問題（すなわち，裁量の余地のない事柄）として，この点を考慮すべきであった。

西川決定は，「申立人らの被る不利益は決して小さくはないということができる」としながら，立法裁量と渾然一体となった行政裁量論を展開するのみで，具体的に「不利益」の認定を行っていないことは，このような思考要式の限界で示すものとして銘記される必要があろう。

8 　強制排除に対する憲法学的考察として，「居住の自由」を強調する文献として，笹沼弘志「排除原論——憲法学的考察」Shelter-less 29 号（2006 年）172 頁。刑事法学的考察としては，三島聡「現代刑法学における『国家による保護』と『国家からの自由』」小田中古稀『民主主義法学・刑事法学の展望(下)』（日本評論社，2005 年）82 頁。

第3章　司法事実
――死刑についてのサーグッド・マーシャルの最終意見――

1　被害者の権利と被告人の権利

　死刑を廃止する。死刑が憲法に違反する。あるいは賛成する。我が社会に不可欠である。いずれの立場に立つにしても，すべての人が同じ根拠を持っている。それは，人間の命がそれぞれかけがえのない大切なものであるということを，私たちの社会は共有していることである。政治状況を見ると，その前提自体が揺れ動く状況があるが，筆者は本章においては，そういった我々の社会の信頼を前提とする。人間の命はそれぞれかけがえのない命である。だからこそ我々は死刑を廃止すべきだと考える人もいるし，だからこそ我々は死刑を残して，殺人が起こらないように，この社会を，秩序を維持していかなければならないという人もいる。すべての根幹は実はここにあると。

　この考え方は当たり前のようであるが，新しい考え方である。たとえば『ユートピア』を書いたトーマス・モアの時代。トーマス・モアというのは大法官，イングランドの法の執行の責任者であった人である。16世紀の現実の中で，死刑を揶揄する場面が『ユートピア』の中に出てくる。人の物を盗んだだけで死刑になる，というイングランドの刑法はおかしいのではないか。つまり我々が罪刑の均衡といっているような事柄が守られない時代のほうが，人類史においては長かった。こういうことを考えたときに，死刑は有史以来存在した人類の慣習であるなどということを，死刑の正当化に簡単には使えないということを，学ぶことができる。

　人の命のかけがえなさが，死刑廃止・賛成両方に共有されているとして，それでは我々が，そこからどういう法律命題を導けるか。

　まず，死刑になるかもしれない被告人は，死刑の危険にさらされる被告人は，他の刑罰，たとえば自由刑よりも，あるいは少なくとも同じくらいは，

公平な弁護をしてもらえる機会を与えられる権利を持つ。死刑にさらされる危険を持つ被告人は，少なくとももっと軽い刑罰を受ける被告人と同じくらいは，防御を保障される。もう1つは，死刑事件がほとんど強盗殺人，強姦殺人，人の命をただ奪うだけではなく，それを残虐に奪う事件である。犯罪被害者の権利も，社会はこの被告人の権利と調整する形で，同時に実現しなければならない。この2つが死刑問題の際，私たちが憲法論として考えなければならない問題である。

　これらは常識であるが，ここから先が，常識とプロの法律論がずれるところである。いま言った2つの命題，被告人の防御権は憲法上の権利であるが，後者，被害者に与えられるべき権利，死刑事件の場合は，被害者は多くの場合は死亡しているが，被害者の遺族に与えられる権利は，全く性質の違うものであって，むしろ被告人が死刑を受けるその段階においては，考慮してはいけない権利ではないかというのが本章のテーマである。

　いま述べたことは，必ずしも私たちの社会，あるいは日弁連提言の中でも共有されていることではない。この命題を論じた法律家は，常に矢面に立たされてきた。安田好弘弁護士は，死刑の情状で被害者のことを考慮してはならないという主張をただ考えるだけではなくて，自分の弁護活動の中で実際に実行されたが，これは例外中の例外である。

　別のいい方をすると，被害者の権利の保障。これは社会として当然やるべきこと。しかしこの保障の1つの形態の中に，死刑を正当化するために，ある特定の個人を死刑で殺すために，この被害者の権利感情を持ち出してはならないということが，実は法の公平の要請ではないかということである。

　この命題は，1980年代後半，アメリカ連邦最高裁判決として，判例，つまりアメリカという死刑を存置する社会において，多数意見を占めていた。つまり法廷意見だった。アメリカの法であった。

　ところが1991年になって，裁判官の交代とともに，いま言った命題，つまり被告人が死刑になる際に，被害者の遺族の問題，あるいは被害者がどういう人であったかということを，考慮してはならないということがひっくり返った。死刑の決定は，被害者の問題とリンクさせるべきだ，しかも，非常に重要な要素として，というのが，多数を占めている。それは今日に至るまで，残念ながらアメリカの判例においても優位を占めている。それをどう考

えるか。素材を提供するのが，Payne v. Tenessee（ペイン対テネシー州）事件についての，1991年のアメリカ連邦最高裁判決である[1]。

1 Payne v. Tenessee, 111S. Ct.2597(1991)――マーシャル判事の反対意見（抄訳）
　理性ではなく，力が本裁判所を支配し始めています。4年前，5対4の多数で，本裁判所は，本件で問題となっているようなタイプの「被害者への影響」（victim impact）に関する証拠を，死刑事件の公判の量刑段階において提出することは憲法の残虐な刑罰条項に違反すると判示しました。他の事件でも，5対4の多数で，わずか2年前に上記判示に対する反対を，本裁判所は退けたのです。にもかかわらず，被裁量上訴人（テネシー州）に対し，再度の反対を行うように促したうえ，本日の多数意見は，ブース判決とギャザーズ判決を変更し，それらの判決での反対意見を正しいとしたのです。上記2判決を支持している法も事実も変化はしていません。変化したのは，最高裁判所の人的構成だけです。
　ブース判決とギャザーズ判決を葬り去るに際し，多数意見は，不吉にも，本裁判所の先例に対するさらに広範囲の変更を示唆しました。本裁判所が歴史の中でコミットしてきた「公平で，理性に基づく判断の源としての司法」という概念に触れながらも，多数意見は，4人の反対意見があり，その反対意見が多数となった場合は，どんな憲法上の原則でも捨て去ることが自由であると宣言したのです。この先例拘束に対する全く新しい例外の意味することは破壊的であります。本日の多数意見は，確立された憲法上の権利の多くを再考するという明白なサインを示しており，我々の先例に対する，あからさまの反対を誘発するものです。まさに，本日の多数意見はそれを促したのです。私は，本裁判所は，憲法上の先例に多数意見が考えるより多くのものを負っており，とりわけ，ブース判決とギャザーズ判決にそうであると考えるので，多数意見に反対します。
　当時の連邦最高裁の法廷意見を書いた，パウエル判事（ブース判決）とブレナン判事（ギャザーズ判決）は，死刑事件において，量刑段階から被害者への影響に関する証拠を排除する理由を以下のとおり述べています。上記2判決の多数意見も認識したように，死刑事件に関する本裁判所の判例法理の中核には，「死刑判決は，被告人の個人的責任と道徳的非難可能性を，個人に即して（individualized）考慮しなければならない」という原則と，「死刑判決が，陪審の判断を全く恣意的できまぐれな行為にしてしまう危険を最小限にするような要素に基づかなければならない」という原則があったのです。州が，被害者の影響に関する証拠を提出することは，両判事が説明したように，上記の原則に反することになるのです。通常，被告人は，被害者の個人的状況を知りません。被害者の性格，殺人の被害者の家族に与える影響を認めてしまうことは，量刑の決断を，特定の被告人の非難可能性と無関係の要素に基づかせるこ

第1部　憲法訴訟と事実の認定

2　ペイン対テネシー州事件判決

　この事件は，アメリカのテネシー州で起こった殺人事件である。1人の男性がガールフレンドのアパートを訪れた。ところがそのガールフレンドが実家に帰っていて留守だった。留守ですぐ帰らなくて，何度も訪ねてきた。そのあいだに，どうもコカインとアルコールを飲んでいたようである。そしてそのアパートの隣に住む女性のところに上がり込んだ。その女性には3歳の男の子と2歳の女の子がいた。お父さんがいない3人暮らしの家庭に上がり込んで，隣の人はどうしたのかとか，そんな話をしていた。そして突然，女性に性的な暴行を加えようとして迫ったが，女性が非常に強く抵抗したので，ナイフを使って四十数ヵ所その女性を刺し，多量出血死に至らしめた。それだけではなく，3歳と2歳の子どもをメッタ突きにしたという事件である。
　そのうち2歳の女の子は死亡し，3歳の男の子は十数時間にわたる手術を受けたあと，何とか助かった。

　とになるのです。もし，被告人が被害の影響を予測しうるような状況にあったとしても，被害者への影響に関する証拠を認めることは，恣意的な量刑が行われる許容しがたい危険をもたらすことになる。ブース判決において，パウエル判事が説明しているように，量刑要素としてのそのような証拠の価値は，偏見をもたらす危険によって凌駕されるのです。なぜなら，そのような証拠は潜在的に，陪審の注意を，被告人の性格や犯罪の状況から，被害者の家族が自分の悲しみを語る雄弁さや被害者の社会における地位というような不確定な要素に逸らしてしまうからです。私は以上の理由は現在においても全く説得的であると考えます。そして，2判事が示した理由を改善しようというつもりもありません。
　2判決の欠陥に対する多数意見の論議には何の新しいところもありません。多数意見の全ての議論は，すでに反対意見として述べられていたものです。以下に示すように，その議論は，すでに2判事によって論破されていたのです。すなわち，多数意見の主要な議論は，刑罰は，しばしば訴追されている犯罪によって惹起された被害の評価に基づいている，ということです。しかし，ブース判決もギャザーズ判決もこの当然の命題と抵触しません。2判決が主張しているのは，1つの特定の被害の形態（すなわち，犯罪の状況と関係ない被害者の性格）を州は，殺人に関する死刑事件に，証拠として提出してはならないということだけです……。

アメリカでは死刑が1回，1970年代に憲法違反にされたことがあるが，そのあと死刑を考えるときには必ず，まず有罪か無罪かというレベルで陪審が評決を下す。その評決のあと，今度はいったいいかなる刑にするか。死刑にするか，無期にするか，あるいは有期刑にするかという選択を行う2段階の審査が，憲法上義務付けられた。この理由は，たとえば無罪を主張している被告人が，そのまま死刑かどうか決められるということは，必ず無罪を主張したということを，反省していないというように考慮されるから，被告人が無罪を主張する権利を不当に奪うことになるということである。アメリカでは，一応死刑を存置している州はすべて，何らかの形で2段階にわたって，量刑の段階と事実認定の段階にわたって，考慮するというシステムになった。問題は，どんな事柄を法律が考慮させるか，そしてそれが憲法に違反しないかに移行したわけである。

　このペインという被告人の事件においてテネシー州は，この生き残った男の子ニコラスのおばあちゃんを証言台に立たせた。そしておばあさん自身が，どれだけ娘を失って悲しんでいるか，その娘はハイスクール時代にどんな娘であって，子供たちをかわいがって，社会においてもボランティア活動をして，有為な人材であったということを証言した。それだけではなくてニコラス，男の子が，母親が殺されたあと，どれだけ苦しみ，妹が死んだということを理解できずに，毎日泣き叫んでいる。その小さな子供に与えたインパクトを縷々証言した。そして検察官も陪審に対して，死刑に処せられるべきだという論告求刑の中で，このおばあさんの言ったことを繰り返し，私たちの社会がペインにやるべき事柄は，当然この残虐な行為に対して，死刑というもの以外に考えられないという主張をした。被告人は求刑どおり死刑の宣告を受けた。そしてテネシー州においては，この事件は確定した。

　この91年当時の最高裁の判例は，死刑事件にかぎって，死刑を判定する陪審に対して検察官は，被害者がどのような人間，人格であったかとか，どのように被害者の遺族が苦しんでいるかということを，陪審に提示してはいけないという理論であった。そこで，ペインの弁護人は裁量上訴をして，憲法問題を考えてくれということで訴えた。すると最高裁は，判例理論が確立されてから4年もたたないうちに，これをひっくり返した。被告人に対し刑罰を科すに際し，被告人の行った行為が，どのように被害者の遺族に影響を

与えているかということは，刑罰を科す要素として当然であると述べて，この弁護人の上訴を却下した。そしてペインの死刑は執行された。

3 マーシャル裁判官の反対意見

マーシャル裁判官の反対意見は，従来の被害者への影響について，証拠として認めてはいけないという立場の意見である。サーグッド・マーシャルという裁判官は，連邦最高裁で初めてアフロ・アメリカン，黒人出身の裁判官となった人である。有名なブラウン判決，つまり白人の子供と黒人の子供を，別々の学校に隔離しているのは憲法に違反するということを，1950年代に連邦最高裁が判示するが，その事件で，原告，訴えた黒人の側で中心的な弁護士をしていたのがマーシャルである。弁護士としての長いキャリアを，人権弁護士として人種差別と闘った彼が，今度は最高裁判事としてアメリカの人権を守ることになる。この判決の反対意見は，彼が裁判官として最後に書いた，いわば裁判官としての遺言なのである。

マーシャルの人種隔離の問題に対する闘い方について触れると，彼が用いた手法というのは非常に法律家的な手法。人種隔離が本当に黒人差別になるかどうかという問題も，大変大きな社会を二分する問題で，現在まで続いているが，これをマーシャルは社会学的事実，つまり実際黒人の子供たちは，強制的に分離されて教育を受けることによって，どんな心理的な被害を受けているか。それを社会心理学的なテスト，ドールテストと呼ばれているが，この人形を用いたテストを使って立証し，違憲とした。そういう手法を彼が裁判で用いた[2]。

マーシャルは，法律とは，いったいどういう事実を最も重要なものとして考慮する場合，人間の尊厳に一番反しないでいられるかという発想方法をする。

その彼が，ペイン判決では，「理性ではなく，力が本裁判所を支配し始めています」と主張する。これは5対4の判決が4対5でひっくり返った。つ

---

[2] この点については，たとえば，Jack. M. Balkin ed. "What Brown v. Board of Education should have said" (2001) を参照。

まり単なる裁判官の交代だけで、憲法理論が変わってしまったということを批判した。そして、ブース判決とギャザーズ判決[3]。これは、死刑事件では被害者への影響の証拠を認めてはならないということをいった判決の名前なのであるが、1つは87年、1つは89年の判決である。そういったものについて、何も変わっていないということを次に述べている。

87年と89年に連邦最高裁の法廷意見を書いたパウエルとブレナン、これが後に辞めたわけだが、死刑事件において、量刑段階から被害者への影響に関する証拠を排除する理由を、以下のとおり述べている。「死刑事件に対しては、本裁判所の判例法理の中核には、まず被告人の個人的責任と道徳的非難可能性を individualized、個人に則して考慮しなければならない」。死刑というのは、その人間を社会から排除するだけでなく、社会の構成員のメンバーとしておよそ認めない。村八分にするどころか、村十分にするという判決を行うわけだから、その人が本当に社会の構成員として排除してしまえるかを、その個人に焦点を当てて判断しなければいけない。その人がどういう悪質な犯罪を起こしたか。どういう個人的な責任を負うのか。どういう生育歴を持つのか。どういう社会的環境の中でその犯罪が起こったか。そういうことを詳しく調査する必要がある。

それがなかなか死刑事件の弁護の中ではできていないという批判を、一方でマーシャルは弁護士出身者として、弁護士を批判している[4]。

それと同じくらい大事なのが次の要件。死刑判決が陪審の判断を、恣意的で気まぐれな行為にしてしまう危険を、最小限にするような要素に基づかなければならない。被害者がどんな人だったかとか、被害者の遺族がどういうふうに苦しんでいるかということは、とても大事な要素であるだけに、陪審は、その被告人がどんな人であったか、どんな成育歴を持ったなんていうことを完全に忘れ去ってしまう恐れがあるということである。陪審が、死んでいった子供たちのことを延々と立証されたあとに、ではこの犯人が、我々の社会の構成メンバーとしてふさわしいかどうかについて、個別的にこの人間

---

[3] Booth v. Maryland, 482 U. S. 496 (1987); South Carolina v. Gathers, 490 U. S. 805 (1989). ペイン判決における判例変更については、松井茂記「憲法判例の法源性・先例拘束性について」園部古稀『憲法裁判と行政訴訟』(有斐閣、1999年)。

に着目して，集中して判断することが可能か。それは人間には不可能なことだというのが，第2の要件である。

つまり我々は偏見というものを抽象化するが，死刑事件で人を殺すかどうかというときには，一番我々の目を曇らせるものは何か。目をつぶって考えてみたらいいと思うが，その被害者のことに集中させられることである。

そういった場合，我々には被害者の家族がよく言うように，死刑事件だけじゃなくて，有期懲役になるような事件においても，「必ず死刑にしてください」という言葉が多く聞かれる。それと同じことを裁判所で立証させることが，公平な審理に基づく裁判ではありえない。

要約すると，我々ひとりひとりが，じゃあ，お前の一番大事な人が殺されたら，その殺した人を死刑にしないのかと聞かれたときに，ええ，私はたぶん死刑に賛成するでしょうと答えてしまう。これと，裁判所が法に基づいてその人を死刑にしていいかというのは，別な問題であるというのが文明であって，そしてそれが法の役割なのではないか。復讐を許す社会には公平な法はない。復讐と憎悪の連鎖の断ち切れない恨みだけが残る。国家が刑罰権を独占することによって，合理的な理由に基づいた刑罰制度をつくっているはずである。それが死刑の量刑の場面においても，適用されねばならない。これがマーシャルが言いたかったことではないか。

マーシャルは，もちろん死刑事件以外では，被害者がどうだったとか，どんな人だったかということを考慮してもいいし，そして被害者のインパクト，

---

4 死刑についてのマーシャル裁判官の意見については，Thurgood Marshall, Remarks on the Death Penalty made at the Judicial Conference of the Second Circuit, 86 Colum, L. Rev. I (1986).

また，日本において，死刑弁護を手がけてきた安田弁護士の次のような主張にも，我々は耳を傾ける必要があろう。

「ひとりの『極悪人』を指定してその人に罪を着せてしまうだけでは，同じような犯罪が繰り返されるばかりだと思う。犯罪は，それを生み出す社会的・個人的背景に目を凝らさなければ，本当のことはみえてこない。その意味で，一個人を罰する刑罰，とりわけ死刑は，事件を抑止するより，むしろ拡大させていくと思う」。

安田好弘『「生きる」という権利——麻原彰晃主任弁護人の手記』（講談社，2005年）3～4頁。

影響というのは，犯罪行為自体と密接に，何ヵ所刺されてどれだけ苦しんで死んだだろうとか，そういうことは当然考慮していい要素なのであるということを言っている。

ただおよそ被告人に無関係な被害者の存在に関する情報は，陪審に与えたら公平な判断はできないのではないか。とりわけ，被害者の遺族がどれだけ雄弁に，あるいはマスメディアがどれだけしつこく被害者のことを伝えるか。あるいは被害者が社会的にどれだけ地位があったかというような要素に，死刑を依存させてしまうことは許せないことである。

4　被告人を個人として判断すること

筆者はこの10年間，人が死亡した事件をいくつか手がけてきた。筆者が携わった2つの事件の話を最後にして，筆者がこのことを重要だと考えている理由を述べたい。1つは道頓堀ホームレス溺死事件，1995年に起こった事件である。新聞で大々的に報道されたので，ご記憶の方もいるかもしれない。この事件は，阪神タイガースが優勝したり，サッカー日本代表が勝つと，若者たちがよく飛び込む，あの道頓堀の戎橋で起こった事件である。

戎橋の上から，朝早い時間に少年が，手押し車の上に眠っていたホームレスの人を，橋の真ん中まで押していった。そしてびっくりして起きてふらふらとなった。その人は藤本さんというが，ホームレスの藤本さんが道頓堀に落ちてしまった。元気な阪神ファンが飛び込んでも，元気に生きているが，ふらふらして食べる物も食べず，寝起きのホームレスの人が落とされた。道頓堀は5メートルぐらいの深さがあり，そのままおぼれて死んでしまった。

殺意が立証できないということで，傷害致死事件として立件され起訴された。そしてこの事件で大きな論点となったのは，目撃者が多数いたが，2人で投げ込んだのか，それとも1人で抱えて欄干においたら，びっくりしてつかまろうとした人を振りほどいたため，落ちちゃったのか。

結局高裁まで争われて認定された事実は，少年のうち1人は見ていただけであって，もう1人は手押し車から抱え上げて，突き落としたというところまではいえない。だから1人の少年は無罪，1人の少年は刑が軽くなったということがある。

第1部　憲法訴訟と事実の認定

　その少年のうちの1人の主任弁護人をしていた後藤貞人弁護士が，まず少年の成育歴や，彼自身も非常に深い悩みにあって，いろいろな問題を抱えていたとか，その橋の上に住んでいる少年たちは，実は彼らもホームレスだったというようなことを，いろいろ弁護として出した。
　この弁護の中で我々も出さずに，裁判所も検察官も誰も言わなかったことは，藤本さんへ与えた，そして藤本さんの遺族へ与えたインパクト。
　通りかかった人がたくさんいた。そしてその事件を取材していた記者やボランティアの人たちが言ったことは，もしこの少年たちが犬や猫を突き落としたのなら，みんな怒って助けたかもしれない。けれどもホームレスの人が落ちたとき，誰も助けようとしなかった。もう午前8時で，会社に通勤する人がかなり多かった時間帯であった。少年たちの1人はそれを助けようとした。我々の社会において，藤本さんのような立場にある人は，このような事件においても，まったくインパクトを量刑において考慮されない。これは死刑事件ではなかったが，我々の社会において，被害者の権利とは何かを筆者はこの事件から考える。
　もう1つは，暴走族狩りをしているような人たちが，仲間だった人を，どこかに連れていって暴行する。それは一種の遊びとして，けが程度で済む場合があるが，六甲山や高野山の山奥に連れていって，みんなでリンチする。それで，死亡した事件である。この主犯格が誰であるか。6人の少年および青年が1人の青年を殺したという事件である。
　この事件の中で，遺族の父親が意見陳述をした。その意見陳述は，大変感動的な，自分の子供を思う親の痛みであった。ただもちろんそういう部分を超えて，意見陳述の中で，「死刑にしてほしいという」と，公判を傍聴していて，どの人が1番悪いやつだ，2番目は誰だという，事件自体は全然知らなかったわけだが，公判を傍聴する態度において，要するに量刑をお父さん自身がお考えになった。そういうことに，すぐ裁判官が左右されるとは思わないが，最後にこのお父さんが弁護士のほうを向いて，あなたたちは大阪弁護士会の中でも，人権派で有名な弁護士が何人かいらっしゃる。そのあなたたちが何でこの青年たちの事件を引き受けるのか。それはいったい何の防御の余地があるのだということを，とうとうと述べた。
　そして筆者を含めて多くの弁護士は，それに対して反論しようがない。黙

って下を向いていた。ところが，和歌山カレー弁護団で団長を務めている，小林勉弁護士が立ち上がって，意見陳述の機会に対して，すぐ弁護士が意見陳述をする機会は普通は与えられていないのであったが，この父親に向かってとつとつと，刑事弁護というのはいったいいかなるものであるか。そしてまさにそのことが，社会があなたのお子さんの死を悼む1つの方法なのであるということを述べた。

　弁護士でも，こういう被害者の親が言ったことを，法廷で受け止めることは難しい。まして被告人の青年たちや少年にとって，これを死刑の要素にされることは，もうほぼ防御のしようがないということを意味するのではないか。

　我々は，本当に社会の憎しみや偏見にさらされる死刑事件の被告人を，それ以外の被告人よりももっと弱い立場に置いている。いろいろな理由があるだろう。しかし，市民である被告人を，社会の一員から究極的形態で排除する際に，その人間の個人であること（individualized）を考慮することは不可欠である。

第4章 歴　　史
——歴史認識を欠いた箕面忠魂碑訴訟最高裁判決——

1　司法審査論の諸相

(1)　政治部門および上級裁判所から独立して職権を行使し，法と良心にのみ従うべし，というのが裁判官に対する憲法76条の要請である。そうだとすると，裁判規範は政治過程から影響を受けるべきではないことになる。それどころか，国民世論からも，一定の距離を置かなくてはならないと，主張される。ここに，司法審査と民主主義の問題の原型がある。国民世論の中で多数者意思として存在しているものは何か。政治的多数者の他に，政治過程に反映されない真の社会的多数者が存在するのではないか（少数者支配の原則）。裁判所は，このような社会的多数者からも独立せねばならないのか。少数者として憲法学が位置付けているのは，実は社会的多数者のことではないか，等々[1]。

裁判所は政治的多数者から独立しているべきだという点には異論がないとしても，マイノリティをどう憲法学上司法審査の担い手としてみるかには，様々な対立の余地がありうるのである。そうなると，憲法が明文で採用する最高裁裁判官の国民審査を違憲審査制との関係でどう解釈するかが，重要な課題となる。

(2)　他方，司法審査権そのものの民主的正当性が問題とされることもある。現在有力なプロセス的正当化論によれば，司法審査は「代表補強」的でなけ

---

[1]　樋口陽一『比較のなかの日本国憲法』（岩波書店，1979年）131頁以下，同『司法の積極性と消極性』（勁草書房，1978年）166頁以下，樋口陽一＝栗城壽夫『現代憲法大系11 憲法と裁判』（法律文化社，1988年）67〜77頁〔樋口執筆〕，小田中聰樹『続・現代司法の構造と思想』（日本評論社，1981年）。

ればならない。すなわち、民主制プロセスに不可欠な精神的諸自由と、プロセスから疎外されるマイノリティの保護のために、司法府は積極的でなければならないことになる。それに対し、実体的価値を擁護するための司法審査は原則として、否定される[2]。

　価値中立的国家像を前提としながらも、優越する実体的道徳価値を認め、それに関する道徳理論を司法審査論の基礎に置く考え方も有力である。ロールズ正義論における「基本的諸自由[3]」、ドゥオーキン法哲学における「平等な尊重と配慮を受ける権利[4]」、さらにペリーの非解釈的司法審査論の「実体的デュープロセス[5]」等は、この作業のための基本的概念装置である。そこでは、優越する価値を根拠付けるための理論が可能ということが前提とされている。

　さらに付け加えるならば、ダールの利益集団相互の多元主義的併存を民主主義の中心に置く議論を踏まえつつ[6]、参加重視的思考を定式化した市民的共和主義による司法審査論が脚光を浴びつつある[7]。責任ある自由な市民による熟慮を重視するこの理論は、マイノリティの体制参加を1つの試金石としながらも、憲法が1つのコミュニティの伝統の中に存在せざるをえないという点を直視している[8]。

　(3)　これらの司法審査論は、他の理論へのコミットメントによっては得られない諸相を明らかにしている。これらのうち、最も明確なモデルを提供すると思われるのは、プロセス的アプローチからの、「代表補強型」司法審査論である。ジョン・ハート・イーリーによって近年再定式化されたこのアプローチは、日本においても有力な支持者を見い出しつつある。

2　John Ely, "Democracy and Distrust" (1980).（佐藤幸治＝松井茂記訳『民主主義と司法審査』〔成文堂、1990年〕）。

3　John Rawls, "A Theory of Justice" (1971); "Political Liberalism" (1993).

4　R. Dworkin, "Taking Rights Seriously" (1977).

5　M. Perry, "The Constitution, The Courts, and Human Rights" (1982).（芦部信喜監訳『憲法・裁判所・人権』〔東京大学出版会、1987年〕）。

6　Robert A. Dahl, "A Preface to Democratic Theory" (1956).（内山秀夫訳『民主主義理論の基礎』〔未来社、1970年〕）。

7　大沢秀介『アメリカの政治と憲法』（芦書房、1992年）。

ただ，独立革命に続く合衆国憲法の制定，南北戦争後の連邦憲法の修正時の制憲者意思が，一種の神話といえるほどの特別な重みを持つアメリカ社会において，そのような意思を尊重する解釈的審査の重要性を前提にしながらも，1950年代以降の司法審査革命の成果（特にブラウン判決）を正当化し，70年代の妊娠中絶を行う女性の権利を認めたロー対ウェイド[9]の正当性を認めないという役割を果たしたイーリィー理論が，日本においてどのような機能を果たすかは未だに十分には解明されていない[10]。

---

[8] 小泉良幸『リベラルな共同体——ドゥオーキンの政治・道徳理論』（勁草書房，2002年）は，以上の議論を整理した上で，「自由」の形式性によって不可視なものとして放置されてきた「少数者」のアイデンティティ回復要求を憲法理論内部に再現（represent）することで，「日本国憲法」の前提とする「政治・道徳理論」の解明を通して，「日本」という政治的共同体を構成し運営する「我々」の自己理解を捉え直す試みであるとした。小良が言うコミュニティは，「コミュニティの伝統」ではなく，「我々」の存在する次元は，むしろユートピア的であるという。そして，政治的共同体の構成員資格は，更地から問い直されなければならず，憲法上，シティズンシップを付与されるべき者の範囲は，実定国籍法の定めにより縮減できないことになる。小良の言う「ユートピア」において，市民相互は，①政府の活動を監視し，公共の事柄に積極的関心を払うべき義務，②その所属する政治的共同体を，より「正義」に適ったものとするために行為する義務を負うが，その「監視」「行為」に際し，何よりも当該社会の「歴史状況」と「可塑性」を認識する義務（cognitive duty）を負うはずである。そうだとすると，小良のユートピア的「コミュニティ」と「市民の政治的義務」がどのように接続するのか。今後の議論の展開において明らかにさるべきであろう。

[9] Roe v. Wade, 410 U. S. 113(1970).

[10] 松井茂記『司法審査と民主主義』（有斐閣，1991年），同『二重の基準論』（有斐閣，1994年）。なお，大石和彦「司法審査における反専門技術性という困難——法形成過程の民主性補強的司法審査方法論の可能性と課題」法学67巻5号69頁（2004年）は，「行政裁量と渾然一体となった立法裁量」（園部逸夫）に対し，裁判所がどう対処できるかを考察する。そこでは，実体的瑕疵審査は，法形成過程の瑕疵審査へと向かうことになるが，古い立法を行った立法府の判断を，現在の立法府へ差し戻すことによって，「反民主性」からも「反専門技術性」からも免れるという場合があるという主張がなされている。

第1部　憲法訴訟と事実の認定

2　憲法解釈における「歴史」

本章の課題は，戦後日本という「政治過程」において，憲法典という「裁判規範」が解釈される際，「歴史」がいかなる役割を果たすべきかについて考察することである[11]。

本章は，概ね次のような3つの事実認識に基づく憲法裁判批判を試みようとする[12]。

(1)　第1は，憲法典が列挙した諸自由は，違憲審査権の及ぶ範囲を示したものであり，この憲法制定の事実を「歴史」として，もっと真剣に受けとめる必要があるという認識である。この認識は，法解釈を行う際に，制定者意思を最重要視すべきであるという主張や，規範認識とは立法者意思の探究であるという考え，裁判官が立法を違憲とできるのは，制憲者が明確に指示した場合のみであるとする司法哲学とは，直接結びつかない。私がこの認識を重視する理由は別にある。それは概ね次のようなものである。

自由と言うとき，なんらの内容の限定を有さず，自由がどのような目的の手段と考えらるべきかを問わないのが，リベラリズムの伝統である[13]。なぜなら，各人の人生にとって何が不可欠な行為であるかは本人のみが決めうる

11　このような課題に正面から取り組んだ，アメリカ憲法学の次の2つの文献は，本章の導き手となった。D. Richards, "Toleration and the Constitution" (1986); "Foundations of American Constitutionalism" (1989).

12　この点人身の自由の分野において，小田中聰樹教授が次のような指摘を行っていることは，示唆に富む。「人身の自由を中核とする刑事手続における人権の歴史的被規定性と，これに規定される刑事手続の政策的，理論的諸原則の歴史的被規定性およびその歴史的役割とを解明することは，第1に，それら諸原則の現代的問題性，意義，役割の解明にとっての必要的前提作業としての意味を持つ。第2に，刑事手続上の諸問題について立法論および解釈論を展開するに当り，その諸問題の『問題性』を原則的視点に立って巨視的に把え，その正しい解釈方向を探り，その方向に向けて人身の自由の擁護勢力＝担い手に対し規範意識の形成，強化を働きかける理論を構成するための『導きの糸』としての意味を持つ」。小田中『刑事訴訟法の史的構造』（有斐閣，1986年）237頁。

ことだからである。ある人間像を理想として固定化し、そのような人間像から導かれる生き方を他人に押しつける政治哲学が古代から様々な形をとって登場してきた。どのような人生が幸せなものかについての善の議論と、様々な人生観・世界観をもった人々の共生の作法である正義の議論とを区別し、少なくとも後者の領域においては理想的人間像からくる積極的自由論を拒否しようというのが、リベラリズムなのである。

自由、内容を区別しないという意味で自由一般を権利として各人に保障することは不可能である。私は別稿で、自由一般を擁護する法制度として、法の一般性の要請を強調しておいた。そこでは、憲法典に列挙された諸自由が、「基本的」だという意味は、他の諸自由に対する価値的優越というのではなく、裁判所による救済を保障されることにあるとした。しかし、そのような立場に立つにせよ、なぜそれらの諸自由が憲法典に限定列挙されたかを、諸自由の中での優越の問題とは別の問題として探究する必要が生ずる。本章では、憲法典に列挙された諸自由の価値を道徳的に探究するに際し、それらがいかなる歴史的理由に基づいて憲法典に書き込まれたのかを重視する立場をとることにする。

(2) 第2は、裁判官は、拘束を受けながらも、政治的道徳判断を行わざるをえず、その際、制憲者意思、実定道徳、批判的道徳を歴史的アプローチから探求する任務を負っているという認識である[14]。この点についての法の解釈者としての裁判官の任務が、「歴史的」でなければならないということが、本章の主たる命題であるので、若干の紙幅を割いて敷衍してみよう。制憲者意思の探求については自明であるから、他のものについて述べる。

社会一般の実定道徳および、批判的道徳が「歴史」と切り離された「客観的知識」ではなく、政治的分脈の中で思想家が生み出した「行為」としてのみ存在するという考え方が出発点である。そしてこのような主張の背景には、次の2つの哲学的立場がある。1つは、歴史的な思想の流れは、人類が共通

---

13 井上達夫「人権保障の現代的課題」碧海純一編『現代日本法の特質』(放送大学教育振興会、1991年) 65〜67頁、阪本昌成『憲法理論II』(成文堂、1993年) 57〜78頁、遠藤比呂通『自由とは何か』(日本評論社、1993年) 101〜136頁。

14 遠藤・前掲注(13)172〜194頁。

に取り組むべき普遍的課題に対する様々に違った答えのそれではなく，時代状況に応じた様々な異なった課題に対する諸解答の流れであるとする，歴史哲学である[15]。

他の1つは，思索するとか，思索を表現しようとする行為は，言語ゲームであり，特定の歴史的文脈を離れては正当化不能であるという，言語哲学である。これは，私的言語の不可能性を指している。つまり聞き手と話し手が共有する場を離れて，言語には客観的意味があるわけではないという考え方なのである[16]。

これら2つの哲学を背景に，政治思想そのものの理解と，歴史的状況の密接な関係を立証したのが，ケンブリッジのダンとスキナーの両教授であった。彼らはこの方法をもとに，政治哲学の分野で政治思想史研究が果たす役割について例証を行いつつある[17]。

(3) 以上のような考え方に対しては，「批判的道徳」は「人類普遍の原理」として，特定の歴史的文脈から離れた客観的意味を持ちうるのではないか，という反論が予想される。つまり，たとえば民主主義的正当化の必要性は時

---

[15] R. G. Collingwood, "The Idea of History" (1946).
[16] ウィトゲンシュタイン（藤本隆志訳）『ウィトゲンシュタイン全集8　哲学探究』（大修館書店，1976年）212頁の次の命題を参照。「わたくしが言語で考えているとき，言語的表現と並んでさらに〈意味〉がわたくしの念頭に浮んでいるのではない。言語そのものが思考の乗り物なのである（命題329）」。野家啓一「ウィトゲンシュタインの衝撃」『現代思想4　言語論的転回』（岩波書店，1993年）143頁は，ウィトゲンシュタイン哲学の歴史的意味付けを行いながら，次のように述べる。「『哲学探求』においては，言語ゲームという概念は，文法規則によって律せられた活動であるとともに，それが「生活形式」であることが著しく強調されている」(169頁)。

ただ，「言語ゲーム」と言われるとき，「そこでは，通常の言語活動を取り巻く複雑な諸条件はことごとく捨象され，言語が言語として機能しうる最低限の条件だけが洗い出されている」(171～172頁)。したがって，政治・社会思想研究の方法論上の出発点として，ウィトゲンシュタインの「超越論的」考察を置くことには無理がある。この点注目されるのが，J・L・オースティンの言語哲学，すなわち，言語行為 (speech act) 論であろう。J. L. Austin, "How to do things with Words" (1962)（坂本百大監訳『オースティン哲学論文集』〔勁草書房，1991年〕)，特に，「行為遂行的発言」参照。そこでは，思索・表現が行為であることが強調されている。

第4章 歴 史

代と場所を超えて要求されるのではないか、そうでなければ、たとえば第三世界の抑圧的権威主義を認めることになるのではないか、という批判である。

聖典の解釈、詩の解釈、科学のパラダイム等々が客観的知識として存在しうる可能性は筆者も認めたいと思う[18]。しかし、憲法典の扱う国家と個人の政治的権利および義務の問題について言えば、歴史性を捨象することは不可能であろう。このことは、日本の憲法学界において必ずしも共有されていない。したがって、この第3の認識については、若干の紙幅を割いて説明しておかねばならない[19]。

憲法典の解釈問題（特に人権問題）は、常に市民が相互に負う政治的義務の問題に還元することが可能であり、しかも個々の市民がどのような歴史的文脈に置かれ、彼女の未来がどの程度の可塑性を持っているかが、政治的義務を考えるとき不可欠である。憲法学がその立論に際し、問いをここまで解体して考えることがなかったのは、政治的義務の問題を遵法義務の問題に還元し、しかもそれを国家と個人の対立として捉えていたからである。

しかし、近代立憲主義が根拠を置く社会契約論的思考において考えられる政治的義務は、統治団体と市民の間のそれではなく、市民相互のものだったということが重要である。これをロックの政治思想において見てみよう。社会契約を結ぶ個人は、神から与えられた理性の法（自然法）によって拘束され、自然状態から社会を取り結ぶ義務を神および同胞に対して負っていると考えた。それゆえ、信託とは人間相互の信頼に根ざしつつも、その限界を持つものであり、神への奉仕者としての任務遂行の必要から、圧政への抵抗権を各人に認めたのである。

このとき、市民から自然法の執行を委ねられた為政者および、そのような

---

17 ケンブリッジの歴史学派の方法的出発点となったのは、ダン教授の次の論文であろう。John Dunn, "The Identity of the History of Ideas" XLIII *Philosophy*(1968). これらの成果を集めたものとして、たとえば、R. Rorty, J. Schneewind, Q. Skinner eds, "Philosophy in History" (1984). ダン教授の学説については、加藤節教授の一連の紹介がある。

18 この点、たとえば、K・R・ポパー（森博訳）『客観的知識』（木鐸社、1974年）。

19 John Dunn, "Political Obligation in its Historical Context" (1980) をもとに、以下の行論は展開される。

為政者が信託の範囲を大きく超えたかどうかを判定する革命家は，通常の市民が負うのと異なった政治的義務を負うことになる。そして，この義務において合理的な政治哲学を各人が持ち，それに基づいて行動したか（合理性と責任）が問われることになるが，何よりも優先さるべきなのは，状況認識を怠らなかったという点にあると思われるのである。

なぜなら，「何をなすべきか」が問われているとき，為政者と革命家（抵抗する者）双方が，心情倫理だけでなく責任倫理に基づいて行動すべきであるとするなら，その当時の人々がどのような規範に拘束され，どのような合理的な思想を持ち，どの程度の社会的歴史的知識が入手可能であり，いかなる資源が動員可能であるかについて，できうる限りの合理的計算を行い，市民個々にどのような政治的可能性が開かれているかを考慮する必要があるからである。批判と討論に基づくその時々の決断の背後に「熟慮」が必要だからである。

(4) 以上が，近代立憲主義が考えるべき政治的義務の問題のひな型である。この政治的義務の問題は，憲法裁判を行う裁判官とどう関わるのであろうか。さて，憲法典（特に自由権）を解釈する裁判官が負うべき役割は，いかなるものであるかについて，私は別稿で次のように書いた。「自由権は『法律』によって侵害されない権利であるから，一般市民には，服従を命ぜられている『法律』を具体的場合に無視しうる権能，『自己の危険において行動する』資格が与えられなければならない。そして，一般市民が自己の危険において行動するためには，彼の発意に基づいて，ある『法律』を憲法違反と決定する機関の存在が不可欠となる。このような機関としては，裁判所以外考えられない[20]」。

すなわち，自由権は，遵法義務を特定のケースにおいて免除することを根拠付けるのである。抵抗権が言わば，実定法化されたわけである。そこでは，統治を信託された立法府の政治的義務が果たされたか，抵抗を主張する一般市民が義務を果たしたのかという，哲学の問題に裁判官は直面している。もちろんそこでも述べたように，この道徳判断には拘束がかけられている。

そうだとすると裁判官が憲法判決を書くためには，判決事実を超えた「歴

---

[20] 遠藤・前掲注(13)，172頁。

史」を探求することは不可欠の作業となろう。

　(5)　憲法解釈において「歴史」が探求さるべき理由についての一般論は以上である。次にこれを具体例によって説明しよう。たとえば、日曜日に授業参観を行うことで、教会学校に出席できない子どもたちがどのような「歴史」的状況に置かれているかを認識することが、彼女らの政治的義務の問題にどのように関係するかを考えてみる[21]。

　従来の有力説によれば、この問題は信教の自由と政教分離原則の対抗問題として扱われてきた[22]。果たしてこのような性格付けが妥当するのだろうか。

　世俗・教会2つの教育の間で、世俗における宗教教育の禁止、教会教育の義務付けの禁止を通して、一方で、子どもは市民としての教育を義務として受けるとともに、他方宗教について自由に学ぶ機会を持つこととなった。ここにおける眼目は、何よりも子どもがその発達に応じて親を含めた保護者から、十分な公共教育を受けることおよび信仰について決断する自由を持つことであろう。これらの2つなくして、憲法典が信教の自由および政教分離を併せて規定した意味が見い出せるだろうか。このことは、次の2つのケースを考えてみれば、わかるであろう。

　第1は、公立学校において、宗教の時間を設けて、様々な宗派の宣教、集会を認めるケースである。なぜこれが認められないのか。1つの説明は、無

---

[21]　この事件についての裁判例は、東京地判昭和61年3月20日行裁例集37巻3号347頁である。本文の行論は、エホバの証人の剣道受講拒否の問題にもあてはまる。この点、野坂泰司「公教育の宗教的中立性と信教の自由」立教法学37号(1992年)1頁が、この問題を、「『エホバの証人』の信者の人々にとってのみならず、多数派の一員である我々一人ひとりにとって重大な関心をもって見守るべきもの」と性格付けたうえで、「本件のような事例においては、少数者の信教の自由が尊重されるべきであり、そのための措置を学校側がとったとしても政教分離原則には違反しない」ということを論証したことが注目される(33頁)。

[22]　棟居快行「信教の自由と政教分離の『対抗関係』」芦部古稀『現代立憲主義の展開(上)』(有斐閣、1993年)53頁。安念潤司「信教の自由」岩村正彦ほか編『現代の法3』(岩波書店、1997年)189頁は、「信教の自由を含む自由権の場合とは異なり、政教分離を、超歴史的、理論的に正当化する政治哲学の構築は困難である」と指摘する(安念・201頁)が、これは議論の終着点ではなく、出発点であろう。

宗教の自由を侵害するからである。この説明はもっともらしい様相を呈しているが，何の説明にもなっていないことに注意を要する。憲法が規定するのは信教の自由であって，「無」宗教の自由ではない。無宗教を信ずることはできない。端的に信仰を持つことを拒否する自由でなければならない。

もしここにかかっていることが，信仰を持つことの拒否なら，このケースは重要なものとして浮上する。なぜなら，宗教教育の時間の免除を認め，他のクラスが天地創造について学んでいるとき，進化論を勉強していれば済むことではないからである。つまりこのケースこそ，信仰の自由（信仰を持つか持たないかの自由），より正確に言えば，魂への権利（a right to conscience）の侵害について論じられたパラダイム・ケースなのである[23]。

他のケースを考えよう。学校で，宗教教育が禁止されるとして，逆に，宗教者や信仰を持つことの愚かさや，非合理性を論証することは許されるのだろうか（つまり，反宗教教育の問題）。「宗教は阿片だ。政治的無責任の温床だ。だから醒めた眼で生きていかなければならない」。このような宗教批判自体が内容的に正しいかは別として，教師が教壇から子どもに向けて語ってはならないことは間違いない。これも，宗教的事柄について自主性を尊重すればこそ，国家が宗教に不介入であることの帰結である。

以上２つのケースから見てとれるのは，歴史的に見て宗教と政治がどのように関わることで信仰の自律や政治の独立が害されてきたかを見ていく必要があることである。これを日曜日の授業参観の問題にあてはめれば次のようになろう。

子どもは，６日間（当時）学校へ行くことを強制されていた。７日目に，教会で牧師である親や，教会学校の教師から宗教教育を受ける自由を持っていた。しかし，７日目にも学校へ来いと言われたとき，彼女の魂への権利は侵害されなかったのだろうか。これが問われるべき問題であったはずである。遵法義務と，それへの不服従を正当化する人権問題であったはずである。

「では，土曜日を聖日とする子どもはどうか」という反論についてはどう

---

[23] Cf. McCollum v. Board of Education, 333 U.S. 203(1948). なお，このケースを〈親の自由とPublic schoolの対抗〉として捉える研究として，蟻川恒正『憲法的思惟』（創文社，1994年）42～57頁。

か[24]。もちろん，論理的には，日曜日に欠席を認めることが，ある特定の宗教への優遇になることはありうるだろう。ただ，週のうちどの日を宗教教育にあて，どの日を義務教育にあてるかは，調整問題ではないはずである。信仰の自由という切り札にいかなる重みを持たせるかが問われねばならない[25]。そして，日曜日が宗教教育の日と定める決定が多数者に対しても保護さるべきかが政治的義務の問題として考察される必要が生じる。この問題には，歴史的コンテクストを離れた解答はない。それはたとえば，良心的兵役拒否を認める場合，当人の生活史を離れて合理性があるかを判定できないのと同じである。

宗教について真剣に考える機会を奪われている子どもたち，という「歴史」認識がなければ，授業参観事件を人権問題として把握することすら不可能なのである[26]。

本章は，「歴史」認識を欠く憲法解釈の著しい例として，1993年の箕面忠魂碑最高裁判決を取り上げ，その問題点を指摘するとともに，そこで裁判官が行うべきであった作業のモデルを示したいと思う。その前に，近代立憲主義においてなぜ政教分離と信仰の自由が中核的位置を占めてきたかについての「歴史」（3），およびそのような「歴史」が制度としてどのように発展したかの「歴史」（4）について考察しておくことにする。

3 政教分離思想の「歴史」

(1) ジョン・ロックは1689年から90年にかけて，3つの記念碑的著作を発表している。人民の抵抗権に基づき，名誉革命を正当化したといわれる"Two Treatises of Government"，イギリス経験論の基礎を据えた"An

---

[24] 前掲注(21)の東京地判は，次のように述べる。「宗教行為に参加する児童について，出席を免除すると，公教育の宗教的中立性を保つ上で好ましくない」。

[25] 長谷部恭男『権力への懐疑』（日本評論社，1991年）。

[26] この問題を，親，国家，社会，教師の多面関係における共和主義と多元的自由主義の対立として捉える立場として，長谷部恭男「私事としての教育と教育の公共性」ジュリスト1022号（1993年）76頁。そこでは，子供を私学へ通わせる親の選択の余地の存在が重視されている。

Essay Concerning Human Understanding"，プロテスタント的政教分離思想の集大成といってよい "A Letter Concerning Toleration" の3つである[27]。

これら3つの著作が，ロックの内面でどのような関連を持つのか，彼の置かれた時代状況に照らしてどんな意義を持ったかを明らかにする必要がある。しかしこの2つの問題は密接に関わっており，相互に補い合う関係にあるのでまとめて考察しよう。

ロックがその人生の初期から一貫して問い続けた問題は，一言でいうなら，「教会における典礼（儀礼）を行うに際して市民政府（Civil Magistrate）はいかなる役割を果たすべきか」というものである[28]。このような課題は16世紀末から英国国教会内部で勢力を伸ばしつつあった清教徒と，英国国教会保守派の最重要争点となっていたのである。この政治闘争は内戦，清教徒革命，王政復古として歴史の舞台に登場した。

この課題は単に英国の国内問題ではなく，フランスのプロテスタント弾圧に象徴されるカトリック側の反攻の中で風前の灯火となっていたプロテスタントの信教の自由を擁護するために必ず答えなければならないものだったのである。ロックがこれらの著作を最終的にまとめたのが，フランスの弾圧を逃れるためにオランダに亡命していたユグノーの人々と一緒であり，自身も国王に対する反逆罪に問われ，オランダに亡命していた時のことであったのは偶然ではなかろう。オランダは当時，プロテスタントの唯一の牙城であったのである。そのオランダでなおかつカトリックにも説得力を持つ寛容論を説くことが彼の課題であった。

先に述べた「教会における典礼（儀礼）を行うに際して市民政府（Civil Magistrate）はいかなる役割を果たすべきか」という課題に答えるためには，3つの事柄について考察する必要がある。第1は市民政府（Civil Magis-

---

[27] 以下の記述については，John Dunn, "The Political Thought of John Locke" (1969); "Locke" (1984) および James Tully, "A Discourse on Property" (1980) に大幅に依拠した。

[28] 遠藤比呂通「みんなで決める政治」樋口陽一編『ホーンブック憲法』（北樹出版，1993年）233頁以下が，ロックの問題を「われわれは宗教的権威にどの程度の信頼をおいたらよいか」と定式化したのは誤りであった。（2000年の改訂版では訂正されている）。

trate) はいかなる役割を果たすべきかという問題である。第2は信仰とはいかなる本質を持つものであり，各人の信仰生活において教会（特にそれの行う儀礼）がどのような位置を占めるかという問題である。第3は第1および第2の問題の解答を理性と経験に求めるために，人間が経験に基づき理性的に考えるということは，いかなる営みであるかを探求することであった。

これらのうち，第1の問題を考察したのが『市民政府二論』である。この問題を主として聖書（旧約部分）を根拠に，人類が神から授けられた支配の問題として定式化し，アダムとその後継者たる族長たち（patriarcha）に，全能の支配権を認めたのが論敵ロバート・フィルマーであった。

17世紀イングランドでフィルマーの王権神授説が担った役割は，王政復古（restoration）を正当化することであった。しかも重要なことはこの考え方が，当時支配的であった自然法論に依拠していたことであり，ロックは自然法論に則りながらもフィルマー理論を論破するために苦心したのである。これに対しロックがホッブスに対して一言も言及していないことは注意を要する。フィルマーおよびロックが神に義務を負った人間の社会を考えていたのに対して，ホッブスは道徳的真空に存在する裸の個人を考えたのである。つまりロックはこのようなホッブスとは議論の出発点を共有できなかったのである。

ロックとフィルマーは神的な自然法論を共有しながらも，次の一点において決定的に違う。それは，前者が万能の理想的統治者を想定したのに対し，後者が人間の罪深さに支配の根拠を置いた点である。

ロックによれば神は人間を理性（reason）を持った，神の似姿として創造した。そして丁度，アダムがエデンの園の園丁であったように，人間は神の目的に奉仕する Steward，として存在している。理性は何が彼の目的であり，自然法の要請がいかなるものであるかについて説き明かしてくれるはずであった。

しかし神に背き罪のなかに生きざるをえなくなった人間の理性は，様々の欲求，プライド，利己心によってくもり自然法を判定し執行する存在として

---

29 この点について，興味深い解釈史を記す文献として，宮田光雄「国家と宗教」思想810号（1991年）4頁以下がある。

の人間の完結性は破れ去った。

　ここに自然法の解釈権と執行権を信頼できる第三者に委ねる必要が生ずる。これらの権力に委ねられた市民政府は，第一次的には自然法の立法者たる神に対して，第二次的には人民に対して責任を負うことになる。ところで，市民政府がその責任を果たさず権力を乱用した場合，人々はどうすべきかという問題は，支配と抵抗の問題として，主にローマ書13章の解釈の問題として争われてきた[29]。

　ロックは，この問題を新たな視点において考える。それは，人間は自分の生命，身体，財産を，神から預かっているのであって（神のpropertyとしての人間），それらを勝手に処分する権能を持たないことを重視する点である（自殺禁止の重視）。人間が自分の持たない権能を他人に委任することはできない。これによって市民政府の限界が明らかとなる。つまり市民政府が権力を乱用し，人民を恣意的に殺害し始めたとき，彼らは神への義務としてpropertyを守るため，政府に抵抗しなければならない。

　この抵抗権は各人のpropertyが各人に固有なものであるように，他人に譲り渡すことができない神聖なものである。ロックは市民相互が信頼し合い，社会を形成する条件を考え，その徹底した考察から与え合う信頼の限界を抵抗権として示したのである。ここには神への全面的信頼＝信仰を持った個人が，ひとりひとり神への責任を負うというプロテスタント的人間像が前提とされている。

　(2)　次にロックが「信仰とはいかなる本質を持つものであり，各人の信仰生活において教会（特にそれの行う儀礼）がどのような位置を占めるか」という問題にどう取り組んだかを見てみよう。ロックが「寛容についての手紙」において示した立場は，応用神学的なものであった。つまり彼は寛容の論拠を宗教そのものの論理に求めたのである。当時，各宗派が自分たちの行う儀礼，神学，教会組織こそ聖書から導かれる唯一のものであることを証明しようとしていた。たとえばミルトンは，ピューリタン的教会統治の方法を正当化するにあたって次のように書き始めている。「教会統治は福音に規定されている。したがってそれに反することをいうのは，不健全である。このことが教会統治の第1，最大の理由である[30]」。

　これに対しロックは諸宗派の相互の寛容こそが聖書の教えだと説いた。

「寛容についての手紙」の冒頭部分にある「各人にとっては，各人の教会こそが orthodoxchurch である」という文こそ，彼の立場を集約的に表現しているといってよい。このような結論にいたるまでのロックの考えの道筋を追ってみよう。彼はまずカルビンの決定論を土台とする。決定論とは「誰が救われるのかについて，神の自由の選びによるのであり，予め決定されている」という考え方である。神の自由の選びによる召命に対し，人間の側が自発的に応答することを要求されている。この自発性は人間の心の奥底からのものでなければならず，強制力を使って宣教することは許されない。信仰の本質が各人の自発性にあるとしたなら，異端審問をすることは単に無意味なばかりではなく，神への反逆ということになる。教会は自発的結社であり，その許される強制力の行使は破門をすることに限定される。強制力によって property を保護することを任務とする市民政府が信仰に関する事柄に関わってはならないことも，この点から導かれる。

ここで2つの点に留意しておこう。第1は，ロックの寛容論は宗教を拒否する自由に及ばないことである。ロックの思想において，「万物の創造主としての神」の存在を認めることは不可欠の前提となっていた。つまり，信仰を持つか持たないかの選択の自由を正当化する論拠を，ロックの寛容論は含まないことである[31]。

第2は，ロックの応用神学のアプローチは近代的寛容論と大きく違うことである。寛容論の代表例を3つ挙げよう。まず考えられるのは，寛容の問題を人類の歴史から学んだ実践知の問題と考える立場である。つまり，正統と異端，正教と異教の対立において，現実政治の場において相手を殲滅することの不可能性を悟った人類が，政治的妥協の産物として寛容を採用したとするのである[32]。

次に考えられるのは，自由一般の代表例として信仰の自由を主張する立場であり，ミルの自由論がその金字塔である。最後に，権利の問題として信仰

---

30 ジョン・ミルトン（新井明＝田中浩訳）『教会統治の理由』（未来社，1986年）14頁。
31 John Dunn, "Reconceiving Political Responsibility" (1990).
32 John Rawls, "Political Leberalism" (1993).

の自由および寛容を説く立場である。ドゥオーキンの議論がこれに当たる[33]。

　これら2つの特徴を考える時，ロックの寛容論の現代的意義は，色褪せるかのようである。しかし，事態はそう簡単ではない。そのことはロックの思想生活を振り返ることによって明らかとなる。ロックはオックスフォードで倫理学を講じていた青年時代，儀式や典礼に関する形式的事柄（indifferent things）について，市民政府が強制的に決定することを認めていた。しかし，それから30年あまりを経た「寛容についての手紙」では，そのような留保を付けずに各教派の完全な自由を認めたのである。何が宗教的に大事かは国家ではなく，各教派によって決められるべきであるとロックは考えるに至ったのである。寛容の問題をどのような問題と考えるにせよ，寛容の中に宗教を拒否する自由が含まれるかについて，どちらの立場をとるにせよ，寛容の限界を国家ではなく，宗教団体に委ねたロックの議論は，現代人が避けてとおることができない問題を投げ掛ける。

4　政教分離制度の「歴史」

　前節の考察においては，政治と宗教の分離の問題と統治団体としての国家と宗教団体としての教会の分離の問題を，同列に置いて扱ってきた。しかし，政治と宗教という2つの事柄が混同することによって，各人の自律に委ねられるべき信仰の自由が侵害されるのは，何も教会と国家との関係の場面だけではない。国家が教会に介入しないことは，各人の信仰の自律の必要条件であって，十分条件ではない（自律と自立の違い）。

　教会（宗教団体）の内部にも政治があるし，どんなに世俗化された国家においても，宗教的部分が残らざるをえない。いわゆる政教分離の問題は，実は3つの主体の相互関係における個人の自律的信仰の保障とその侵害のそれである。西洋近代立憲主義においても，政教分離と信仰の自由の関係が一義的ではなく，アメリカ型，ドイツ型，イギリス型の3つに分類されるのはこのためである。

　すなわち，アメリカ型において国家と教会の厳格な分離が信仰の自由の不

33　R. Dworkin, "Taking Rights Seriously" (1977).

可欠の条件とされているのは，社会内部に存在する多数派によって公的宗教が少数者に押しつけられるのを，最も警戒したからである。それと対極的なのはイギリス型である。国民の全部が国教会に所属するべきであるという16, 7世紀の規範は，公務員全部が国教会に属するべきであるという18世紀を経て，国王のみが国教会員であれば足りるという20世紀にいたる。ここでは，国家内部の非宗教的部分の拡大が強調された。ドイツではカトリック，プロテスタント双方が国家の排他的庇護を受けようと争った後，国家が教会と並ぶ別の団体ということ，教会には租税徴収権があり，国民には自己の属さない教会に対しての納税を拒否する権利が与えられた。ここに見られるように，自律的信仰にとって何が枷となっていたかによって，政教分離の強調点は異なるのである[34]。

　ここでは，国家の内部において宗教の果たす役割が希薄化されることによって，少数者の信仰の自由が保障されていく過程を，イングランドの教会と国家の関係においてみよう。なぜなら，日本の政治宗教の現在形態たる，象徴天皇制について考える格好の素材を提供しているからである。とりわけ重要なのは，英国国教会において常に内部の反対派が，各教会の自立を信仰の自由と不可分の形で主張し続けたことである[35]。

　(1)　英国国教会は16世紀に，ヘンリー8世によってローマカトリック教会から断絶した。彼は聖職者を脅迫して服従させ，1530年代の法律によって，国王をイングランド教会の最高首長（Supreme Head）と定めた。特に注目を引くのは，新体制への服従宣誓をすべての臣民に要求した1534年の王位継承法である。宣誓を拒否したトマス・モアが反逆罪で死刑にされたのはこの時である。ヘンリー8世には2000を超える修道院をほぼ3年あまり

---

[34]　芦部信喜「信教の自由①」法学教室147号（1992年）53頁。なお，通常アメリカ型に分類されるフランスにおいて，信教の自由と政教分離が緊張関係にある歴史については，樋口陽一『憲法』（創文社，1992年）210頁，263〜266頁。そこには，日曜日授業参観事件についての興味深い考察もある。

[35]　以下の点については，J・R・H・ムアマン（八代崇＝中村茂＝佐藤哲典訳）『イギリス教会史』（聖公会出版，1991年），水田洋編『増補イギリス革命』（御茶の水書房，1976年），永岡薫＝今関恒夫編『イギリス革命におけるミルトンとバニヤン』（御茶の水書房，1991年）。

の間に廃止し，国有財産にすることで財政基盤を確立する一方，プロテスタント的な英訳聖書を刊行することで信仰への新しい時代を拓いた，という評価もある。

　設立当初，異端を厳しく取り締まっていた英国国教会内部にも，カルビン主義的教会改革を目指すピューリタンと呼ばれる人々が現われる。特にエリザベス朝下で，ケンブリッジのカートライトが指導者に迎えられてからは，主教制の廃止，長老主義教会政治の確立，平信徒の権限の拡大が新約聖書の解釈に基づいて主張された。

　ここでは，ピューリタンの主張を，その集大成ともいえるミルトンの「教会統治の理由」に即して見ておこう。ミルトンは当時のイングランドの長老制度や主教制度が，何ら福音に基づかないだけではなく，国家政治に悪影響を及ぼすことを力説した。その際，彼が強調したのは，信仰問題についての言論の自由と，聖職者という名称は，神につくあらゆる人々に与えられるべきであるということである。キリスト信徒はどの人をとっても教会統治に参加する自由と特権を持つことこそ，彼の主張の主眼であった。

　17世紀は，少数派の弾圧とそれに対する亡命と革命の世紀であった。それは一方で，ピューリタンを中心とするアメリカ建国の礎を作ることになるし，他方，1649年のチャールズ1世の処刑に象徴される共和制への発展を決定づけた。本章の問題関心からは，1688年の宗教寛容法（Toleration Act）が重要である。

　王政復古の下で，最も苛酷な宗教弾圧を受けたのは，クエーカーとバプテストであった。1660年から70年の間に，173人のクエーカーが獄死，138人が流刑となった。これは彼らが国王への忠誠誓約を拒否したためである。非国教徒（nonconformist）は1673年の審査法（Test Act）によって，一切の公職に就くことを禁じられていた。

　1688年の法律は，国教体制を維持しながらも非国教徒への刑事的処罰を行わない旨定めて，信仰の自由への道を拓いた。依然として，日曜日に国教会へ行くことは強制されていたが，幾つかの厳格な要件を定めて，例外を認めることになった。もっともこの例外は，カトリック教徒とユニテリアン派には及ぼされなかったが，宗教的少数者に一定の自由が与えられたことは画期的である。

(2) これ以降の宗教的寛容の問題を考える際に、忘れてならないのは、18世紀イギリスが理性の時代と言われる功利主義と産業革命の時代に移行していったことである。特に18世紀後半に現われたベンサムの哲学は、宗教的な基礎付けと中世法の伝統に根拠を置く、それまでの思索家の営みに対して破壊的な効果を持った。彼は最初の体系的著作において次のように言う。「自然法という言葉は、すべてそのまま承認しなくてはならないものを論証抜きで強調する時使用される。それに対し功利性という言葉はより明白に苦痛と快楽に言及している」。ここに神の自然法や中世法に別れを告げ、人間にのみ根拠をおいた理性への信頼が宣言されている[36]。

18, 19世紀は、理性の世紀、産業革命の世紀と呼ばれる反面、資本主義が生み出した諸矛盾が労働者の貧困に現われた時代でもあった。この事態に対し、マルクスは古典派経済学、特にリカルドーを継承しながらも、経済理論を歴史的分析に転化することによって問題を解決しようとした[37]。それに対し、キリスト諸教会（特にメソディスト）は労働者階級に対する福音宣教の重視という最も古典的な方法をもちいた。特に識字率の向上のために、初・中等教育の普及を重視した点は、後の労働者階級の地位向上のため、大きな貢献を成した[38]。

このような状況のなか、英国国教会の内部でも改革運動が行われる。特に19世紀半ばに起こった海外への宣教士派遣と、各国語への聖書の翻訳および配布を重視するリバイバル運動は、注目に値する。なぜなら、英国民の教会として設立された英国国教会が、アングリカン・チャーチとして全世界に広まる中で、宗教的純粋性を獲得したからである。このことをたとえば、リバイバル運動の中心人物であるケンブリッジのチャールズ・シメオンについてみてみよう[39]。

---

[36] 以下の点については、J・S・ミル（松本啓訳）『ベンサムとコウルリッジ』（みすず書房、1990年）。

[37] J・A・シュンペーター（中山伊知郎＝東畑精一訳）『資本主義・社会主義・民主主義(上)（改訂版）』（東洋経済新報社、1962年）。

[38] この点については、たとえば、W. J. Townsend, H. B. Workman, G. Eayrs, "A New History of Methodism" 2 Vols. (1909).

[39] Max Warren, "Simeon".

彼はケンブリッジの教職者として，宣教士の派遣および聖書翻訳の指導に熱心であっただけでなく，主任牧師として数十年にわたり，牧会運動を行った。彼の生きた18世紀後半から19世紀前半は，相次ぐ戦争，政治改革運動，労働運動の時代であったが，どんなことが起ころうと彼が説教壇の上から，政治に関する事柄を論評したことはなかったという。

19世紀においてシメオンのような聖職者は，むしろ例外で，教職者が政治について発言することがまま見られたようである。しかし歴史の趨勢は，英国国教会内部での政治と宗教の分離の方向へ進んでいった。このことを端的に現すのが19世紀後半に行われた教会税の廃止である。これにより，英国国教会を構成する各教会は，教会員の自発的献金によって運営される宗教団体となった。

(3)　20世紀になり，イギリスは2つの大戦を経験した。このことにより，大英帝国という植民帝国は崩壊した。

このような状況下にあって英国国教会は教会と国家の関係について真剣な討議を重ねた。その中で注目すべきは，1919年の権能付与法 (Enabling Act) である。この法律によって，教会内部が民主主義的代議制によって統治されるようになると共に実質的に英国教会会議 (The National Assembly of the Church of England) が，議会にかわって教会に関する権限を持つに至った。

一方，政治の場面では，カナダ，ニュージーランド，南アフリカ等の自治領が，本国およびその主権者である英国議会（その存在する場所に因んで Westminster Palace と呼ばれる）と対等の地位にあることを宣言するウエストミンスター憲章が1931年に結ばれる。ここで英連邦統合の象徴として，the crown が選ばれ，これが後の日本国憲法の採用する象徴天皇制のモデルとなったとされている。

しかし注意すべきことが2つある。1つは，the crown は宗教的色彩を持たないことである。英連邦諸国の宗派は様々である上，英国国教会が宣教によって全世界に設立した諸教会は，独立した運営権を持ち，カンタベリー大主教の指導の下にある[40]。2つは，the crown が持つ象徴機能は，人格とし

40　H. Herklots, "Frontiers of the Church" (1961).

第4章 歴　史

ての女王および国王から切り離されるべきことが意識されていることである。つまり，王個人のカリスマに結びついた正当性ではなく，伝統的に国王職が果たしてきた政治的役割（神秘化されたことはあったにせよ）に，the crown の象徴性の根拠があるのである。

5　戦後史の中の最高裁

本節では，箕面忠魂碑判決と，その背後にある，我が国の戦後史を吟味してみよう（なお，忠魂碑の移転に伴う費用の支出の違法性が争われた忠魂碑訴訟の他に，碑の前で行われた慰霊祭に市の教育長等が参列したことの適否が問われた慰霊祭訴訟についても判断が下されているが，論点を明確にするため，後者には触れない）。

(1)　忠魂碑訴訟の事実関係は次のとおりである。大阪箕面市に，街でよくみかけるような石碑が立っている。周囲を白砂利と玉垣によって囲まれ，表側に「忠魂碑」と書かれ，裏側に戦死した軍人の名が刻まれている。遺族の人々により，仏式と神式の隔年交替で慰霊祭が催されている。この碑の建てられたのは，大正期のことである。帝国在郷軍人会の奉仕作業によって，箕面村の役場の敷地内に創建された。

時の政府は，各地に建造されたこのような碑が，人々の参拝の対象物になることは好ましくないと，考えたようである。この時点ではまだ忠魂碑への参拝は，靖国神社を頂点とする国家神道に同化していなかったためであろう。ところが，15年戦争が激化し，国体という名の天皇制が国民の中に浸透していく過程で，忠魂碑に対する敬礼が子どもたちに強制され，忠魂碑は「ムラのヤスクニ」としての役割を果たすようになる。

戦後，占領軍の神道指令を受けた政府は，公有地上にある忠魂碑を撤去する旨の通達を発した。撤去を恐れた遺族会は，忠魂碑を地中に隠しておいた。占領終了後，元の場所に再建したが，箕面市はこれを黙認した。

箕面市の人口増加に対応するため，小学校の建物を建替え，敷地を拡大する必要が生じ，碑石を移転することになった。箕面市はそのための費用（合計8586万8444円）を支出した。この支出の違法性が争われたのである[41]。

本件最高裁判決は次のような認定を行い，政教分離原則の具体化としての

目的・効果基準の意義を疑わせるような判断を下した。いわく、「忠魂碑は、地元の人々の郷土出身の戦没者の慰霊、顕彰のために設けたもので、元来、戦没者記念碑的な性格のものであり、再建・移設後も同様の性格を有するとみられる」。この認定の問題は、戦前、児童・生徒に参拝が強制されていた事実を無視し、「慰霊・顕彰」を世俗的な事柄とした点だけにあるのではない。より根本的に、一般人の社会通念に仮託しながら、忠魂碑自体の宗教性を否定してしまった点が問題なのである。

津地鎮祭判決において最高裁は、起工式の宗教的性格を認めた上で、津市が地鎮祭とかかわった目的と、効果が吟味されたのである。藤林裁判官の追加反対意見に述べられているように、裁判官はある儀式、シンボルに対する個人の考え方の深奥にまで立ち入ってその宗教性を判定してはならないのである[42]（本件に付された園部補足意見は、政教分離の法原則の適用のために、忠魂碑自体の宗教性を判定する必要はないと述べる[43]）。

なぜなら前にみたように、政教分離原則の最も重要な狙いは、侵してはならない魂の領域として個人の信仰に関する事柄を保護することにあるからである。信仰は個人の自発的な決断にのみ基づきその個人の決断に根ざした自立的結社としての教会が国家から独立して宗教に関する事柄を司るという政教分離の制度的保障はこの狙いを現実化したものである。

何が宗教的な事柄として重要かは、第一次的には宗教団体が決定することであり、政府はこの点についてその決定を尊重しなければならないのである。もちろん、市民法秩序維持のために政府が宗教的な事柄に強制力を用いて介入すべき場合があることはロック自身が論証していることである。しかしこの場合にも、市民社会の自立性が原則であって、政府の宗教的判断に重きが置かれることはない。

(2) 今、忠魂碑について、政教分離の観点から主として法の世界の問題を

---

41 最三小判平成5年2月16日民集47巻3号1687頁。当該判決については、長谷部恭男「箕面忠魂碑・慰霊祭訴訟上告審判決」ジュリスト1026号（1993年）48頁、浦部法穂「箕面忠魂碑・慰霊祭訴訟最高裁判決」法学教室154号（1993年）109頁。

42 最大判昭和52年7月13日民集31巻4号533頁。

43 民集47巻3号1710頁。

みてきたわけである。しかし，忠魂碑について，戦後政治の文脈の中で，より広い視野から見ておく必要があろう。ここでは，2つの点を指摘しておく。1つは，やはり何といっても，靖国神社を中心とする国家神道の復活の先兵として，忠魂碑が果たす役割についてである。2つは，思想統制が忠魂碑について行われていることに注意を促すことである。この順に論じよう。

1985年8月15日，総理大臣中曽根康弘（当時）は，靖国神社に公式参拝を行った。それは，二拝二拍手一礼という神道式作法に基づかないものだった。政教分離原則を考慮に入れてのことだと報道された。つまり，正式な儀礼を避ければ，問題はないと考えたのである。ここにも，政教分離についての基本的な無理解があるが，そこに至る経緯を振り返っておくのは無駄ではなかろう。

日本の独立回復後，靖国神社を再び国営化しようとする動きが生じた。この運動は靖国神社法案の国会への提出という形で，政治の舞台に登場する。これは結局廃案となったが，代わって登場したのが，天皇および閣僚の公式参拝問題であった。「英霊にこたえる会」は，忠魂碑などの「慰霊顕彰」という，国民のあいだで一般に抵抗力の弱い部分から，運動を国レベルへと拡大したわけである。

政府はこの点につき何度も政府統一見解を表明し，「このような参拝が違憲ではないかとの疑いをなお否定できない」としていた。

ところが，1984年7月，藤波官房長官は私的諮問機関として，有職者からなる靖国懇を設置し，公式参拝への布石を打った。靖国懇は翌年8月に，報告書を提出し公式参拝が実現したのである[44]。

このような歴史の流れからすると，忠魂碑が，少なくとも靖国神社の復活を狙う勢力に「利用」されたと見ることは避けられない。そして忠魂碑の悲劇は，戦前もそうだったように，このような「利用」に対して全く抵抗力がない点に存する[45]。

(3) 小学校の教科書に，忠魂碑が使用されたということで，政治的な論議を呼んだことについての歴史をみてみよう。1977年の参議院選挙において，

---

[44] この点については，ジュリスト臨時増刊『靖国神社公式参拝』848号（1985年）。
[45] 宮田光雄『日本の政治宗教』（朝日新聞社，1981年）。

戦争礼賛の教科書を自民党政府が合格させたということが非難され，教科書検定制度のあり方が問われたのであった。今，この「日本のあゆみ」という検定済教科書を開いてみると，次のような内容になっていることに気付く[46]。

身近にある忠魂碑を見学することから出発し，なぜこの碑が建てられたのか，この碑を建てたころの人はどのように暮らしていたのかを，子どもたち自身で考えさせるという趣旨の教科書である。そこには，「建てるために努力されたおじいさん」，「戦争に参加したおじさん」，「むすこが戦死したおばあさん」は登場しても，忠魂碑に反対する立場の人のコメントは掲載されていない。この点が非難されたようである。

ところが，さらに遡って，この教科書がどのようにして編集され，どのような検定を受けたのかを調べていくと，注目すべき事実が明らかとなる。1975年の原本には，「人権のなかでもっとも基本的なものは生きることです。生きることさえ自由でなかったことがあるとすれば，それはなんでしょうか。ここでは，歴史を学習するときのかまえのようなものを，身近にある事例で考えてみることにします」という目的が書かれたあと，「忠魂碑に反対する大学生のおにいさん」が登場するのである。

そのおにいさんが述べているのは，侵略戦争の遂行を支えるものとして忠魂碑が利用されてきたことである。彼はその事実を元に忠魂碑に対して批判的なコメントを加えている。検定ではここがすべて削除されたのである。

このような事実経過に鑑みると検定実態の問題は，「右翼的教科書」を合格させたことにあるのではなく，多面的見方を否定し，結果として，「右翼的」としかみえないような教科書しか合格させない点にあることがわかる。

教科書問題を考えるとき，我々は家永教科書問題をまず想起する[47]。特に，戦争に対する国民的反省を促すような素材（たとえば，南京大虐殺についての記述が争点となっている）を，文部省の調査官が執拗に削除しようとしている例は，表現についての些末な指摘という形をとって，数多く行われている。忠魂碑についてもこのような統制が行われている事実は認識されねばならない。

---

[46] 山田勉『歴史・政治教材と教科書検定』（国土社，1980年）。
[47] 「特集　第一次家永教科書訴訟最高裁判決」ジュリスト1026号（1993年）。

なぜなら，日本国および日本国民が1931年以降どのような侵略行為を行ったかを知ることは，日本の市民権を持つひとりひとりに課された政治的義務であるから。道義的，宗教的謝罪をどの範囲で行うかは，それぞれ個人の良心に属する事柄であるが，日本社会が置かれている歴史的状況を正しく認識することは個人の選択には委ねられていない。まして，人権擁護の府たる裁判所の義務は重い。

6 むすび

以上の考察から，憲法解釈における「歴史」の重要性が明らかとなったと思われる。これは同時に，箕面忠魂碑判決において裁判官が考えるべきであった事柄を示すことにもなると思われる。つまり，2で述べたとおり憲法裁判を行う裁判官は遵法義務を特定のケースにおいて免除することについて判定しなければならない。そこでは何よりも優先さるべきなのは当事者を含めた日本社会が置かれている歴史的状況の認識であろう。忠魂碑の戦前・戦後の「利用」の歴史，忠魂碑の歴史について政治部門が認識しようとするどころか一般市民から隠蔽しようとしている歴史，政教分離原則の思想史的，制度的歴史，以上の考察に基づけば，忠魂碑を単なる慰霊顕彰の施設だと位置付けることは不可能であったはずである。

(1) 以上のような立場には，様々な批判が予想される。それらの全てに答える能力も，紙幅もない。そこで，誤解を避けるための最低限の事柄を記すことによって，本章のむすびとしたい。

第1は，裁判官は，歴史の法廷でもなければ，正しい政治道徳哲学の担い手でもない，という非難について。人権論が，市民の国家への遵法義務と，その義務を免除することの正当化であるとすれば，それは不可避的に実体的価値とその生成の歴史および，国家が過去にどのような遵法義務を課してきたかについて踏み込まざるをえないはずである。それを怠るとき，丸ごとの現状の正当化の装置となるのが，違憲審査制であろう。

そればかりではない。このように考えて初めて，違憲審査基準およびその背後にある憲法訴訟の深層理論について，構成的コミットメントを超えた，合理的議論が可能になると思われる[48]。なぜなら，市民相互の政治的義務の

問題に解消しうる，人権問題について，その問いも答えも具体的コンテクストという意味での歴史の中にしか存在しないから，ある閉じられた可能性の中にいる個々人の義務について論議可能となるからである。

(2) 第2に，あまりに裁判官の憲法解釈を重視し，他の統治部門や市民の憲法解釈の重要性を無視しているのではないか，という批判について。どのような憲法保障制度をとるかについては政策の問題であるという立場の存在を承知のうえで，私は「自由の法」は裁判官の不断の実効化の中にしか存在しないと考える。この点についてはすでに別稿で論じたので，ここでは市民の憲法解釈の重要性について触れておくことにしよう[49]。

憲法訴訟の立場からみても，市民の憲法解釈の重要性は否定できない。それは彼が憲法解釈について，権力から距離をとった解釈をとることができるからこそ，市民の権利を擁護するための制度が起動する，からだけではない。より重要なことは，権利のための闘争を行う人々が政府に対抗して，様々な専門からの議論を持ち込むからこそ，裁判所において熟慮された憲法判断が保障されるからである[50]。

〔付記〕

芦部信喜は，憲法訴訟と歴史の問題について，「包括的」と対比される「特定的」な憲法条項については，歴史的考察の手法が用いられるべきではないかとし，その例として，津地鎮祭違憲訴訟の名古屋高判昭和46年5月14日判例時報630号（1971年）7頁を挙げる。芦部「憲法訴訟の理論と技術」公法研究37号（1975年。後に『憲法訴訟の現代的展開』〔有斐閣，1981年〕所収）。

なお，愛媛玉串料訴訟上告審最高裁大法廷判決（民集51巻4号1673頁）は，県が例大祭，みたま祭または慰霊大祭に際し玉串料等を公金から支払いして奉

---

[48] これは，長谷部恭男「憲法学における比較不能性」芦部古稀『現代立憲主義の展開（下）』（有斐閣，1993年）757頁において示された同教授の問題提起に対する，私なりの解答である。

[49] この点を強調したのが，遠藤比呂通「天皇制の憲法解釈」福音と世界1993年5月号33頁である。

[50] 田中伸尚『反忠——神坂哲の72万字』（一葉社，1996年）は，そのような市民の闘いの記録である。

納したことは,「社会的儀礼にすぎない」ものではないとする理由として,「明治維新以降国家と神道が密接に結び付き右のような種々の弊害を生じたことにかんがみ……政教分離規定を設けるに至った……憲法制定の経緯に照らせば,たとえ相当数の者がそれを望んでいるとしても,そのことのゆえに,地方公共団体と特定の宗教とのかかわり合いが,相当とされる限度を超えないものとして憲法上許されることになるとはいえない」とする。

付論：政教分離の原則とは

(1) 最高裁判所は1993年2月16日,大阪府箕面市が公費で忠魂碑を移転・維持することの合法性を認める判断を示した。目的・効果論と呼ばれる判例法理を踏襲したのであるが,宗教と政治の関係について改めて考える契機を与えるものであった。

(2) 政教分離原則とは何であろうか。今回を含めて3度,最高裁はその意味について述べる機会を持ったが,いずれの場合にも,簡単に次のように述べるだけである。「国家と宗教との分離を制度として保障することにより,間接的に信教の自由の保障を確保しようとするものである」。ここに問題があるように思えてならない。制度の理念を離れて,法的ルールをいくら緻密に築きあげても,もし政教の癒着を正当化することになったら,元も子もないから。

そこで,多少図式的になるが,政教分離原則について説明しよう。この原則を最も雄弁に定式化したのは,福音書の次の語句である。「カエサルのものはカエサルに,神のものは神に返しなさい」。この語句が発話されたのは,イエスを罠に陥れようという人々に対する反撃としてであった。質問者は言う。「カエサルに税金を納めるのは,律法に適っているでしょうか」。もし否と言えば,カエサルへの反逆罪となる。是なら,律法(神の権威)に反することになりかねない。ローマに税金を納めることが,律法に適うかどうかについて争いがあったからである。

イエスは直接に答えず,次のように問い返す。「デナリオン銀貨には誰の肖像と銘があるか」。質問者は答える者となり,「カエサルのものです」と言

うほかなかった。最初の質問にはおのずと答えがでることになる。「神のものは神に返せ」という命令までついて。

この句の釈義について争いがあるが、次の点で一致をみる。地上の権威は、神の国に属する事柄に介入してはならないが、デナリオン銀貨にカエサルの銘があるように、人の魂には神の烙印がはっきり押されているのだと。地上の権威＝国家が、魂の管理に乗り出すのは許されないのである。

かように、政教分離原則はまず宗教思想であったわけだが、17世紀イングランドのピューリタンたちによって政治理論と結びつく（この点、大木英夫『ピューリタン』〔中央公論社、1968年〕が便宜である）。

ピューリタンは、信仰を各人の自律に委ねられるべき事柄と考え、宗教団体も自発的結社であるべきことを強く要求した。近代デモクラシーのモデルはここにある。強制を旨とする政治は宗教に関与してはならないことになる。

この考え方は、メイフラワー号に乗って新大陸に渡る。そして、18世紀後半、合衆国憲法修正1条として法原則になるのである。法原則の理念・目的には、相互に関連しながらも、異なった、次の3つがあると言われる。①特定の宗教が国教となることで、他の宗教が迫害されることを防止する、②各宗派間の争いが、政治の世界に持ち込まれないようにすること、③援助を受けた宗教団体が、自律性を失わないようにすること。

(3) 目的・効果論の範とされたレーモン・テスト（米最高裁の判例法理）を支える理念は、かようなものだったのである。レーモン・テストを詳述する余裕はないが、2つの点を指摘しておきたい。1つは、政治と宗教の結びつきにおいて象徴的結合（symbolic union）を警戒している点である。なぜなら、ある宗教が公的に承認されることで象徴的結合が生ずると、宗教的少数者が社会から疎外されるのみならず、政治的対立を巻き起こすからである。第2は、宗教に関する事柄を広く捉え、政治と宗教の結びつきを機能的に仕分けしている点である。法は外形的側面から宗教にアプローチしていくしかないのである。

さて、再び我が国に眼を転じ、忠魂碑について考えよう。判決は「戦没者の慰霊のための記念碑的なもの」と判断し、碑石自体の宗教性を否定してしまった。法的アプローチとして疑問が残る。宗教性が否定されれば、市と遺族会のかかわりについて云々するまでもなく、合憲の結論が導かれる。

第4章 歴　史

　忠魂碑は，天皇のために戦死した「英霊」を慰霊，顕彰するものである。「戦犯」を生み出した戦争について責任を問おうとしている人々，偶像礼拝を禁止されている人々にとっては，市の土地上に忠魂碑が存することで，社会から疎外されたと感じることも十分ありうるし，政治的紛争をもたらすことになりかねない。

　この象徴的結合の考えを基本に据え，愛媛県が行った，靖国神社への玉串料，献灯料の支出の違法性を認定した判決がある。1989年3月の松山地裁判決である。

　そこで最後に一言しておきたい。靖国神社と政治との結びつきの審査を行うとき，象徴的結合という発想は有効である。日本社会は，国民統合の象徴として天皇を戴くことに合意している。もしこの天皇が，再び靖国と不可分の関係に立つなら，先にあげた人々（筆者もその一員なのだが）を日本社会自体から疎外してしまうことになる。政教分離原則は，このような事態を招かないように，成文化されたはずである。

〔付記〕

　上記箕面忠魂碑最高裁判決の問題点については，本書第4章本論において詳しく扱ったが，弁護団の熊野勝之弁護士は，より端的に，以下のように述べる。

　「判決要旨を見た時私たちは，今を去る360年前の1633年ローマ法王庁の異端審問により地動説を捨てることを誓わされたガリレオが『それでも地球は動いている』とつぶやいたと同様に，思わず『それでも忠魂碑は宗教施設である』とつぶやいた。……忠魂碑に対する8500万円（津地鎮祭の出費7663円の1万1千倍）もの公金支出は如何に『目的効果』基準を駆使しても，忠魂碑に宗教施設性が認められる限りその合憲化は不可能である。そこで高裁も，最高裁も忠魂碑の宗教施設性否定の挙に出ざるを得なかった。しかし，忠魂碑の宗教施設性を否定するような宗教の解釈（定義）は，宗教学という科学と客観的証拠の前に不可能であった。そこで『目的効果基準』を1度目は使えない場面で使い，2度目は使う余地がないのに使ったふりをするという非常手段に訴えたのである」熊野勝之「それでも忠魂碑は戦争賛美の宗教施設である」法学セミナー462号（1993年）16頁，19頁。

第 2 部

周縁化された市民の憲法訴訟

「市民社会における権利義務関係の存立基盤は市民社会そのものなのであり、権利義務関係の基本的な存在態様は、市民社会がみずから形成する権利主体の行動様式としての権利義務規範のいわば自然的な発現——権利義務の相互的な承認、したがって紛争の不発生——にほかならない」
（広中俊雄『法社会学論集』339頁〔東京大学出版会，1976年〕）

第5章　沖縄反戦地主
――内閣総理大臣を原告とする職務執行命令訴訟最高裁判決――

　征服者の側に，想像し得る限りの正義があったとしよう。それでも彼は，被征服者が没収されても仕方がないものしか，手に入れる権利は持たない。……自然の基本法は，一切のものができるだけの範囲で維持されなければならないというのだから，その結果として，もし両方，すなわち征服者の損失と，子どもたちの維持との両方を完全に満足させるだけ十分なものがないとすれば，余るくらいにもっているものは，それがなければ死滅する危険のある者の，緊急の，そして一層望ましい権原に譲って，自分の完全な満足の一部を後まわしにしなければならぬのである。

ジョン・ロック『市民政府論』より

1　はじめに

　沖縄海邦国体のソフトボール会場に選ばれた読谷村(よみたん)で，「反戦地主」の知花昌一(ちばな)が「日の丸」を焼き捨てた行為は器物損壊罪，威力業務妨害罪，建造物侵入罪で起訴され，1審で有罪とされた。法治国家の面目躍如である[1]。

　その知花の土地が，日米安保条約とその付属法令に基づき使用されていた期限が切れ，合衆国軍隊および日本国の不法占拠状態に立ち至ったのは，何とも遺憾である[2]。

　日本国は，知花に退去を要求され，しぶしぶ軍用施設への立ち入りを認め

1　詳しくは，以下の文献参照。那覇地判平成5年3月23日判例時報1459号（1993年）157頁，知花昌一『焼きすてられた日の丸――基地の島・沖縄読谷から』（新泉社，1988年），ノーマ・フィールド（Norma Field）（大島かおり訳）『天皇の逝く国で』（みすず書房，1994年）39～128頁，新崎盛暉『沖縄現代史』（岩波書店，1996年）109～144頁。

第2部　周縁化された市民の憲法訴訟

たのであるが，彼にこの土地を返還する意志は毛頭ないようである。日米安保体制は，ますます合衆国の影響を強く受けつつある国連体制の下，反対の声を押し潰しつつ，今後も存続するのか[3]。

日本国憲法下と言うよりは，ポツダム宣言に基づく合衆国駐留軍の占領下で，サンフランシスコ講和条約の条件として締結された日米安保条約は，日本の再軍備と米国への基地提供義務を明確化することによって，冷戦構造を前提とした軍事同盟を可能にするものであった。湾岸戦争後，新たな展開をみせつつある合衆国のアジア戦略において，日米安保体制（なかんずく沖縄に駐留する米軍）は，要の位置をしめることになろう。安保体制は，日本の国是として，それを出発点として議論を進めるしかないような「現実」が我々の前にある。

国際法学者のフーゴー・グロチウスが，海洋について，領海を狭く限定し，海洋の自由航海を主張したコンテクストは，新興国オランダの海外貿易，植民地経営を正当化する理論が必要とされていた時代である[4]。どこが政権を担当しようと，日米安保について，日本側の政策選択の幅はそう大きくない以上，日本国憲法下でも安保体制が可能になるような憲法論を展開してみせるのが，法学に携わる者の課題となっても不思議はない。

日本国の最高裁判所が，砂川闘争の際の諸判決から，今回の沖縄県知事に

---

[2] 1996年3月31日で，読谷村の楚辺通信所の一部である知花昌一の土地が，契約期限が切れ，不法占拠状態となる。同年5月11日には，沖縄県収用委員会の決定により，国からの緊急使用の申立てが却下されたため，日本国およびアメリカ合衆国による，知花の土地の不法占拠状態が，1年以上続くことになる。知花は，同年7月25日，国を被告とし，土地明渡しと，明渡しまでの損害賠償を求めて，那覇地裁に訴訟を提起している。仲地博「沖縄米軍基地と法の果たす役割」法律時報68巻12号（1996年）39頁，阿波連正一「土地はいったい誰のものなのか」法学セミナー505号（1997年）34頁。

[3] 1997年5月14日に，収用期間が終了する12軍施設の不法占拠に対処するため，同年4月17日に，駐留軍用地特措法が改正され，収用裁決申請の後は，収用委員会の裁決の如何にかかわらず，「暫定使用」を遡及的に行うことが可能となった。改正特措法の問題点については，人見剛「駐留軍用地特別措置法改正の法的問題点」法学セミナー512号（1997年）12頁。

対する職務執行命令訴訟についての判決に至るまで，一貫して打ち出してきた憲法論は，このような性格のものであったと思われる。本章は何よりもまず，この最高裁判例の批判的検討を狙いとする。特に，職務執行命令訴訟という，総理大臣が当事者の一方になっている今回の判決の問題点を浮き彫りにすることに，紙幅を割きたい（2 砂川から読谷へ）。

日本の憲法学会は，安保条約の法的諸問題をどのように位置付けてきたのであろうか。

長谷川正安，星野安三郎，渡辺治，深瀬忠一，山内敏弘などの諸主張を学説史的に検討する作業は，同時に戦後憲法学の最も重要な特徴である，日米安保体制のイデオロギー批判の産出過程を振り返ることである。戦後憲法学は，護憲の旗印を掲げ，体制批判を憲法9条の解釈論として提示する一方，創造的平和論の提唱を行うことを任務としてきた[5]。本章では，それらをすべて分析することはしないが，最も重要な点については指摘しておきたい。

すなわち，先の最高裁判例の検討との脈絡から言えば，恵庭，砂川，長沼，百里などの9条関連裁判を支援することが，学者の重要な役割となったことが銘記される必要があろう[6]。その中で提唱された平和的生存権は，前文の理念を，憲法訴訟の担い手たる市民の側から再構成しようとするもので，憲法学説史を振り返ろうとする者にとって，その限界の指摘だけでは済まされ

---

4 コンテクストを重視しつつ，思想家の著作を，同時代の政治状況への働き掛け（to do things with words）であるという前提に立ち，テクストと歴史の双方の解釈に問題提起を行いつつあるのは，ケンブリッジのダン（Dunn）とスキナー（Skinner）である。John Dunn, "The Identity of the History of Ideas" XLIII *Philosophy* (1968); Q・スキナー（半沢孝麿＝加藤節編訳）『思想史とは何か』（岩波書店，1990年）。

5 この点については，長谷川正安「安保体制と憲法」深瀬忠一＝山内敏弘編『文献選集日本国憲法14 安保体制論』（三省堂，1978年）51頁，同『国家の自衛権と国民の自衛権』（勁草書房，1970年），同『憲法現代史(下)』（日本評論社，1981年），渡辺治『日本国憲法「改正」史』（日本評論社，1987年），深瀬忠一『長沼裁判における憲法の軍縮平和主義』（日本評論社，1975年），同『戦争放棄と平和的生存権』（岩波書店，1987年），山内敏弘『平和憲法の理論』（日本評論社，1992年）。

6 たとえば，森英樹「9条裁判と憲法学」法律時報68巻6号（1996年）67頁。

ない，重要な意義を持つと思われる[7]（**3** 護憲から積極的平和論へ）。

以上の検討を踏まえた上で，現在喫緊の解決を迫ってくる諸問題，つまり，国連平和維持活動への自衛隊の参加に伴う法的問題（自衛隊法全部の文面違憲を常に視野に置きつつ），沖縄の基地返還問題等に一応の示唆を行うことが，筆者に要請されている。しかし，そのようなグローバルな諸問題に何らかの提言を行うことは，筆者の能力では無理である。

本章で筆者が行うことは，これらの諸問題の性格を明らかにすることである。「なぜ，沖縄のみに，全米軍基地の75％が集中するのか」，「基地の存在に伴う，騒音，犯罪などの不利益を受忍しなければならないのか」，「村としての存続自体を危うくする行為に，村長はなぜ協力しなければならないのか」という沖縄の叫びは，「国家のため」，「国際貢献」という，厳密には意味不明の言葉の前にかき消されてきた。

個人が，市民として様々な共同体内部で負う政治的義務の根拠と限界として，これらの諸問題を位置付け直そうというのが，本章の狙いである[8]。個人としての平和に関する思想が，政治的義務の問題を考える際にどのような役割を果たすべきかの問いを軸に，地方自治体，国家，アジア（特に日本が侵略した諸国），国際社会のそれぞれのレベルにおける錯綜する政治的義務（その一種としての，国家に対する人権）を比較可能な形で明確に定式化できたなら，本章はその狙いを達したことになろう（**4** 個人から市民へ）。

---

[7] 平和的生存権の意義付けについては，浦田一郎『現代の平和主義と立憲主義』（日本評論社，1995年）107～132頁，澤野義一「平和主義論の50年」樋口陽一＝森英樹＝高見勝利＝辻村みよ子編『憲法理論の50年』（日本評論社，1996年）59頁。平和的生存権論は，前文と9条の連関を明らかにしつつ，人権としての平和を強調するものである。その方向をさらに進めて，平和的生存権を憲法13条の解釈として説く立場については，浦部法穂「50年目の『平和主義論』」法律時報68巻2号（1996年）26頁。

[8] 権力の正当性の限界の問題を，市民社会における市民相互の政治的義務の問題にまで還元して考えるべきだという筆者のアプローチについては，本書第9章の参照を乞う。筆者のアプローチに対する批判として，平川宗信「死刑制度と憲法(上)」ジュリスト1100号（1996年）63頁，69頁。

2　砂川から読谷へ

　ポツダム宣言受諾により，主権国としての対外独立性，および国内統治権を喪失した日本国および天皇は，連合国占領に服すことになる。ポツダム宣言の2本柱である日本における「無責任な軍国主義」の排除，日本国民の自由に表明された意思に基づく民主的政府の樹立のため，一方で，財閥解体，農地改革，国家神道の解体，東京裁判による戦争責任の追及が行われるとともに，国民主権を表明する，人権中心の憲法を制定・公布・施行する作業が併行して進められることになる[9]。

　天皇裕仁の戦争責任追及が回避されるのみならず，帝国憲法の改正として「日本国憲法」を裁可した天皇裕仁が，民主的日本の再生を率先して行うという図式が，米占領当局と日本の統治者の合意となるなかで，裕仁の「人間宣言」に示された平和主義者天皇のイメージを定着させることが企画され，成功する。天皇裕仁が沖縄を除く全国に「巡幸」するとともに，「国体」の開会式で「おことば」を語るという行事が，その政治性を隠蔽しながら，一定の成功を納めていく。軍服から背広に着替えた天皇裕仁は，侵略責任にほおかむりした日本国民の統合の象徴として，戦後復興の精神的支柱となるのである[10]。

　ポツダム宣言の実施という占領政策が劇的に転換する原因は，米ソの冷戦構造であるが，より直接的な要因は，1950年6月の朝鮮戦争勃発である。6月25日から，わずか2週間後の7月8日には，マッカーサー連合国最高司令官によって，実質的再軍備にあたる警察予備隊の設置が日本政府に対して指令される。すなわち，日本軍の武装解除を行い，憲法9条の制定に最も

---

[9] 坂本義和＝R・E・ウォード編『日本占領の研究』（東京大学出版会，1987年），古関彰一『新憲法の誕生』（中央公論社，1989年）。

[10] 天皇裕仁の東京裁判不訴追に至る経緯については，粟屋憲太郎「東京裁判にみる戦後処理」粟屋ほか『戦争責任・戦後責任』（朝日新聞社，1994年）とそこに掲げられた参考文献参照。天皇制の戦後史については，渡辺治『戦後政治史の中の天皇制』（青木書店，1990年）。

影響を与えた1人の司令官によって，憲法の根幹が傷つけられたのである。しかも，その指令が，元「大元帥」裕仁の名によるポツダム勅令に淵源を持つ政令，警察予備隊令によって実施されたことは，歴史の皮肉である以上に，占領政策の構造をよく示すところである。

すなわち，緊急勅令たるポツダム勅令は，日本国憲法の制定によって実質的に失効することなく，ポツダム政令と言われる占領政策実施法規として，日本国憲法制定後も，日本の対外独立にいたるまで存続するのである。後に，日本国憲法と日米安保条約の「2つの法体系」論を唱えた長谷川正安によって，この事態は日本国憲法と旧憲法に根拠を置くポツダム勅令の「2つの法体系」の併立であったと描写されている[11]。

(1) 日米安全保障条約の制定と1959年砂川判決

政策としての再軍備が，米軍主導下で進められていく中で，沖縄が独立後も米軍政下に残されるという決定と，日本国の土地の全てを潜在的な米軍基地にするための条約案の作成が，日本国の独立条件として，日米両政府のコンセンサスとなっていくのである。占領政策の形成に重大な役割を果たした天皇裕仁はここでも鍵を握る働きを行う。最近の占領政策研究が明らかにするように，国際共産主義に対する「国体護持」のための安保体制があたらしい「国体」となるとの認識に基づいて，天皇裕仁は，アメリカによる沖縄の軍事占領が「25年から50年，あるいはそれ以上にわたる長期の貸与というフィクション」のもとで行われることを，アメリカ側に，早くも1947年の時点で求めていたのである。アメリカ側も国務長官ダレスが登場してからは，天皇裕仁との間で，基地問題について交渉を行うようになる。その過程で天皇裕仁が，1950年8月にダレス宛に，「日本側からの自発的オファ」によって占領終了後の基地問題を解決するように提案したのである。彼は，「国体」護持のため，沖縄のみならず，日本全土をアメリカに「オファ」したのである[12]。

「望むだけの軍隊を，望む場所に，望む期間だけ駐留させる権利」を米軍

---

11 長谷川・前掲注(5)「安保体制と憲法」，同「占領法体系とその意味」ジュリスト638号（1977年）37頁，渡辺・前掲注(5)。

に留保した日米安保条約は，1951年9月にサンフランシスコ講話条約と同時に調印されることになる。そして，米軍駐留の第1目的が，日本の防衛ではなく，アメリカが考えるところの「極東における国際の平和と安全の維持」であり，合衆国軍隊を「日本国の安全に寄与するために使用することができる」のはアメリカ合衆国の義務ではない条約が，「日本国の希望」に基づいて発効する。しかも，この使用には，「日本国における大規模の内乱及び騒じょうを鎮圧する」ことが含まれている。条約の目的が，国内外で，勢力を持ちつつある共産主義に対する「国体」の防衛であるゆえんである。

以上概観した日米安保条約に対し，基地周辺住民を中心とした反対闘争が展開されることになる。特に1955年以降は，米軍立川基地の拡張のための強制測量に反対する市民運動が，「砂川基地反対闘争」として組織化される。1957年7月8日には，砂川基地内で行われた測量に反対し，それを阻止するために基地に入った23名が，日米安保条約3条に基づく行政協定に伴う刑事特別法嫌疑で逮捕され，東京地裁に起訴されることになる。その結果，市民運動が憲法訴訟として，裁判所を舞台に争われることになる[13]。

この訴訟に対して，東京地方裁判所が1959年3月30日に下した判決は，日本が合衆国軍隊の駐留を許容していることは，憲法9条に違反すると判決したうえで，「国民に対し軽犯罪法（1条32号）よりも特に重い刑罰をもって臨む刑特法2条の規定は何人も適正な手続によらなければ刑罰を科せられないとする憲法31条に違反し無効である」という法解釈を示し，被告人を無罪とした[14]。検察官は政治的配慮に基づき，跳躍上告を行い，最高裁は，最後の口頭弁論が9月に開かれたのちわずか3ヵ月足らずの同年12月16日には，原判決を破棄し，事件を東京地裁に差し戻す判決を下したのである[15]。

この大法廷判決のきわだった特徴は，以下の点である。すなわち，判決が

---

[12] 「堂場肇文書」にある外務省条約局法規課『平和条約の締結に関する調書』という新資料に基づいて，「天皇外交」の存在を指摘する文献として，豊下楢彦『安保条約の成立』（岩波書店，1996年）。天皇の沖縄メッセージについては，進藤榮一「分割された領土」世界1979年4月号。

[13] 星野安三郎＝古関彰一『日本国憲法 平和的共存権への道』（高文研，1997年）93～115頁。

[14] 東京地判昭和34年3月30日下刑集1巻3号776頁。

第2部　周縁化された市民の憲法訴訟

採用した憲法判断の論理構造自体が判断の対象であるはずの日米安保条約と同一のものであるということである。換言すれば，憲法の論理によってではなく，安保の論理によって，最高裁は安保条約を審査したのである。原判決が，憲法9条の規範性を憲法前文の指針に照らし，忠実に展開してみせたのと，著しい対照を示す。この点について若干敷衍しておこう。

最高裁は，上告を認容し，原判決を破棄し，事件を東京地裁に差し戻した。1審判決の憲法解釈が誤っているとしたのだが，それはいかなる理由に基づくのであろうか。その論理構造は，以下のような3つの法命題に分割することが可能であろう。

① 憲法9条2項前段の規定にいう「戦力」には，外国の軍隊（たとえそれが日本に駐留する場合でも）は含まない。
② 日米安保条約の内容が違憲なりや否やの法的判断は，純司法的機能をその使命とする司法裁判所の審査には，原則としてなじまない。
③ 日米安保条約が，違憲無効であることが一見極めて明白であるとは，認められない。

まず，注目したいのは，最高裁が，原判決を破棄するに際して，なぜ憲法9条2項前段が「戦力」を認めないのかについて，あるいはどの範囲の実力が「戦力」なのかについて，解釈を示していない点である。③の法命題に続いて，「このことは，憲法9条2項が，自衛のための戦力をも許さない趣旨のものであると否とにかかわらない」としていることから，最高裁が戦力の定義について，解釈を示していないことは明らかである。

しからば，なぜ最高裁は，9条2項前段の「戦力」について，①に述べた法命題を導くことが可能だったのか。判決理由はいう。「われら日本国民は，憲法9条2項により，同条項にいわゆる戦力は保持しないけれども，これに

---

15 最大判昭和34年12月16日刑集13巻13号3225頁。足立勝義「最高裁判所の砂川事件判決」判例時報208号（1960年）2頁は，担当調査官（当時）による解説であるが，本文で触れなかった行政協定の合憲性について，「この判決理由は私にとって甚だ真意が把握し難いところがある」（6頁）としている。純司法的機能を営む法律家たる裁判官にとって，「真意が把握しがたい」のは，ひとりこの論点についてのみではなかろう。砂川最高裁判決の論理自体の政治性については，つとに，長谷川・前掲注(5)『国家の自衛権と国民の自衛権』155～210頁に，詳細な分析がある。

よって生ずるわが国の防衛力の不足は……わが国の平和と安全を維持するための安全保障であれば，……国際情勢の実情に即応して適当と認められるものを選ぶことができることはもとよりで」あるからである（傍点引用者）。

憲法条文のどこをみても，戦力の不保持が，「防衛力の不足」になるとは書いていない。最高裁がここで示した論理は，「憲法を守れば，防衛力の不足を生ずる」という改憲論者の主張と同一である。しかも，まさにこの論理こそ，日米安保条約を生み出した論理そのものである。安保条約前文はいう。「日本国は，武装を解除されているので，平和条約の効力発生の時において，固有の自衛権を行使する有効な手段をもたない。無責任な軍国主義がまだ世界から駆逐されていないので，前記の状態にある日本国には危険がある」。日本国の占領の根拠であったポツダム宣言の「無責任な軍国主義」は，日本国自体を指していたが，ここではいつのまにか，日本以外の国を指す言葉に変わってしまっている。

法命題②はどうか。最高裁が，安保条約の違憲審査を原則として行うことができないとした理由は何か。それは，安保条約自体が，主権国としての日本国の存立の基礎に極めて重大な関係をもつ高度の政治性を有するからである。安保条約自体の高度の政治性は，ⓐサンフランシスコ講和条約という，日本国の独立回復を認めた条約と密接不可分であること，ⓑ安保条約の目的が，日本国の安全と防衛を確保するに必要な事項を定めることにあること，の2つの事実から生ずるという。

ⓐについて言えば，日本国が平和条約を結ぶと同時にアメリカ合衆国との安全保障条約を結んだという歴史的事実の規範的評価（国際法上，安全保障条約は，占領終了時から十分な時間をおいてから結ぶべきではないか）を行うのではなしに，そのような政策選択を行った，日本国の状況認識を全く無批判に，司法審査の前提としてしまったことに留意しなければならない。ⓑは，安保条約の内容そのものの引用であり，この内容を根拠に司法審査を限定するというのであれば，「日本国の安全と防衛を確保するに必要な事項」を定めた憲法9条も高度の政治性を有することになり，憲法自体を司法による解釈の範囲外に置かざるをえなくなってしまうのである。

法命題③は，法命題①と，合衆国軍隊の駐留が許容された目的を安保条約から引用することによって導かれている。最高裁は，「かようなアメリカ合

衆国軍隊の駐留は，憲法9条，98条2項および前文の趣旨に適合こそすれ」というが，憲法の番人として行うべき次の2つの職務を放棄している。すなわち，第1に，合衆国軍隊が「わが国における大規模の内乱及び騒じょうを鎮圧するため」に使用することができること，すなわち，合衆国軍隊の銃口が日本市民に向けられることを予定されていることと，憲法の趣旨をどう調和させるか。第2に，合衆国軍隊の作戦行動あるいは駐留自体によって，日本国が戦争に巻き込まれる可能性をどうするか，である。この2番目の点が，1審判決の違憲論を主導したわけであるが，それらの点について，最高裁は，全く検討を行っていない。最高裁は，「わが国がその駐留を許容したのは，わが国の防衛力の不足を，……補なおうとしたもの」というのみである。最高裁の論理は，ここでも安保条約の論理そのものである。

以上の分析から明らかなように，「純司法的機能」を行うはずの最高裁が，違憲審査の対象たる安保条約を行論の出発点として判決を行ったのである。これは単に，対象の政治性と方法の政治性を混淆したというのでは済まされないことである。なぜなら，サンフランシスコ講和条約自体が，旧植民地出身者（およびそれらの人々と婚姻し養子縁組した「内地人」）と沖縄の民意を全く無視して締結された以上，これら「政府の行為によって戦争の惨禍」に巻き込まれた人々に対して，最高裁が「主権を有する国民の政治的判断に委ねらるべき」とした言葉は，全く説得力を持たないのである。

砂川最高裁判決が，最高裁の「政治的判断」を示したものであることに鑑みれば，拘束力を持つ判例の部分は，「憲法9条2項前段にいう戦力には，外国軍隊を含まない」とする法命題①だけであると思われる。しかも，この法命題自体が，やはり，「わが国の防衛力の不足」という憲法とは無関係な根拠を持っている以上，「政府の行為によって戦争の惨禍に巻き込まれるかどうか」の点について改めて，立法事実による検証を行わなければならないことは言うまでもない[16]。

(2) 2つの職務執行命令訴訟判決

1995年9月，沖縄本島北部で小学生の少女が米兵3人に性的暴行を受けるという事件が起こった。沖縄県警は逮捕令状の発布を受け，3人の容疑者の身柄引渡しを求めたが，米軍は，1960年改定後の日米安保条約6条に基

づく日米地位協定に基づき，身柄引渡しを拒否したのである。これを契機に，基地反対闘争に沖縄は突入し，基地のない平和な沖縄を求める大田昌秀知事は，米軍用地の強制使用の手続において，代理署名を行うことを拒否した[17]。

日本国政府は，1991年に改正された地方自治法の職務執行命令訴訟を初めて発動し，原告を内閣総理大臣，被告を沖縄県知事とし，「土地に係る調書及び物件調書を作成するにつき，立会人を指名し，署名押印させよ」という裁判所の命令を求めて出訴したのである。95年12月7日に村山富市総理大臣（当時）が起こした訴訟は，96年3月25日福岡高裁那覇支部において総理大臣勝訴の判決が下された[18]。この判決に基づいて，知事に代執行して，

---

[16] この点注目されるのは，沖縄県知事に対する職務執行命令訴訟において，沖縄県知事弁護団が，砂川最高裁判決を前提としても，在沖米軍の駐留の違憲性を指摘しうるとした，上告理由書中の議論である。「裁判所は，安保条約及び駐留軍用地特措法の条文上の解釈だけにとどまることなく，今日の在日米軍基地，なかんずく本件で問題となっている在沖米軍基地の各施設に関し，その活動の実態と機能についての事実審理を踏まえた上で，それらが安保条約の目的を超えて違憲，違法な存在となっているかどうかを審査しなければならない」（上告理由書第二点三，判例時報1577号〔1996年〕44頁）。立法事実の意義については，芦部信喜『憲法学Ⅱ』（有斐閣，1994年）202頁。最近の文献では，市川正人「沖縄と安保条約」法学セミナー495号（1996年）81頁。

[17] 1995年10月21日，宜野湾海浜公園・米軍人による少女暴行事件を糾弾し日米地位協定の見直しを要求する沖縄県民総決起大会で，大田昌秀沖縄県知事は，「まず最初に，県民の皆さんに行政の責任者として，いちばん大事な幼い子どもの人間としての尊厳を守ることができなかったことについて，心の底からお詫び申し上げたいと思います」と述べ，代理署名の拒否が，「若い人たちに夢と希望の与えられるような沖縄をつく」る政治責任に基づいていることを明らかにした。大田昌秀『沖縄 平和の礎』（岩波書店，1996年）133～135頁。

[18] 福岡高裁那覇支判平成8年3月25日判例時報1563号（1996年）26頁。本判決は，署名等代行事務の機関委任事務該当性，原告内閣総理大臣の主務大臣該当性を肯定したうえで，司法審査の範囲を著しく制限した。すなわち，特措法36条5項の解釈として，被告知事には，先行する使用認定が適法か否か，有効か無効かを判断する権限はなく，したがって，この点に関し，裁判所も審査権を有しないという。これらの論点につき，詳しくは，仲地博「軍用地強制使用職務執行命令訴訟について」法律時報68巻4号（1996年）17頁。

第2部　周縁化された市民の憲法訴訟

内閣総理大臣が代理署名を行わせたのである。

　被告沖縄県知事が最高裁に上告する一方，総理大臣の側も，県知事がその後の手続において，防衛施設局長から提出された裁決申請書を公衆に公告・縦覧することを拒否したので，再度，職務執行命令訴訟を提起することになる。

　ところで，本件で係争の土地となっているのは，96年3月31日に使用期間が終了した読谷村の知花昌一の土地と，97年5月14日に使用期間が満了する嘉手納飛行場ほか11施設の約3000名の土地である。米軍基地のための収用手続において，協力を拒否したのは，沖縄県知事のみならず，読谷村長，沖縄市長，那覇市長，そして言うまでもなく，「反戦地主」と呼ばれる契約拒否地主の人々である。96年7月10日に行われた口頭弁論で，大田知事は，これらの人々の拒否理由を代弁して，次のように述べた。

　「戦後沖縄の最大の問題は基地問題である，とりわけ軍用地の強制使用の問題といっても決して過言ではありません……沖縄には約127万もの国民が生活しています。この度の職務執行命令訴訟においては財産権，平和的生存権などの基本的人権の問題や地方自治のありようなどが問われています[19]」。

　最高裁大法廷は，96年8月28日，全員一致で大田知事の主張を退ける判決を下した。「高裁，最高裁においても基地の実態を見ていない。文字どおり現行の法令の適法性だけについて判定を下している」という知事のコメントが出された[20]。

　職務執行命令訴訟における司法審査の範囲については，すでに1960年6月17日の最高裁判決（第二小法廷）が存在する[21]。この判決は，1991年地方自治法改正前のものであるが，今回の大法廷判決は，その枠組みにおいて，

---

19 大田・前掲注(17)179頁。

20 最大判平成8年8月28日判例時報1577号（1996年）26頁。知事のコメントについては，沖縄問題編集委員会編『代理署名訴訟・最高裁上告棄却』（リム出版新社，1996年）23頁。最高裁判決の問題点を簡潔にまとめたものとして，人見剛「沖縄県知事代理署名拒否事件最高裁判決について」法学セミナー505号（1997年）50頁。

21 最二小判昭和35年6月17日判例時報227号（1960年）7頁。職務執行命令訴訟の2つの最高裁判決についての概観を得るためには，斎藤誠「沖縄県知事『代理署名』職務執行命令訴訟」法学教室193号（1996年）76頁が便宜である。

60年判決を踏襲している。

　60年判決が，「職務執行命令訴訟において，裁判所が国の当該指揮命令の内容の適否を実質的に審査することは当然で」あるとした後を受けて，差戻し後の東京地裁判決は，特措法の収容認定の有効性を，後続行為を行う地方自治体の長は（したがって裁判所も）審査できない，とした。今回の原審判決が採用した法理がこれである。

　しかし，今回の大法廷判決は，この論理をとらず，根拠法令の合憲性を含めて，主務大臣が発した職務執行命令がその適法要件を充足しているか否かを客観的に審理判断することができるとした。そして，その適法要件として審査されたのが，①駐留軍用地特措法の合憲性，②特措法の沖縄県における適用の許否，③使用認定の有効性，である。最高裁大法廷は，これら3つの論点につき，3つの法命題を定立した。

①　日米安保条約および日米地位協定が違憲無効であることが一見極めて明白ではない以上，これが合憲であることを前提として，特措法の合憲性を審査すべし。

②　特措法における使用認定は，政治的，外交的判断を要するだけでなく，駐留軍基地にかかわる専門技術的判断を要するから，内閣総理大臣の政策的，技術的裁量に委ねられる。

③　本件各土地に係る使用認定に重大かつ明白な瑕疵があってこれが当然に無効とされる場合には，内閣総理大臣が沖縄県知事に対して署名等代行事務の執行を命ずることは許されない。

　合衆国軍隊のための土地収用手続を規定した特別措置法は，収用を申請する起業者を防衛施設局長，それに対する使用認定を行う者を内閣総理大臣としている。結局①～③を総合するとその使用認定を行った総理大臣自身が原告となる訴訟において，最高裁が「適法性」の名において実質的に審査した範囲は，「使用認定に重大かつ明白な瑕疵があるかどうか」だけである。すなわち，①については，全く憲法判断を行っていないし，②についても，「およそ沖縄に基地を置いてはならないか」という全く現実離れをした問いに答えているだけである。

　③においても，司法審査の範囲が限定されたのは，直接には，使用認定と署名等代行事務が，先行行為とそれに引き続く後続行為にあるという行政法

理論に基づいている。しかし，先行行為の決定権限者と後行行為の決定を機関委任された知事との間で，適法性が争われている訴訟において，司法審査による調整が行われる際に，先行行為の決定権限者の判断権の尊重を理由とする「重大かつ明白」理論が，直接あてはまるわけではない。そこには，内閣総理大臣の決定を尊重しなければならない，より実質的な理由が必要である。

法廷意見は，使用認定の有効性を判断する前に，駐留軍用地特措法の合憲性と特措法の沖縄への適用許否を名目的にせよ判断し，先の2つの法命題を導いている。そしてこれこそ，使用認定の有効性の審査を限定するための実質的論拠となっているのである。すなわち，法命題③をいうために，法命題②に使用した，「被上告人の政策的，技術的裁量」を強調する。

1996年の最高裁判決は，一見極めて，技術的・行政法理論的構造をもつようにみえるが，実際は，憲法判断を行うという（通常なら審査の範囲を広げることになる）手法で「適法性」の審査範囲を限定するというものなのである。安保の論理によって，安保の合憲性を導いた，1959年砂川判決と同じように，方法論自体の政治性を持っているのである[22]。

---

22 使用認定の明白かつ重大ではない瑕疵について，最高裁は，「自己の権利ないし法的利益を侵害された者が提起する取消訴訟において審理判断さるべき事柄」だという。ただ，本件訴訟に対し，これら主観的利益を有するものの補助参加の申出を一方で却下しておいて（最二小判平成8年2月26日判例時報1562号〔1996年〕20頁），使用認定の適法性の審査範囲をかように限定するのは，説得力を持たない。本件が，「反戦地主」も自治体の長も，双方拒否したから，初めて生じた紛争であるという実態をあまりに無視するものだからである。

この点，園部補足意見が，司法審査の限定の理由を，平成3（1991）年の職務執行命令訴訟制度の変遷に根拠を求めようとしたことは，その結論はともかく，理解しうるところではある。しかし，園部意見が，安全保障条約，地位協定，特措法および，基地が沖縄に集中することの深刻な問題を挙げて司法権の限界を超える可能性のある問題とし，使用認定の瑕疵と切り離してしまったことは，地方自治法の制度変更を理由とするものではなく，「高度の政治性」を理由とするものだけに，砂川最高裁判決に対するのと，同様の批判があてはまることになる。

3　護憲から積極的平和論へ——戦後憲法学の軌跡

　憲法9条の解釈の政治性が顕在化することを1つの契機として，戦後の法解釈論争が行われた。「解釈の枠」，「にせ解釈」が語られる一方，解釈の主観性が正面から論じられ，解釈者の責任が意識されるようになる[23]。

　法解釈の形式を借りた「解釈改憲」だけではイデオロギーとして不十分だと考えた人々によって，憲法改正問題が提起される。1955年の保守合同が行われた後の最初の総選挙においては，憲法9条の改正が最大の論点となったが，護憲派がかろうじて3分の1の議席を占めた。

　しかし，56年6月には，憲法調査会法が公布され，改憲の準備作業が進められる中で，大内兵衛，我妻栄，宮沢俊義，丸山眞男らによって，58年には，憲法問題研究会が組織され，護憲が学問的に正当化されていく。高柳賢三を会長とする憲法調査会が，最終報告書において，憲法改正の必要性を答申できなかったのに対し，憲法問題研究会が，雑誌『世界』を舞台に，理論的水準の高い著作を発表していったのは，その後の日本の学界をリードする働きをしたのみならず，「知識人の責任」のあり方を示した点で意義深い[24]。

(1)　前文と第9条の思想的連関

　これらの学問的著作のなかで，丸山眞男が1965年の『世界』6月号に発表した「憲法第9条をめぐる若干の考察」が，そのあとの護憲派の論理的発展にとって，特に重要であった。丸山は，憲法前文と9条の思想的連関を，次の3点にわたって明らかにしている[25]。

　①　政策決定によってもっとも影響を受ける者が政策の是非を最終的に判

---

[23]　広中俊雄「現代の法解釈学に関する1つのおぼえがき」社会科学の方法9号（1969年）1頁，同「法の解釈とワク論」法学セミナー219号（1974年）49頁，同「法の解釈と法領域の区別」法学セミナー222号（1974年）67頁，平井宜雄「戦後法解釈論の批判的考察(3)」ジュリスト926号（1989年）73頁。

[24]　この間の経緯については，長谷川・前掲注(5)『憲法現代史(下)』468〜493頁。

定すべきであるという考え方というものは，まさに戦争防止のために政府の権力を人民がコントロールすることのなかにこそ生かされなければならない。

② 「人間相互の関係を支配する」普遍的理念に立った行動を通じて，日本国民はみずからも平和愛好諸国民（ピープルズ）の共同体の名誉ある成員としての地位を実証してゆくのだという論理が，前文と9条の基底をなしている。
　この思想と，特定の単数または複数の他国家に日本の安全と生存をゆだねることは全く違う。

③ 日本国民の国民的生存権として，平和的に生存する権利が保障されており，これが国民の自衛権として9条に取り入れられるべきである。

　第2節で検討したように，最高裁判所が日米安保条約の論理自体によって，安保条約の合憲性を肯定したわけであるが，その論理が憲法の論理といかに異質なものであるかは，右の丸山の指摘によって，すでに余すところなく論証されている。

　すなわち，人民自体を防衛の対象とする「間接侵略」条項は，丸山が指摘した①の思想に反するし，「防衛力の不足」を，自国の人民によるコントロールに全く服さない外国軍隊によって補うという考え方は，①および②と矛盾するのである。

　国民の生存権ではなく，国家の自衛権から説きおこす砂川判決の論理もまた，③の思想と相容れない。ところで，丸山は，③について，次のような問題提起を憲法学に対して行っていたのである。「これは専門の憲法学者におたずねしたい点ですけれども，前文におけるこうした国民的生存権の確認ということが，第9条における自衛権をめぐる解釈の論争にとりいれられているかどうか」。そして，憲法問題研究会を受け継ぐ全国憲法研究会が具体的

---

25 丸山眞男「憲法第9条をめぐる若干の考察」『後衛の位置から』（未来社，1982年）21頁。「儒教乃至国学思想の展開過程に於て隠微の裡に湧出しつつある近代性の泉源を探り当てること」を自らに課した丸山が（「近代的思惟」1946年），天皇と共産党の責任を含め，戦争責任の問題を「平和運動も護憲運動も」根本的に対決しなければならない課題として措定するに至る（「戦争責任論の盲点」1956年）経緯については，同『戦中と戦後の間』（みすず書房，1976年）参照。

な9条関連裁判の中で論理化していったのは、まさにこの丸山の問題提起への解答であったのである。

(2) 平和的生存権と憲法訴訟

1962年に平和的生存権論を提唱したのは、憲法学者の星野安三郎であった。星野は、砂川以来の9条関連裁判と深く関わるなかで、憲法前文の「全世界の国民がひとしく恐怖と欠乏から免れ、平和のうちに生存する権利を有することを確認する」という文言を重視するに至る[26]。星野によれば、この文言の中には、資本主義国家における人権保障の3段階が含まれている。すなわち、「恐怖から免れて」、「自由に生きる権利」を第1段階とし、「欠乏から免れて」、「豊かに生きる権利」を第2段階、そして、「平和に生きる権利」が第3段階ということになる。しかも、この権利の主体が「全世界の国民」であるということは、日本の侵略戦争の被害者が日本国民だけではなく、アジア諸国民の「戦争から免れて平和に生きる」権利を侵害したということに基づいている。

星野が、主権国家の相互的自己制限としての平和の観念から、国民の人権としての平和の問題に憲法9条の解釈原理を転換させたことの意義は、いくら強調してもしすぎることはないと思われる。

次に、この平和的生存権論が、どのように憲法訴訟において生かされるかを見ることにしよう。

恵庭、長沼事件との関わりのなかで、平和的生存権の思想的系譜を明らかにするとともに、憲法訴訟において市民の側からする平和の定義のための礎石を築く作業を行ったのは、深瀬忠一である。深瀬は、次の2つの平和的生存権に関する法命題を定立した[27]。

---

[26] 星野安三郎「平和的生存権序論」小林孝輔＝星野安三郎編『日本国憲法史考』（法律文化社、1962年）3頁。星野＝古関・前掲注(13)53〜90頁。

[27] 深瀬・前掲注(5)『長沼裁判における憲法の軍縮平和主義』293〜389頁。さらに、平和的生存権の前提となる、軍隊の本質に対する認識に基づいた平和教育について、久田栄正「戦争体験の継承と平和教育」和田英夫ほか編『平和憲法の創造的展開』（学陽書房、1987年）。

第 2 部　周縁化された市民の憲法訴訟

① 国の防衛の真の目的は，国民の「平和的生存権」の確保にある。したがって，国民の具体的人権と国家の抽象的生存権（自衛権の発動としての戦争）との厳しい対立矛盾から，軍事目的という公共の福祉による人権制約を行うことはできない。
② 平和的生存権は，人権が強制的に侵害・制約を蒙ることはないという実定法ないし実定法保障状況を明確にする。

　長沼訴訟において，この法命題が果たす役割を見ておこう。自衛隊のミサイル基地を造るために防衛庁は，1968年6月，北海道長沼にある馬追山にある保安林の指定解除を，森林法に基づいて，農林大臣に申請した。これを受け，農林大臣は解除処分を行った。それに対し，農民186名が，指定解除の取消しを求めて取消訴訟を提起することになる。農民にとって，この森林は，水源かん養と洪水防止の「命の森」であったからである。行政訴訟において，これらの付近農民に訴えの利益があるかどうかが論点となる。農林大臣は，ダムを造って代替施設としたから，実定法上，すでに，農民の訴えの利益はなくなっていると主張する。

　実定法上，公共の福祉の内容に軍事目的が入らないという主張（法命題①）だけでなく法命題②が重要なのは，正にこの論点にかかわるのである。つまり，森林法が保護している法益が，農民にとっての，水源の問題や洪水の問題だけだったら，代替施設の有無が決定的に重要だということになる。しかし，平和的生存権は，9条の戦争放棄，戦力不保持によって客観的に保障されているだけでなく，森林法のような個々の実定法規の公益性判断において，農民たちが戦争に巻き込まれず平和裡に暮らす権利を顧慮することを要請しているのである。

　したがって，訴えの利益の判断にあっては，代替施設の有無だけを考えるのでは十分ではなく，ミサイル基地の設置が農民の平和的生存権に及ぼす影響を森林法の指定解除の際に顧慮しなければならない。1973年9月7日に下された，札幌地裁判決もこの理を認めて，次のようにいう。「森林法26条2項に基づく本件保安林指定解除処分により，地域住民は平和的生存権を侵害される危険があり，処分の瑕疵を争う法律上の利益がある」。深瀬の理論の実定法上の適用が，森林法の解釈として憲法訴訟において示されたのである[28]。

4 個人から市民へ

1960年改定後の安保条約は，日本国が負う国際法上の義務を規定して曰く，「アメリカ合衆国は，その陸軍，空軍及び海軍が日本国において施設及び区域を使用することを許される」（6条）。憲法9条とこの安保条約の国内法的効力（および日米地位協定，それらの施行法的性格を有する駐留軍用地特措法）の適合性について，最高裁判所は安保条約自体の論理によって判断した。この判断手法は，最高裁のいう「純司法的機能を使命とする司法裁判所」という考え方からも，容認しがたい。

それでは，どのような方法によって，「憲法の番人」としての使命が果たされるべきか。すでに述べたところから窺えるように，その方法には2つの方向がある。1つは，駐留軍，自衛隊の現実の実態を精査して，それが憲法9条にいう「戦力」に該当することを，論証するという手法である（立法事実論的アプローチ）。他の1つは，平和的生存権の実定法上の意義を，憲法訴訟の当事者たる市民の立場から明らかにしていくという方法である（人権論的アプローチ）。これら2つのアプローチは，排他的ではないから，具体的事件においては，相互補完的に駆使さるべきであると思われる。現に，1973年の長沼事件札幌地裁判決は，その典型例である。

それでは，沖縄の基地問題についても，これら2つのアプローチが適用できるのであろうか。

「沖縄は，アメリカ軍政下の施設をそのままにして，合衆国から日本に返還されたが，返還から25年もたった現在，全アメリカ基地の75％が沖縄に集中している。安保条約の合憲性ということを前提としたとしても，これは

---

[28] 札幌地判昭和48年9月7日判例時報712号（1973年）24頁。本件は，その後控訴され，札幌高判昭和51年8月5日行裁例集27巻8号1175頁によって破棄され，訴えの利益なしとして却下されている。原告（上告人）側の主張にもかかわらず，最高裁判所も，昭和57（1982）年9月9日の判決によって，高裁の判断を維持した（民集36巻9号1679頁）。市民平和訴訟がその後，納税者基本権を提唱し，財産権侵害として，軍事費相当分の税金の返還を求めている点については，北野弘久「多国籍軍への支援とと財政民主主義」小林古稀『憲法学の展望』（有斐閣，1991年）354頁。

差別で許されないのではないか」。95年から96年にかけて、総理大臣と沖縄県知事の間で争われた論点は、煎じ詰めれば、以上のように定式化できよう[29]。そして知事の主張は、最高裁判決の翌日に公示された、96年9月8日の県民投票によって、判決後も支持されているのである。すなわち、「日米地位協定の見直しと県内の米軍基地の整理縮小について」、全投票総数の89.09％（有権者の59.53％）の住民が賛成の意思表示を行ったのである[30]。従来の2つのアプローチだけでは、この「沖縄の叫び」について、有効に対処できないのではないか。

(1) 市民相互の政治的義務

先祖から受け継いできた土地を、最初は日本軍に、次いで米軍に接収され、やっと返還されると思いきや、内閣総理大臣が訴訟までおこして、反永久的に取りあげようとしている。「反戦地主」といわれる契約拒否地主のほぼ共通した境遇である。今、最初に契約期限の切れた「反戦地主」たる知花昌一の場合を例にとって、憲法解釈論がいかに構成さるべきかのモデルを示してみよう。知花の例は、彼が、その平和思想を公にしている点で、格好の素材を提供してくれるからである[31]。

従来の憲法学は、知花と日本国の1対1の問題として、この問題を定式化

---

[29] 沖縄県知事が、安全保障条約自体の違憲を主張せず、沖縄の過重負担の問題を強調したのは、日本国の国政レベルの政党政治において、護憲の中心であった旧日本社会党の政策変更に対応する政治判断だった可能性はある。しかし、沖縄の主張が、「基地の負担」を他にもっていくべきというものでない以上、沖縄県への負担軽減は、安保条約自体の見直しを意味すると考えざるをえない。この点については、大田・前掲注(17)178頁。都留重人『日米安保解消への道』（岩波書店、1996年）。

[30] 県民投票条例については、謝花稔「ルポ・県民投票はどう行われたか」法学セミナー505号（1997年）54頁、徳田博人「沖縄の県民投票が示したもの」法学セミナー505号（1997年）57頁、成嶋隆「直接民主制の光と影」法律時報68巻12号（1996年）33頁。成嶋が整理している、住民投票の憲法的意義は、新潟県巻町の原発と沖縄県の米軍基地を同じレベルで扱っているが、沖縄の住民投票は、日米地位協定と基地の整理縮小を日本国およびアメリカ合衆国の双方に働き掛けることを知事に要請する点で、「地方自治レベルの直接民主制」という問題の枠外に出る可能性を持つ点に留意する必要があろう。

してきた。知花は，特措法に基づいて，自己の土地を米軍基地として使用することを受忍すべき義務を負うか否かが，日本国（国法）との間で問題となる[32]。しかし，この定式化は，知花が置かれている複雑な状況を正確に反映していない。彼が「市民」として生きるのは，なにも，日本国市民としてだけではないからである。彼の政治状況をより正確に反映して，問題を考察するためには，以下に述べる3つの問題を少なくとも考察しなければならない。

① 彼は，読谷というコミュニティ（地方自治体としての村とほぼ一致すると仮定する）の成員として，自己の土地をどのように用いる義務を持つか。

② 彼は，沖縄というコミュニティ（地方自治体としての沖縄県と一致しないが，ここでは便宜上一致すると仮定する）の成員として，自己の土地を

---

31 知花・前掲注(1)。個人の平和思想の重要性については，エリクソンの次の指摘が重要であると思われる。「ガンディーが人間の裸の意志を1つの政治的原理に変えることに成功したとしても，それは，高度な技術を備えた超大国が，科学的知識の黙示録的誤用，すなわちヒロシマにおいて頂点に達したところの全面戦争に参与した今世紀にあっては，決して早すぎるものではなかった」。エリク・エリクソン（Erik Erikson）（星野美賀子訳）『ガンディーの真理2』（みすず書房，1974年）(i)頁。

32 平和の問題を，権利論の主体である個人から出発させて考え，個人主義の残酷さにまで光をあてる必要を説く蟻川恒正の思惟に，このアプローチの徹底した形が現われている。蟻川は言う。「平和主義の問題を考えるときの個人として，私は，違法な上官命令，国家命令に服従するのか，それとも命令を拒絶するのか，そういう抜き差しならないところに追い込まれた個人を考え」る。長谷部＝水島＝石川＝蟻川「特集・憲法学の可能性を探る」法律時報69巻6号（1997年）における蟻川発言。蟻川は，ニュルンベルク裁判において，ロバート・ジャクソンが展開した，「国際社会の成員としての，国家への抗命義務」を想定していると思われる（同『憲法的思惟』〔創文社，1994年〕）。このようなアプローチが，抽象的個人の「責任」ではなく，現実世界において意味を持ちうるためには，①最高司令官自体の戦争責任，②抗命義務を負う個人が抗命を行う現実的可能性を支える社会的資源の存在，が条件となってくると思われる。その意味で，個人と国家の二極構造の純化は，実は，国家を解体した思考へと向かい，多層的レベルの市民社会論を，その視野に入れる必要に迫られるのである。なお，このアプローチは，樋口陽一『自由と国家』（岩波書店，1989年）によって定式化され，石川健治「自分のことは自分で決める——国家・社会・個人——」樋口陽一編『ホーンブック憲法』（北樹出版，1993年）122頁によって分析されている。

どのように用いる義務を持つか。
③　彼は，日本という国家（Nation-State）の成員として，自己の土地をどのように用いる義務を持つか。

　これら3つの問いに対する答は，相互に矛盾することが十分に考えられる。③の義務が優先するというのが，主権国家の論理である。主権国家を正当化するとともに，その限界を画する近代憲法原理によって，③の義務は，①あるいは②の義務によって制約される。これが，地方分権（自治）の論理である[33]。問題は，知花自身が持つ，土地の使用についての理念が，人権として，この3つの義務の相克にどのような役割を果たすかである。「自己の土地を戦争の用に供することはできない」という思想が彼の思想であるが，この点を詳しく考察してみよう[34]。

　沖縄戦で，読谷村民が，チビチリガマにおいて「自決」という名の殺戮を行わされたことが，彼の平和思想の出発点である。皇民化教育において，天皇のための死が美化されていくなかで，皇軍の圧力によって，敵に投降するよりも，死を選ばされていったのである。この悲劇を2度と繰り返さないという思想は，彼の個人の思想であるとともに，彼にとって読谷村民，沖縄人としてのコミュニティへの義務と考えられるのである。読谷村長，沖縄県知事が，知花が，自己の土地を戦争のために使用されることを拒否したのに同調し，自らも，収用手続への協力を拒否したのは，このことを裏付けるものである。

　個人の真摯な平和思想に基づいて，①，②の義務を優先させようという知花の主張に対して，日本国（すなわち，日本国市民相互）はいかなる正当化を行うことができるか[35]。沖縄戦で県民の3分の1を殺しただけでなく，サンフランシスコ講和条約では施政権を放棄した沖縄に対して，返還後も基地の75％を押しつけている日本国および日本国市民が，知花に主張できる唯一の論拠は，「日本国の国際法上の義務」である。すなわち，「安保条約の必要

---

[33] この観点からは，「国民」と「住民」の不一致の可能性を認めた，最判平成7年2月28日判例時報1523号（1995年）49頁が注目される。

[34] 知花・前掲注(1)。この点に関しては，大江健三郎『沖縄ノート』（岩波書店，1970年），金城重明『「集団自決」を心に刻んで』（高文研，1995年）。

性」だけであると言ってよかろう。

　しかし，日本国および日本国市民は，アメリカ合衆国および合衆国市民に対し，そのような義務を負うのであろうか。

(2) 征服者の権利と市民の権利

　ジョン・ロックは，市民政府の権力の正当性の限界の問題を，市民相互に与え合う信頼の限界の問題として定式化した。我々の社会で，市民相互に与え合う信頼の限界は，政府の行為によって侵略戦争を引き起こし，「従軍慰安婦」に対する賠償だけでなく，旧植民地出身の旧軍人・軍属に対する補償，在朝鮮半島被爆者を見捨て続けている現状に鑑みると，著しく低いと言わなければならない[36]。日本市民の信託に基づく日本国が，自己の軍隊の基地のために，土地の強制収用を未だに行うことができないでいることは，この点を反映していると思われる[37]。

　沖縄で，「反戦地主」に対して，主権国家が唯一の正当化根拠として持ち出すのが，条約上の義務であることは前に述べた。これは，土地収用の有効な正当化根拠となりうるのであろうか。日本市民は合衆国およびその市民に

---

[35] これらの義務が，政治道徳の議論において，相互に比較可能なものになるためには，「国家の優越性」が取り払われ，多元主義的なコミュニティにおける「市民」の義務が明確に定式化されなければならない。そのうえで，日本国がアメリカ合衆国に対して負う条約上の義務についても，「個人」を引照基準として分解されなければならない。本章は，その解体作業の1つの試みである。「個人」が，「様々」なレベルの「市民」として義務を負う存在として分析されている文献としては，Michael Walzer, "Thick and Thin", Univ. of Notre Dame P., 1994.

[36] もちろん，日本社会に，これらの問題にこだわらざるをえなかった多くの市民（マス・メディアや学界に属する知識人以外の）がいたことも銘記されなければならない。松井義子『平和のパン種』（東方出版，1993年）は，その1人の証言である。以上の問題については，日本の戦争責任資料センターによって，『季刊・戦争責任研究』が刊行され，徐々にではあるが，その実態が明らかにされつつある。戦争責任の不徹底さや，戦後賠償の不十分さが，「被害者意識」を生み出した点については，田中宏「日本の戦後補償と歴史認識」粟屋ほか『戦争責任・戦後責任』19頁（朝日新聞社，1994年）。

[37] 1952年の土地収用法の改正により，軍事目的での土地の収用は不可能になった。

対し，かような義務を負うのだろうか。これを考察するために，ロックの社会契約論の議論を素材として考えてみることにしよう。市民相互の政治義務を考察するうえで，ロック以上に深い洞察力をもって，この問題にとりくんだ者はいないから，ここでも彼の議論が参考になると思われるのである。

ロックは，『市民政府論』中「征服について」という章において，次のような興味深い考察を行っている[38]。やや，図式的になるが，その骨組みを示してみよう。彼は，不法な戦争によって征服する者がいかなる権限も取得しないことを述べた後に，適法な戦争における征服者について，次のように述べる。

① 合法的な征服者は，戦争に従事しなかった人々の生命や財産には，権力を有しない。
② 征服者は，自分たちを戦争状態におき，自らの生命を没収される地位に陥った人々の生命に対して絶対的権力を持っている。けれども，彼は，それによって，これらの人々の財産に対して権限を持つわけではない。

征服者は，被征服者の妻や子どもたちの財産を取ることはできない。

社会契約論において，土地は市民政府の所有ではなく，各人の固有なものとして与えられた自然権である。土地が，社会権によって制限を受けるようになった近代憲法においても，この理は変わることはない。アメリカ合衆国も日本国も，この原理の上に国家の正当性を築いているのは言うまでもない。

そうだとしたら，ポツダム宣言後の占領によって，あるいは，沖縄が日本に返還される1972年の時点において，アメリカ合衆国およびその市民は，日本市民あるいは沖縄市民に対して，土地を市民の権利を侵してまで収用するための何らの正当な根拠を持たないことになる。地代の対価によって任意に提供されるなら格別，沖縄市民の生活・生存に不可欠な土地を，征服者として収用し続けることはできないのである。この観点からすれば，安保条約が「全土地基地方式」をとっていることは，裏返せば，任意に提供される土地以外は，アメリカ軍基地とはできないことを意味していると考えることも，十分可能である。

1952年の日米安保条約が，サンフランシスコ講和条約と同時に調印され

---

[38] ジョン・ロック（鵜飼信成訳）『市民政府論』（岩波書店，1968年）。

たことは，この点において決定的に重要である。条約の文言が，「日本国民の側から希望する」となっていても，軍事占領下の「希望」にすぎないからである。連合国最高司令官も，この理由は十分理解しており，日本の米軍基地を維持するには，当初，基地の場所を特定したうえで，日本国民による国民投票が行われなければならないと考えていたのである[39]。征服によって日本に押しつけられた条約を，国民の意見によって正当化する試みは，ロック的社会契約論の見地からは不可能というしかない。

　安保条約は，1960年に大幅な改定を受けるが，「全土地基地方式」という根幹において，変化していない以上，52年の状況は引きつがれている。60年以降の安全保障条約を「民意」によって正当化しようという試みに対しては，現実の政治状況の分析によって答えるしかなかろう。しかし，72年まで，アメリカ合衆国の軍政下に置かれ，返還に際して，基地問題について，民意を反映させる手段を持たなかった沖縄市民に対しては，いずれにしても，このような正当化は不可能である。

5　祖国のために死ぬこと

　人間が主権国家のために土地を提供する義務を持つかという問題は，実は，祖国のために死ぬ義務を持つか否かという，古くて新しい問題と連動している。なぜなら，主権国家の存続自体が問題となったとき，人間が自己の所属する国家を維持する義務を負うか否かが問われなければならないからである。そして，エルンスト・カントロヴィッチが描いてみせたように，この義務の肯定は，究極のところ死の意義付けであり，政治宗教の領域の問題である[40]。

　戦前の靖国神社を中心とする国家神道が果たした役割は，今も，殉職自衛官を全て護国神社に合祀する慣習として存続している。この慣習に異を唱えた，元自衛官の妻がどのような運命を辿ったかを考えるとき，我々は，祖国のための死を意味付ける疑似宗教の復活を考えざるをえないのである[41]。

　逆に，安保条約への無批判的な協力を求められる市民が，自己の土地を戦争のために使われることを拒否しても，「国家」は何もできないのでは，新

---

[39]　豊下・前掲注(12) 136頁。

たに台頭しつつある疑似宗教も影響力を喪失してしまうだろう。「沖縄の叫び」は，ひとり沖縄だけのものではないのである。

---

40 エルンスト・カントロヴィッチ（Kantorowicz）（甚野尚志訳）『祖国のために死ぬこと』（みすず書房，1993年）。彼によれば，古代的「祖国のために死ぬこと」が歴史のある時期に，団体としての国家が「神秘体」として出現したことで，近代における再現に至ったのである。この死は，はっきりとキリスト教信仰に由来するものであり，「復活のキリストの体」→「教会という団体」→「国家」という世俗化を辿って，祖国のために死んだ兵士の，永遠の救済を保証したのである。

現代政治的義務論の中で，この問題を解明したウォルツァーが，「祖国のための死」の根拠を，結局は，死を覚悟させられている兵士の，過去の行為（action）に求めざるをえなかった点は，示唆的である。なぜなら，そのような行為を動機付ける，国家的祭儀を常に国家は必要としていることを，彼の論理によっては否定しえないからである。Michael Walzer, "Obligations", Harv. Univ. P., 1970, pp. 77-98. 筆者にウォルツァーへの興味を喚起させて下さったのは，政治学の大嶽秀夫氏である。

41 ノーマ・フィールド・前掲注(1) 129〜210頁。

第6章　ホームレス状態にある人々
―― 今宮中学南側歩道強制排除大阪高裁判決 ――

1　人権・その神話性――権利を持つ権利の喪失

　我々は，かけがえのない個人である，はずであった。
　人間が，人間であるだけで，国家により，憲法上の権利が保障され，そうすれば，人間の尊厳を維持するのに必要な，自由，平等，福祉が保障されるはずだ，という神話が，人権という概念に込められていた[1]。
　20世紀における人権概念の欺きの原因を，国民国家の存在自体に求め，事実上の無国籍状態に置かれた人々（displaced persons）が全くの無権利状態になってしまっている事実を指摘したのは，ハンナ・アレントである[2]。
　アレントによれば，20世紀において，人権を奪われる人々の現実の状態は，人権の定義では把握不可能である。なお悪いのは，無国籍者は，誰でも，いわゆる人権ならば，絶対的無権利の条件の下でもしばしば享受しうることを証明できる，という。
　そもそも，事実上無国籍状態に置かれた人々が侵害されているのは，権利を持つ権利であるというのである。
　アレントは，この事実は，法律家にはわかりにくいと指摘する。
　法の構成要件が規定する以外の，無実の人に対する残酷な刑罰が社会に存在するという事実を，法律家は受け入れがたいからである。
　私がこの厳粛に事実を，ありうべからざる「例外」としてではなく，法現象の認識の中心に置かねばならない事柄であると知ったのは，大阪西成区釜ヶ崎を最初に訪れた10年前のことである。
　釜ヶ崎は，行政によって「あいりん」地区と呼ばれ，住居表示では萩之茶屋とされている。南海高野線，ＪＲ環状線，阪堺電鉄に囲まれた，日雇い労働者とホームレスの街である。

第 2 部　周縁化された市民の憲法訴訟

「大学で憲法を教えています」
「日本に憲法があるんか」
　95 年夏の釜ヶ崎の居酒屋で，初めて訪れた筆者に，「釜やん」がつぶやいた最初の言葉である。
　夏の釜ヶ崎の路上で，ダンボール 1 枚の上に寝転ぶ無数の人々。誰かが道で倒れていても，誰も関心を示さないこと。異様な臭いで息が詰まること。生存権が保障され，生活保護制度があるはずなのに，どうして，このような事態が生じているのか。いや，日本の大阪にこのような場所が存在している

1　石川健治「人権論の視座転換——あるいは『身分』の構造転換」ジュリスト 1222 号（2002 年）5 頁，同「人格と権利——人権の観念をめぐるエチュード」ジュリスト 1244 号（2003 年）24 頁は，従来曖昧にされてきたこの点の消息を，イエリネックの議論を紹介することで，明らかにしようと試みる。
　「人間が人間であるがゆえに」発生する法益があるのなら，人間が「物」ではなく「人」として取り扱われさえすれば，あるいは客体ではなく主体として取り扱われさえすれば，自ずから実現するはずである。人間を「人」として取り扱う（承認する）主体は，中央集権を成し遂げた国家であり，人権はもっぱら「自己の status の承認を国家に求める権利」であった。別の言い方をすれば，人間はみな均質で平等な国民という身分を構成することによって，自由人として法人格を獲得する，これで全てが解決するはずであった，のである。「人間が人間である」ことが承認された以上，人間存在に属性としてまつわる諸々の人格的法益は属性である以上自動的に発生するはずである（石川「人格と権利」26～28 頁）。
　しかし，石川も言うように，国家による一括承認で問題が解決するという想定は現実離れしている。人間の人格が社会における不承認状態により，dignity harm を受けるという，差別の問題が生ずるからである。そこで石川は，承認の文脈を，国家に独占させるのではなく，社会の多元的文脈の中に解き放ち，自らの一貫した個性＝役柄を演じぬく決意を持つ自己が，その仮面にかかわる情報を最後まで自らの手で操作する権利（従来刑法で名誉毀損の問題として論じられた，情報自己決定権）という観点を人権論の前景に置くことを提案する（石川「人格と権利」27～30 頁）。石川の言う人権論によって「釜やん」の状況が説明・理解できるかについては，笹沼弘志『ホームレスの人々の「自立支援」及び権利保障に関する比較憲法学的研究』科学研究費研究成果報告書（2002 年）との比較において議論されるべきであろう。

2　ハナ・アーレント（大島通義＝大島かおり訳）『全体主義の起源 2　帝国主義』（みすず書房，1972 年）。

ことさえ，私は，知らなかったのだ。

1年後，大学を辞めて，釜ヶ崎に移住した私は，「釜やん」と再会する。

夜，「釜やん」は，釜ヶ崎の中華料理屋の前で泥酔状態になって，あおむけに寝転がっていた。覚悟のうえ，無銭飲食をしたらしい。「馬鹿野郎」と料理屋のおやじに言われながら，頭を思い切り蹴られていた。

「やめて下さい。死んじゃうじゃないですか」と小さな声で言うのが私にできる精一杯だった。おやじはさすがに，蹴るのをやめたが，私をじっとにらんだ。とにかく恐かった。

半年後，私は弁護士登録をし，大阪北区にある後藤貞人法律事務所で1年あまりの研修を受けさせてもらい，釜ヶ崎から5分の場所で法律事務所を開設した。

丸7年が経った。99年7月からは，釜ヶ崎いこいの家で月に1度か2度の法律相談を続けてきた。

その相談案件から，争訟事件を何件か手がけた。

そこから現われる「釜やん」の物語は，アレントのいう無権利状態にほかならない。

「釜やん」の置かれている状態は，まさに権利を持つ権利の喪失である。

老齢，病気，怪我で日雇い労働ができなくなり，ホームレス状態（「住居不定」）になった人々は，最も深く，生活保護をはじめとするケアが必要である。生存権の法主体として無条件の有資格者であるはずである。しかし実際，これらの人々が，生存権の保護から最も遠い位置にある。「住居不定」という権利の発生原因が，実は，生存権の法主体から最も遠くへ，「釜やん」を押しやってしまうという現象が存在するのである。

「憲法があるんか」という「釜やん」のつぶやきは，かぼそき声として，かき消されてはならない現実が，ここにある。

2　「釜やん」の物語——釜ヶ崎いこいの家法律相談の事例から

① 様々な理由で，故郷を離れ，簡易宿泊所（ドヤ）と飯場を転々とする日雇い労働者は，犯罪にあっても，被害届さえ受け付けてもらえない。警察に相談にいって，逆に暴行を受けて帰ってくるという話があとを絶たない。

心斎橋筋で，サラリーマン2人に暴行を受けた際，警察に通報してもらい2人は警察署に連行されたが，被害者が調書を取られている最中「住居不定」と判明したために，被害調書は作成されず，刑事事件として立件されないまま放り出されるという事案があった。

②　「あいりん」職業安定所はあるが，日雇い労働を職業紹介の対象と位置付けていないから，職業紹介は一切しない。日雇い労働の職業紹介は，西成労働福祉センターという社団法人が斡旋する業者が行うが，労働基準法違反の「ピンハネ」をされる。

仕事のないときは，日雇い労働者に発給される通称白手帳だけが頼りである。この手帳に，就労した業者から印紙を貼ってもらい，2ヵ月で26日働くと，3ヵ月目に1日7500円の失業手当（アブレ手当）が支給される。

しかし，2ヵ月で26日間仕事がないことは，中年層でも恒常化している。「住居不定」ならば，白手帳も発給されない。

③　であるならば，生活保護が受給されてしかるべきである。しかし，仕事がないという，不景気であるということは生活保護の開始要件とそもそもみなされない。

病気であるか，老齢であるかによって，「就労不能」となって，初めて生活保護の対象とされるのである。

一体何歳まで日雇い労働はできるのか。国民年金は支給対象年齢に併せて65歳とされているが，この数字には法的には何の根拠もない。

④　交通事故にあって，労働力を喪失しても，十分な補償が与えられることはない。

被害者であるにもかかわらず，無理して仕事をして2週間して動けなくなって初めて，医者にいったという事件があった。

示談交渉で，任意保険の会社の担当者が出てきて，結局，交通事故と腰の怪我との因果関係が証明できないから保険金は支給できないと言われ係争中である。

休業補償も，日雇い労働の収入が証明できず，裁判になればゼロに評価されることもよくある。

⑤　労災は，認められるより，もみ消されるものがほとんどである。

実際，倉庫の屋根のスレート張りの際，開口部に転落したにもかかわらず，

業者が現認労働者に金を渡し,労働基準監督署に嘘を言わせたという事件がある。雇用主が申請しなければ,労災は認められないのが普通であるうえ,労働者が申請しても,目撃者を探すのは極めて困難である。労災にされる事件があるのは,救急車が出動した場合などで,労災隠しができない場合などに限られる。

⑥　老齢や病気で生活保護を受けようとしても,「住居不定」ならば,西成福祉事務所は相談を受け付けない。大阪市立更生相談所という鉄の扉で仕切られ,相談員との間にエアカーテン(職員の結核感染の防止といわれている)で仕切られた場所で相談を受けなければならない。

そして,「住居不定」ならば,生活保護法の原則である居宅保護は認められず,施設への入所を勧められる。

年をとってからの共同生活が不得意な「釜やん」は,ホームレスになるしかないのである。

「釜やん」がホームレスになる構造的要因が存在するのである[3]。「釜やん」は,憲法上の権利を認められながら,実際は,著しい制限を受け,法の保護を否定されているのではない。権利を持つ権利を喪失しているのである。

---

[3] センの議論は,1940年代のベンガルの飢餓の説明として,特に,食糧生産力の低下ではなく,各個人の持つ交換権限の差異によって,飢饉が発生することの説明に成功している。(Sen, Amartya, "Poverty and Famines", Oxford University Press 〔1981〕)

ベンガルにおいて,小作人ではなく,農業日雇い労働者に多くの餓死が集中した事態は,釜ヶ崎が日雇い労働者の街であり,「ホームレス」への移行が切迫している点を上手に解明する。

日雇い労働は,職業紹介の対象とならないうえに,景気によって真っ先に切り捨てられる。

また,交換権限の中で人々が餓死しないで済むためには,福祉についての権限が重要であるというセンの指摘は,「居宅保護の事実上の拒否」が,「ホームレス」の最大の原因であるという,従来からの釜ヶ崎の「常識」に合致する(ただし,センが議論している,食糧という「財」と居住という「財」の違いについて,詰めて議論する必要がある)。センは,ホームレスの人々の路上死が,我々の社会の合法性の忠実な反映であることを経済学的に解き明かしているのである。

第2部 周縁化された市民の憲法訴訟

3 法主体としてのホームレス――非対称の依存を見据えて

「釜やん」は,ホームレスになってからは,怖くて眠れない夜を過ごす。若者による襲撃が後をたたない。

そこで,ダンボールを工夫してその上に寝ることから,交通の少ない道路の歩道や,河川敷,公園に青テントで生活するために努力することになる。

しかし,せっかく確保した青テントも,ひっきりなしの追いたてにあうのである。

「釜やん」の物語は多くはここに行きついてしまう。

法は「釜やん」にとって,人間の尊厳を尊重するどころか,剥奪するものとして存在しているのである。

法が,他者の保護に依存しなければ生きられない人々の権利剥奪を隠蔽し,自己責任による自業自得だという,正当化機能を果たすことは,フェミニストが,法主体概念への批判として提出する「メグの物語」に見事に描かれている。

法主体の概念を批判的に吟味する論稿で,岡野は,ハーシュマンの著作から,次のような「メグの物語」を引用する。

「ウエスト・ヴァージニアに住む無職のシングル・マザーであるメグは,デート・レイプで妊娠してしまった。中絶クリニックに対する連邦政府の補助金カットのため,彼女は近くにクリニックを見つけることができず,車で4時間かかるクリニックを見つけた。診断によると,彼女は妊娠17週目だったが,そのクリニックは,妊娠16週目までの中絶しか行っていないので,850ドルで19週半までの妊娠中絶を行っているオハイオ州シンシナティ市のクリニックを紹介される。3日後にメグはそこを訪れるが,彼女の妊娠は実際には21週目に入っており,1675ドルで中絶を行っているという同州デイトン市に行くよう勧められる。車のローンを組み直し,ビデオデッキを売り,さらに借金してそこに行くが,以前に行った帝王切開が災いし,現状での中絶は彼女の命に関わると知らされる。カンサス州ウィチータ市に行けば,2500ドルかかるが手術してくれるだろうとのことだった。結局彼女は,生まれて

くる子を愛するように努めようと決意した」[4]。

そして，岡野は，「メグは，男性に認められている自らの身体の自由，不可侵性，健康に対する権利と同等の価値に値する権利を認められていなかった。つまり，自由な人格と『なる』以前，個体化する以前の状態に留め置かれてしまっている。メグは文字通りの意味で，『不運な』存在である。それは，メグ自身が，幸福になり損ねたからではない。そうではなく，現在合衆国の現行法が，メグを幸福に『値する』者として尊重し損ねているからなのだ」[5]（傍点筆者）と論じる。

メグは中絶に関する自己決定という権利を行使しなかった，というのが通常の法思考である。それは法が，人間を，幸福な人生を自ら設計し，他者に依存することを例外とするような自立的個人として描いてきたからである。人間が他者の配慮と関心に支えられているという事実は無視されてきた。そのこと自体が問い直されねばならない[6]。

4 強制立退き1──何が起こったか

「自立」という概念にこだわらず，「釜やん」の置かれている法状況を認識するために，「ホームレス」に対する強制排除の事例を考察する。その中で，「釜やん」が法主体として認められるために，法がどのような要件を満たす

---

[4] 岡野八代「法＝権利の世界とフェミニズムにおける『主体』」和田仁孝＝樫村志郎＝阿部昌樹編『法社会学の可能性』（法律文化社，2004年）41頁。

[5] 岡野・前掲注(4) 55頁。

[6] エリク・エリクソン（五十嵐武士訳）『歴史のなかのアイデンティティ──ジェファソンと現代』（みすず書房，1979年）は，アメリカに伝統的な概念として，自立した男（self-made men）という概念を抽出し，これが，女性，若者，身体・精神にハンディキャップを負う人々，アフロ・アメリカンを排除することで成立する「否定的アイデンティティ」であることを強調する。

そして，我々がこの概念に頼らずにアイデンティティを成立させるには，「何をするか」とか，「誰と一緒にいるか」ではなく，「誰をケアするか」に関心の中心を置いたときだと示唆する。

必要があるかが見えてくる。

1998年12月28日に発生した，大阪市立今宮中学校南側歩道強制排除事件は，中学校のすぐ南側道路の歩道の上で，青テントで起居していた人々を，道路管理者である大阪市が，道路法71条の除却命令の行政代執行を行うことで，強制的に立ち退かせたという事件である。

除却されたのは，「釜やん」が居住する青テントとその中にある寝具・調理具などの生活用品一切である。本来ならば，人間の占有を認めて明渡しという手続がとられるべきであるが，「釜やん」の住居は，単なる「道路上の不法占拠物」として除却されたのである[7]。

原告らは，居住権を主張し，代執行令書の発布に先立つ戒告書の通知処分の取消訴訟を提起し，併せて，執行停止の申立てを行ったが，執行停止の申立ては，代執行前日に却下され，直ちに抗告したが，その日のうちに却下された。原告らが，居住権を主張したのは，社会権規約上の居住権だけが，国内法上違法とされる占有に法的保障を与えるものだったからである[8]。

代執行後は，国家賠償請求に訴えを変更し，居住権侵害を請求原因とする不法行為請求を行った[9]。

排除された人々は四散したが，そのうちの一部の人々は，近くの公園に居

---

[7] 本件については，小柳伸顕「裁判官の人権感覚――今中事件・大阪地裁・高裁判決を読む」寄せ場17・18号（2005年）119～136頁，野々村耀「釜ヶ崎今宮中学校南側道路の強制撤去」shelter-less 5号（2000年）54頁が詳しい。

[8] 日本での居住権の発展は，熊野勝之弁護士による紹介と訴訟活動によるところが大きい。この発展が，阿部浩己教授の分析である。

　熊野弁護士は，武村二三夫弁護士とともに，今宮中学強制排除事件の控訴審から代理人となった。

　阿部教授は，リーデル証人の尋問時に法廷通訳を務めた。

　また，今宮中学強制排除事件では，第1審において，国際人権について，武者小路公秀教授が証言した。教授は，地域住民の公共性が語られる際，原告らの青空自治会が排除されていることの問題点を指摘した。

　原告ら青空自治会は，釜ヶ崎地域合同労働組合の稲垣浩委員長によって，支えられ続けている。

[9] 大阪地判平成13年11月8日（平成10年（行ウ）第81号第7民事部行政代執行処分取消請求事件，判例集未登載）。

住しながら，支援者の炊き出し等に支えられ，裁判を継続している。

原告となった28人の人々は，個性的な人々であるが，それぞれの人格と私が代理人として触れ合えたのは，数人に過ぎない。

また，28人のうち，上告審まで当事者として残っているのはこれもまた，数人である。

公園で立退きを迫られているという事態に立ち至った経緯，代執行後の状況について，紹介してみたいと考える。

① Nさん。1998年12月28日の行政代執行の前の日に死亡した。青テントの中で，死の直前まで，頑張っていた。私は彼の顔を思い出せない。

② Sさん。バーテンをしていた中年の男性。せきがひどいので，医療センターに2度行くがレントゲンも撮ってもらえなかった。代執行後，結核であることが判明し，入院した。退院後，釜ヶ崎に戻ってきて，生活保護を受けながら，炊き出しを手伝っている。今中南側歩道に，清掃用のシャワーが設置され，「ホームレス」排除が始まったことを最初に訴えた人物。1審で陳述してもらった。

③ Kさん。原告団のリーダー的な存在。現役のとびである。犬をとても可愛がっていて，自分の食事より，ペットフードを買う姿をよく見かける。Nさん以外，裁判中に4人の人が亡くなられたが，みんなKさんが看取ってくれた。誰かが入院すると下着を持って飛んで行ってくれる。下着の新しいのがないと，他の人々に気兼ねして，入院生活もできない，ということである。裁判中に体を壊し，入院して手術を受け，現在は，生活保護を受給している。

④ Mさん。事業が倒産して，故郷を出てきた。釜ヶ崎で自転車のパンク修理をしているおじいさん。人柄が温厚で，生活もしっかりしている。時々，故郷に帰る。2審で陳述してもらった。

⑤ Fさん。最初からいつも酔っていた。筆者が通ると，「一杯飲んでけ」と言ってくれた。「また今度」と言っているうちに，裁判中に死んでしまった。偽名を使っていたようで，なかなか身元がわからなかった。警察がやっとみつけて，妹さんに知らせると，妹さんは，変わり果てた姿を見て，違う人だと言って帰ったという。

⑥ Iさん。覚せい剤常習者。裁判中，2度逮捕され，現在服役中。廃品

回収などで，普段はよく働く人だった。母親はもう，連絡してくれるなと言っている。

5 強制立退き2——釜やんは，法主体として扱われたか

1審大阪地裁は，本件は，行政代執行法の2要件「他の手段によって履行を確保することが困難」かつ「不履行を放置することが著しく公益に反する」が満たされており，合法であると判断し，原告らの主張を退け，控訴審大阪高裁[10]もそれを維持した。

代執行に至る過程から，現在まで，「釜やん」は法主体として扱われなかった。タイムスケジュールに即して見てみよう。

① 路上に生活することを余儀なくされた。通常の福祉事務所ではなく，エアカーテンで仕切られ，自動ロックされる鉄の扉の中で相談する「更生」相談所は，「居宅保護」を行わない。代執行前，「居宅保護」の選択肢が与えられることはなかった。

② 行政の事前手続において，しかるべき聴聞手続を受けていない。弁明書の提出を許されただけである。せめて春まで，という願いは聴き入れられなかった。

③ Mさん，Iさんら4人に対しては，異議申立人になっているにもかかわらず，所有者不明として簡易代執行が行われた。しかもその公告には，代執行の日時さえ書いていなかった（この点は，1審判決と証拠を見て下さった，森田寛二教授の指摘による）。

④ 執行停止に対する抗告審は，1日で決定を下した。あらかじめ設定された代執行の日時に裁判所が合わせたのである。

⑤ 行政によっても，裁判所によっても，原告の「釜やん」らがつくった「青空自治会」は公共性を担う付近住民として，認められなかった。

⑥ 裁判所は，一旦釜ヶ崎の現場を検証（事実上だが）すると決めておきながら，「職員の安全」を理由に，現場に来ることを断わった。

---

[10] 大阪高判平成16年9月14日（平成13年（行コ）第102号第3民事部行政代執行処分取消請求控訴事件，判例集未登載）。

6　強制立退き3——居住権からの評価

　本件では，控訴審において，社会権規約委員会副委員長のアイベ・リーデル教授（ドイツ）が専門家証人として証言した。
　リーデル証人は，規約11条，一般的意見4・7の規定する居住権および強制立退きについて，規約上裁判所に課された義務を説明し，本件については，影響を受ける人々との真正な協議という要件と，代替的な居住施設の要件の欠如が顕著であると，次のように証言した[11]。

① 　私は，経済的，社会的および文化的権利に関する委員会を代表してここにおります。

② 　人権条約というのは，通常の条約とその性質が異なります。人権条約の体制というのは，それ自体が独自の生命力を持つということになります。人権条約というのは，国家の利益ではなく，個人の利益を守ることを目的としているわけです。

③ 　社会権規約は具体的に，3つの法的義務を国家に対して課しております。1つは，尊重する義務。2つ目は，保護する義務。3つ目は，充足する義務です。尊重する義務というのは，国家が自ら人権の侵害をすることを控える義務，保護する義務というのは，私人による人権を規制する義務，充足する義務というのは国家自らが権利を実現するために必要なものを提供する義務です。

④ 　社会権規約11条1項は，自己およびその家族のための適切な食糧，医療，衣類および住居を内容とする適切な生活水準について，すべての者の権利を認めています。この中で，最低限の中核的な締約国の義務の保障については，国内裁判所で直接に適用可能であると考えております。

⑤ 　居住権について中核的な義務とは，何もぜいたくなものを求めているのでなく，頭上に屋根がある，そして冬の寒さをしのげる，光熱設備が保障されている，調理の施設がある，それから衛生面で，トイレがあるとか水回りといったものが保障されているということです。

⑥ 　強制立退きの合法性は，法の一般原則である比例原則に照らして，解釈されなければなりません。比例原則は，第1に，行政庁の措置が効果

11 大阪高等裁判所平成13年（行コ）第102号第4回口頭弁論調書（平成15〔2003〕年10月8日）。なお、リーデル証人が引用する南アフリカの判決は、The government of the republic of South Africa v. Grootboom (2000) である。当該判決が、社会権規約および一般的意見を援用した部分は判示第30項の部分であり、その内容は、以下のとおりである。翻訳は拙訳である。

　「規約を締結している国家に課された義務については、経済的、社会的、文化的権利に関する規約委員会（以下「委員会」という）によって審査される。法廷助言人は、規約の解釈適用に関し、委員会が出している関連する一般的意見に依拠し、これらの一般的意見は憲法26条の解釈に際し、重要なガイドとなるべきであると主張する。とりわけ、補助参加人らは憲法26条の解釈に際し、委員会が1990年の一般的意見3の第10パラグラフで採用したのと同様なアプローチを本裁判所も採用すべきだと主張する。そのパラグラフにおいて、委員会は、社会的・経済的権利には「ミニマム・コア」が含まれるとして以下のように述べている。

　『10, 委員会は、締約各国の報告書に対する審査を行った10年以上の広範な経験と、その前身母体の経験も合わせ、以下のような見解を持つに至った。すなわち、規約の各権利の最低限不可欠なレベルを達成することを保障するという国家の「ミニマム・コア」の義務は、少なくとも、全ての締約国を直接義務付けるものである、と。したがって、相当数の個人が、不可欠な食糧、基本的医療、基本的シェルターと居住、最も基本的な教育を奪われている場合、締約国は、規約によって締約国に課せられた義務を果たしていないものと推定される。もし上記のような国家の「ミニマム・コア」の義務を規約が定めていないと解釈されるのだとしたら、規約はその存在理由を奪われてしまうことになる。同様に、以下のことが銘記されなければならない。ある締約国が規約上の「ミニマム・コア」の義務を果たしているか否かについて判断する際は、当該国家の資源的制約を考慮に入れなければならないことである。規約2条1項は、各締約国が「自国における利用可能な手段を最大限に用いること」を義務付けている。そして、少なくとも「ミニマム・コア」の義務を締約国が果たせない理由を、資源の制約のせいにするためには、締約国は以下のことを証明しなければならない。これらの「ミニマム・コア」の義務を果たすために、優先的に処分可能な全ての資源を使用してあらゆる努力を行ったという、事実である。』

　以上の引用から、最低限不可欠のレベルの、適切な居住の権利を含む社会的・経済的権利の実現を保障することで、各締約国は「ミニマム・コア」の義務を果たさなければならないと、委員会が考えていることが明らかである。したがって、かなりの数の個人が、基本的なシェルターあるいは居住を奪われている国家は、規約上の義務に違反していると推定される。そのような場合締約国は、「ミニマム・コア」の義務を

的なものでなければならないこと。第2に，選択可能な措置のなかで最も権利の侵害の幅の小さい措置をとらなければならないこと。最後に，措置とそれによって達成される目的の均衡がとれていること，です。そして，中核的義務は，比例原則における利益の均衡のなかで，最後に残らなければならないのです。強制立退きはそれ自体可能ですが，執行にあたっては，中核的な部分は残さなければならないのです。

⑦ 中核的義務としては，強制立退きの際には，最低限の適切な代替住居が確保され，立退きにあう人々に通知され，真正な協議がなされなければなりません。

⑧ 南アフリカのグルートブーム事件において，連邦憲法裁判所は，2000年に，900名のスラムの人々がケープタウンの郊外に立退きをさせられたという事件において，代替施設が保障される時期が不明確であることを問題視し，社会権規約および一般的意見を援用して，南アフリカ憲法を解釈したのです。南アフリカは，社会権規約を締結していないにもかかわらずです。法廷意見を執筆したジェイコブ裁判官は，この事件で世界的に著名な法律家になりました。本裁判所も，同じように，世界的に有名になっていただきたいと思います。

リーデル証言にもかかわらず，控訴審裁判所は，この義務は，本件には適用されないとした。

国際人権は，アレントの言う「人権のアポリア」（解決不能な難問）への処方であり，「釜やん」が法主体であるための不可欠な要件であるだけに，この事態は見過ごすわけにはいかない。

7 法制度とその担い手——では，弁護士はどうなのか

こういった裁判所の態度は，国際人権に対する「司法制度」の構造的欠陥として，覚えられる必要があろう[12]。

この裁判は，現在最高裁第二小法廷に係属中である。

果たすために処分可能な全ての資源を使用してあらゆる努力を行ったことを証明しなければならない」。

第 2 部 周縁化された市民の憲法訴訟

　裁判の結果がどうあれ，原告ら「釜やん」にとって，もう耐えがたい時が流れてしまった。日本国の裁判所で行われたこの裁判は，第 3 回の社会権規約委員会による各締約国レポートの審査において，委員会の厳しい批判にさらされると思われる。しかし，「釜やん」はその場にいることはないだろう。この裁判は，結局，支援者や弁護士を「法主体」とするものに終わってしまうのだろうか。

　釜ヶ崎に 15 年いる，フランシスコ会の本田哲郎神父は，釜ヶ崎にいる「小さな人々」から学ぶ必要を常々説いている。それは，「小さな人々」が立派だからではない。弁護士やボランティアなどの「強者」がまさに，援助するものであることによって見落としてしまう，人間の弱さ，傷つきやすさを「小さな人々」は見失うことはないからである。

　この事件を担当する弁護士の 1 人として，「釜やん」を十分に代弁できた

12　法の担い手である法曹教育を支配する「要件事実」的思考方式が，そもそも憲法典を請求原因を規定する権利の束であると認識したことはないし，逆に，憲法学において人権が語られるときに，「要件事実」と「法効果」が云々されることは皆無であった。

　「要件事実」と「法効果」の組み合わせによって法を把握する思考形式は，実務法曹を養成する役割を一元的に担う最高裁判所司法研修所と，その研修所の教育を中心にまで受け入れた官僚裁判官によって実務を支配している。

　研修所教育において，家屋明渡訴訟と貸金返還訴訟等につき，当事者双方の主張を争点として整理したうえで，書証および証人調べ（当事者本人尋問を含む）の結果で争いのある事実を認定し，請求原因および抗弁の存否を認定することで，判決文の起案をできるようになることが，一人前の法曹の試金石となっている。

　貸金請求に追われ夜逃げし，市営住宅の家賃が支払えないで家屋を引き渡さなければならなくなった人々，つまりホームレス状態になるという事実は，「要件事実」としては全く考慮される余地がないのである。

　しかし，社会権規約 11 条，特に，一般的意見 4 は，「占有の法的保障」を強調し，国内法上の「要件事実」がみたされないとしても，強制立退きを実際に執行する際には，ホームレス状態にならないように配慮する尊重義務，保護義務を国家に課しているのである。熊野勝之「『居住の権利』の発見」早川和男ほか編『居住福祉学と人間』（三五館，2002 年）14～36 頁。

　法曹の研修に，国際人権の教育が不可欠なゆえんである。日本政府は，国連人権規約委員会からその実施を，繰り返し勧告されている。

かは全く覚束ないものがある。

　法，裁判制度，行政，社会だけでなく，我々弁護士が「釜やん」を「法主体」として扱ってこなかったのではないか。

　その答えは，我々がすることではなかろう。「釜やん」自身に答えてもらわなければならないからである。

　Kさんは，最初私に会ったころ，「弁護士さんは，我々の気持ちを代弁してくれる」と言っていた。しかし，最近は，酔っ払っていることが多く，「弁護士はくそや」と私が通りすぎるとつぶやくようになった。

　いつか「釜やん」に，「弁護士にしては，よくやっているやないか」と言われるようになりたいと思っている。「法主体」とは，「釜やん」の問題ではなく，それとかかわる我々法曹の問題でもある。

〔参照文献〕
　脚注で示した以外の引用は以下のものによった。

阿部浩己『国際人権の地平』(現代人文社，2003年)

Craven, Matthew, "The International Covenant on Economic, Social and Cultural Rights", Oxford University Press (1995).

遠藤比呂通「国家・社会・個人――或いは公共について」樋口古稀『憲法論集』(創文社，2004年)

熊野勝之「居住の権利（ハウジングライツ）」近畿弁護士会連合会編『阪神淡路大震災人権白書』(明石書店，1996年) 序章

同『救済はいつの日か――豊かな国の居住権侵害』(エピック，1996年)

熊野勝之編著『奪われた居住の権利――阪神大震災と国際人権規約』(エピック，1997年)

社会権規約NGOレポート連絡会議編『国際社会から見た日本の社会権――2001年社会権規約第2回日本報告審査』(現代人文社，2002年)

第2部　周縁化された市民の憲法訴訟

付論：ホームレス問題への一視角

(1) 西宮事件

今ご紹介いただきました遠藤と申します。今日の話はホームレスと呼ばれている方々が，ホームレスになっていく過程で受ける差別の問題です。

西宮事件という事件が数年前にありました。これは，10代の少年たちと2人のホームレスの男性の非常に不幸な接近遭遇でした。鳴尾浜というところが西宮市にありますが，そこでホームレス生活をしていた2人の男性の方が，テントに住んでいました。こういう所で花火をしちゃだめだよということを注意されたというふうに少年たちは思い込んで，本当は誰が注意したかわからないのですが，とにかく少年たちはその男性の1人から注意されたということで，普段からホームレスの人たちをからかっていた，ボールを投げたり叫んだりして追いかけっこをするというのがエスカレートしまして，最後には消火器や鏡台を投げつけるということがありました。

男性の1人が怒ってナイフを持ち出して少年の2人を刺して，そのうちの1人が死亡したという，大変痛ましい事件がありました。この事件があったとき，ホームレスの支援をしている多くの方々は，正当防衛だったと，つまりホームレスの生活をしている中で非常に危険な目に遭っている，そして何ヵ月にもわたって嫌がらせを受けている，最後にそれが爆発したのだから，それを法が裁くのはおかしいということを主張されて，裁判支援をされました。刑事事件の1審で私も，ホームレスの方の殺人事件の弁護人として，ホームレス問題の関わりの私にとって最初の事件の1つですけれど，やらせていただいたことを思い出します。

それから，逆に少年の立場に立って，何ゆえその少年たちがそのようないたずらやホームレスの人をからかうというようなことをやってしまったのか，そういう立場からこの事件に関われた先生や作家の方がいました。こちらの立場からすると，非常に閉じ込められた団地という空間の中で育って，唯一の自分たちの遊び場所だった，広い空間だった浜をホームレスのおじさんたちが占拠するようになった。しかもそこで怒られてしまう。自由に遊べなくなってしまう。そういう少年たちの閉塞状況に光をあてて，ただ単にホー

ムレスの人たちをからかうということだけでは、この少年たちを断罪してはいけないのではないかという視点も提起されました。

　私は被告人の弁護人としてホームレスの方に関わったわけですが、その両方の視点を公平に裁判の中で主張したり見ることはできない立場にありました。今でも私の視点ははっきり申し上げまして、この被害を受けた少年よりも、むしろホームレスの方に偏っていると思います。それは私が日常扱う事件がホームレスの方の事件のほうが多いから、それだけの理由によると思うのですが。

　今日はしかし、一旦、具体的な事件の弁護ということを離れて、この事件をきっかけとして私が学んだことについて話したいと思います。ホームレスの方々を理解するというのはそれは大変なことかも知れないけれど、その理解がなかったら、私たちはこの少年たちと同じようなことをしてしまうし、現にしているのではないかということを考えてみたいと思います。

(2)　ホームへの帰還——物語から学ぶ

　最初にちょっと難しい問題提起をしました。しかしこの問題を語る以上は、私としてもある視点からものを見るということをまず皆さんに申しあげなければならないので、大変難しい言葉で語りましたけれど、もっと端的に言うと、今日のご案内書いてあることをちょっと言ってみたわけです。もっと平たく言うとここに書いてあります。

　「レインボーを超えて、オズの世界に旅立ったドロシー。物語の呼び掛けに答えて、ファンタージエンにはいり込んだバスチアン。」ここで切ります。この2つの物語、1つは『オズの魔法使い』、映画でも有名ですが、もう1つはミハイル・エンデの『果てしない物語』というところから取りました。魔法使いの国に旅立った少女が最後に現実に再会するための呪文は、家、家族への愛でした。最後のところで "There is no place like home" 家ほどいいところはない、家が1番素晴らしいという、これはドロシーが現実の世界に戻ってくるとき、魔女から唱えるように言われた呪文なのです。

　この映画をご覧になったことがない方がいらっしゃるので、ちょっと話をしますと、ドロシーという女の子がカンサスの田舎で叔父さん、叔母さんに育てられている。自分が大変可愛がっているトトという犬がいるのですが、この犬が地主の意地悪なおばあさん、これが後に魔女になるのですが、この

おばあさんに取り上げられてしまいます。保安官のところへ連れて行ってしまいます。そういう状況の中で，彼女が虹を越えて，子守唄で聞いた素晴らしい世界に旅立ちたい，きっとそういう世界があるだろうといって家出をするわけです。そして嵐が来て，竜巻に巻き込まれて，ファンタジーの国に行くわけです。そのファンタジーの国がオズの魔法使いの国です。Over the Rainbow という有名な挿入歌，……歌えないんですが，Somewhere over the rainbow，あの虹のかなた，どこかに素晴らしい国があるんだという旅立ちのお話。そこで案山子やブリキの木こりやライオンや，いろいろな出会いをして再発見をしていきます。だけど最後は，現実の世界に戻ってきて，現実の世界は本当は素晴らしいところなのだというところで終わるのです。

もう1つのエンデの話も詳しくしていると時間がなくなりますが，エンデの『果てしない物語』も実は物語の世界に旅立つという非常に冒険として面白い話です。しかしこの物語が非常に不思議なのは，物語の世界に入り込んだ主人公が現実の世界に戻れなくなるのです。そしてバスチアンという主人公よりも前に入り込んだ人たちの中で，戻ってきた人はほとんどいない。皆物語の世界にはまり込んで，最後はこの世の現実に対する記憶を全部失ってしまう。そしていわば恐ろしい狂人となって，狂人自体が恐ろしいわけではないんですよ，恐ろしい，つまり何も思い出すことができない，何も希望することができない人間となって，ファンタージエンの中にとどまる。しかし現実に戻りたいという願い，バスチアンにとっては，この願いがお父さん，お母さんが早く亡くなって悲しんでいるお父さんへの愛だったのです。そういうファンタジーの世界で考えるホームというイメージがまずあって，そのホームに帰ることができなくなった人たちを今ホームレスと呼びたいと思います。それは新聞でホームレスと定義されている，マスコミがホームレスというふうに報道している，中年あるいは老年男性で，野宿して道端や公園にいらっしゃる方だけではないと思います。

サラリーマン生活をしながら単身赴任をしていたけれど，結局は家族と別れて毎日飲んだくれているしかない。しかし会社だけはちゃんと行く。そういう人も実はホームレスなのかも知れません。実は私も釜ヶ崎に6年前に来たのですが，6年前はそういう意味ではホームレスでした。私は家を出て，家族というものを失って仙台というところで，夜毎日午前2時ごろまで飲み

歩いて，家に帰るというような生活をしていました。人はよく私が東北というところから大学をやめて釜ヶ崎に来たというのは，非常に大きな勇気がいったでしょうと言ってくれるのですが，私としてはむしろそういうホームレスの状態だった人間が，あるきっかけがあって，たまたま釜ヶ崎に来て，ホームが，帰るところがある。まずそのことが何よりも私の中では大事だったのです。そしてきっとホームレスといわれている方の問題もひとりひとりが，帰る家を持つ，そういうところまで考えなければ，ホームレス問題は前へ進まないと思うのです。

(3) セルフメイドマン──ホームレスの裏側にあるもの

前置きが長くなりましたが，ではホームレスと呼ばれている人たちがホームレスになっていく過程で，どのような差別を受けざるをえないかということなのですが，まず，今日はこの文章の問題提起の中でこういうことを言っておきました。

次の段落ですが，「家のない人たちは，『一生懸命働けば，ちゃんと生きれる。野宿しているのは自分のせいだ』と考えがちです。でも，本当にそうでしょうか。もし，いわゆるホームレスと呼ばれる人々が，野宿生活をしているのは，私たち社会の差別によるのだとしたら。」そして，この問いを真剣に考えてみる，そういうことが実はホームレス問題の一視角ということで，私が言いたいことなのです。

この括弧で書いた「ちゃんと働けば，ホームレスなんかにならなくてすむのに」，なんか怠け者だから，悪いことをして，家を出て，アルコール中毒になって，あるいは刑務所に入るようなことをして，あるいは精神病になって……，いろいろなケースがあると思いますが，本人の責めと言われるべきこともあるし，そうではないこともあるのです。いろいろな事情でホームレスになる人々。そのひとりひとりの問題を考える前に，まずそれを見ている私たちひとりひとりの問題を考えませんか。ここに書いてあるような，「一生懸命働けば，ちゃんと生きれる」，野宿しているのは自分のせいだということを，思ったことがないという方は，私の話をあまり聞かなくても，私よりは深くこの問題をわかっていらっしゃると思います。私を含めて釜ヶ崎で支援活動をしている人たちの多くも，まだこういう意識を持っていると私は思っています。そしていったいその根底に何があるのだろうか。まずそのこ

とについてお話したいと思います。

　それで、また1冊の本を紹介したいと思います。エリクソンというと最近ではイングランドのサッカーの監督が有名ですけれど、北欧系の名前ですね。心理学、社会心理学といろいろな呼ばれ方があるのですが、アイデンティティ、自分が自分であることという言葉で、今普及しているアイデンティティという言葉がありますね。その言葉を使って根源的な問いかけを行った、エリク・エリクソンというユダヤ系デンマーク人がいます。彼はドイツで育つわけですが、アメリカに亡命して、アメリカでもマッカーシー、つまり共産党に関係している人たちは全部大学から追い出してやろうという旋風が1950年代アメリカで吹き荒れますけれど、その時に大学を辞めています。そういう経験がある人なのですが、このエリクソンがアメリカについて分析した本です。これはみすず書房から五十嵐さんという政治学者の訳で出ていますけれど、『歴史のなかのアイデンティティ』という本です。これは1973年のジェファーソン講演という2回にわたって行われた講演の記録です。今日この講演を全部紹介するつもりはありません。しかしこのなかで、エリクソンが言っている中心的なメッセージを、私はここで繰り返したいと思います。私に対して問いかけられている、そのエリクソンのメッセージを皆さんに問いかけてみたいと思います。

　エリクソンは社会心理学者、心理学者、精神分析医、医者でもありますが、彼はいろいろな本、ガンジーやルターについての分析の本も出していますけれど、この本の中で、講演の中で、彼はアメリカ人のアイデンティティというのはどこにあるか、その原型、プロトタイプ、元になっている、私はアメリカ人だという、そういうものがいつ誰によって形成されたかということを分析しました。その1つの原型が、ジェファーソンという人なのです。

　ところで、ジェファーソンという人は、私が専攻する憲法学という学問のなかでは一番有名な人なのです。というのは、日本国憲法の基にもなった、1776年の例のアメリカ合衆国独立宣言を起草した人なのです。そして彼は故郷でバージニア信教の自由法というものも起草しました。これは政教分離とか信教の自由、宗教の自由ということをテーマにしている人間にとっては、非常に有名な事柄です。さてそのジェファーソンですが、19世紀初頭に大統領になります。この大統領になったとき、今でも政治家は常にキャンペー

ンに晒されます。つまりスキャンダルに晒されます。今だと大概はお金か女性。ジェファーソンが大統領のキャンペーンの時に、反対派はどんなキャンペーンをしたかというと、あまり撃つところがなかったので、「あいつはクリスチャンじゃない。あいつは無神論者だ。」つまり、ジェファーソンは演説の中や彼の政治的な闘争の中であまり聖書やキリストの言葉を直接的に持ち出さなかった。ですから、どうも彼は理性主義者であって、無神論者ではないかという疑いをかけられた。その時にジェファーソンは何をしたかというと、私が考える新約聖書というものを編集した。これが面白いのです。ジェファーソンがどんな人だったか、そのキャンペーンで攻撃に晒されたときに、アイデンティティというのはすごくはっきり出てくるのですが、ジェファーソンの新約聖書というのは、マタイ、マルコ、ルカ、ヨハネという4つの福音書がありますが、その中での抜粋です。しかも彼は4つの言語で聖書を読んでいるんですね、ラテン、ギリシャ、フランス語、英語。4つの言語で自分が聖書を読みながら、これこそ本当のキリストだという、そういう聖書を編纂しました。みなさんも聖書の好きな言葉を選んで編集することはあると思いますが、私の好きな聖書ではなく、これこそ本当の聖書だというところがジェファーソンらしいのです。その中には、実は奇跡の話はない。十数年出血が止まらないで、イエスに触れただけで治してもらうという女性のような話は出てこないのです。

　ジェファーソンが選んだ聖書を分析して、エリクソンという学者はジェファーソンのアイデンティティとしてセルフメイドマンを見い出した。独立独歩で歩く人間、神は人間をなんとか1人で生きていけるように理性と体と魂を与えた。だから自分たちは自分たちの力で何とか開拓して社会を切り拓いていかなければならない。これはセルフメイド、つまりメーカーである神が創ったのだけれど、自分だけで何とか生きていける人間。

　これが典型的にいっているように、人間が私は何者かを考えるときのアイデンティティ、自分が自分であるということの裏返しには、必ず否定的アイデンティティというものがあって、私はセルフメイドマンだ、これではない、この場合だったら、セルフメイドに対して、貧乏で食べていけない人や、ジェファーソンの時代の弱く、社会生活の中で一人前とみなされない人の範疇、黒人と呼ばれている人たち、女性、セルフメイドマンですから女性は入って

127

いませんでした。もう1つは独立独歩で歩ける人たちに対して歩けない人，身体に障害がある人たち，あるいはインディアンと呼ばれているアメリカのアボリジニーですね，先住民。このような人たちはセルフメイドマンではない。そしてまさに自分が自分であるために，美しい言葉ですよね，セルフメイドマン，こういう反対のアイデンティティを形成する。必ずアメリカはジェファーソンの時代から否定的アイデンティティを担うそういう存在を必要としてきた。最初はインディアンであり，黒人であり，女性であり，そして連綿とベトナム戦争を経て現在では言わずとしれた，イスラムですね。

エリクソンはベトナム戦争までしか分析していませんけれど，現代のアメリカの大統領演説を1度聞けば，ブッシュという人のアイデンティティはなにか，それはわたしはアメリカ人であるというアイデンティティの中に必ず裏返しの存在がなければアイデンティティが確立できないという状況が流れています。このジェファーソンの分析をジェファーソンを称える講演会でやったエリクソンという人は，やはりすごい人だと思います。ただ私は専門ではないのでこのくらいしかわかりませんが，エリクソンの学問がすごいと思うのは，否定的アイデンティティがないような新しいアイデンティティ概念があるのではないでしょうかという問題提起をしてこの講演会を終わるのです。その点は，最後に触れたいと思います。

私はこのエリクソンの講演の中で学ぼうとしていることは，私たちもこういう典型事例に現れているように，日本社会も否定的アイデンティティを持っているのではないでしょうか，ということです。

部落差別事件というので，先ごろ私の住んでいる近くの住吉中学校という大阪の中学校でも「部落死ね」という落書き事件がありました。そして，釜ヶ崎でも日々韓国，朝鮮から来てそして釜ヶ崎のために支援してくださっているたくさんの方がいます。労働者の方にもいます。ホームレスの方にもいますけれど，今度は「朝鮮，帰れ」。「帰れ」も「死ね」もその社会から排除することと同じ意味を持っています。こういう否定的なアイデンティティに支えられて，私たち日本社会のアイデンティティ，それは日本国憲法自体に書いてありますけれど，日本国民は総意に基づいて，天皇を国民統合の象徴とすると書いてありますけれど，そのアイデンティティの中で，熱心な天皇教徒ではなくても，日の丸・君が代に反対したら処分されるという形で，私

たちの社会は支えられているのではないでしょうか。そしてその否定的アイデンティティが今は軍国主義日本の旗頭ではなく，「朝から晩まで24時間働けますか」というサラリーマン社会のアイデンティティとして，そしてそれを家庭で支える女性。

　アイデンティティを持つことはそれ自体仕方のない，悪いことではないかもしれない。でもそこには否定的アイデンティティが必ず伴う。ジェファーソンが黒人がなぜ黒い色をしているか，差別するには神話が必要ですね。ジェファーソンの大変親しかった友人の医師が，なぜ黒人が，アダムとイブが白人であったのに，いやそんな証拠は全然ないのですが，当時はそう考えられていたのですが，アダムとイブが白人だったのに，なぜ黒人が存在するのだ。どんな説明をアメリカ合衆国憲法ができた当時の人たちはしていたのでしょうか。医師たちは，ハンセン病に罹って黒くなった，だからその子孫として黒人はみな黒いのだという説明をしていました。そして多くの人たちはそれを本当に受け入れたのです。

　しかしこの話を私たちは本当に笑えるでしょうか，あるいは怒れるでしょうか。私たちの社会はいまだにハンセン病の施設をもって隔離を続けてきた。原告は訴訟では勝ったけれど，訴訟を遂行するに際して専門医自身が妨害したり，訴訟が終わった後も隔離は間違いなかったと言い続ける人が療養所の所長でいたり，まだそういうことが続いています。

　否定的アイデンティティの話が長くなりましたが，私たちが，独立独歩で自分で働いて生活ができる人が理想で，それから踏み外した人はホームレスになっているという，これは何の根拠もない，何の根拠もないのだけれど，なぜ皆そんなことを思っているか。それが私たちを支えているのだからということを，単純に言えばですよ，こんな物事を単純に集約することは大変危険なことなのですが，あえて今日は単純化して言わせてもらいました。そうすると今度はその否定的なアイデンティティで見ることをやめた時に，ひとりひとりの人間と初めて向かい合えるようになるのではないでしょうか。

（4）　ひとりひとりと向き合うこと——強制排除への非難

　釜ヶ崎の人が毎年何千人とホームレスになっていきます。遠藤という弁護士はそこで5年間救援活動をしています。でも「この人たちは共通してこういう差別体制によってホームレスになりました」ということができるはずが

ないですね。ひとりひとり違うのです。釜ヶ崎に来た事情，国に帰れない事情，家に帰れない事情。人それぞれ違います。部落出身の方も多かった。ある時期には炭鉱出身の方が多かった。今では今日の話の中心テーマとなるニューカマーと呼ばれる日雇い労働者というかたちを1度とらないで，いきなりたとえばサラリーマン，ビジネスマンからホームレスの人になってしまうという状況が顕著になっています。

20代でホームレスを経験するということが，日本社会でも，昔はまず日雇い労働者になっていた人たちがいきなりホームレスになるということになってきました。これは一体なぜなんだろう。もちろん何回も言いますけれど，ひとりひとりの問題として向き合わねばならないことなのですが。

それで，資料のほうを見ていただきたいと思います。最初の英語のほうの資料は原資料ですので，興味のある方だけ，英語がお好きな方だけ，後でお読みください。その中で重要部分については，熊野勝之さんという居住権で有名な弁護士さんですが，この熊野さんの翻訳がのっております。この翻訳が出たので，それに基づいてお話していきたいと思います。ひとりひとりと向き合うためには，まず，ホームレスの人が現在の居場所から排除されないことが，大前提になります。その点を考えたいと思います。

まずこの資料についてなのですが，これは去年社会権規約委員会，国際連合の組織の中にいろいろな組織がありますけれど，人権問題については，安全保障理事会とかそういう正式の理事会ではなく，各条約ごとに委員会が組織されて，その委員会が非常に重要な働きをしています。ホームレス問題についていえば，人権規約A規約ということがありますが，これは経済的，社会的，文化的権利に関する条約なのです。初めて今この規約のことを聞いたという方もいらっしゃるかも知れませんが，要するに貧しい国に住んでいる貧しい人たちが人間としてちゃんと生きていくためには，いろいろな条件が整備されていなければなりませんね。たとえば衣食足って礼節を知るという言葉がありますが，衣食住，この基本的権利，日本国憲法では25条の生存権として保障されている権利について，国際的にそれを一律に保障していこうではないか。特に先進国と呼ばれているような国々で発達してきた人権ではなくて，後進国と呼ばれているような国の経験をも活かしながら，人権の内容を定義していこうではないかということで，条約が生まれた。そしてそ

第 6 章　ホームレス状態にある人々

れを先進国といわれている国はまず批准しなかった，つまり認めなかった。うちの国は関係ないです，立派な国ですから。たとえばホームレスの問題だったら，日本国は，「うちの国はホームレスはいません。そんな必要はありませんから，この条約は批准しません」という態度をとりつづけてきました。しかし，日本国もこの規約，貧しい人のための衣食住を中心に保障する規約を批准，つまり認めました。そして認めたらどんな義務が生じるかというと，日本国にあるいろいろな問題について，レポートを出して報告をしなければなりません。このレポートを日本国はずっと怠ってきました。特にホームレスの問題については，先ほども言いましたように，全く報告しないまま去年まできました。

　しかしご存知のように今大阪にも推定 1 万人以上のホームレスの方がいます。昔は公園でデートをしていたような場所でも，今どこに行ってもホームレスの方がいるという状況です。それはもう説明しなくてもわかります。そういうことを国連に全然報告しないということはすまされない。ということで，去年（2001 年）初めて日本国はホームレス問題についてレポートを出しました。そのレポートの中ではたとえばホームレスの方を強制的に排除するという事例はないとかいうことが書かれております。それをそのまま鵜呑みにして社会権規約委員会が，はいそうですかと受け取るはずはありません。そこで日弁連などのいろいろな団体，たとえば京都でウトロ訴訟をやっている原告団，在日の朝鮮人といわれている方々の居住権を保障する裁判についての原告団とかが，社会権規約委員会に，日本では実際にこういうひどいことが行われているということを訴えにいきました。本当は釜ヶ崎からも誰かが行けばよかったのですが，そういう費用と暇がある人がいなくて，誰も行きませんでした。すると不思議なことに 2001 年の 7 月の終わりごろ，日本国のレポートが 7 月に出されましたから，社会権規約委員会で日本政府の報告書を読んでコメントをする，つまり批判して日本政府に勧告・警告を出す立場の人が日本に来ました。

　どこに来たかというと，釜ヶ崎に来ました。これは熊野先生ともう 1 人武村先生という大阪弁護士会の人たちが案内してきたのです。7 月後半の日曜日の朝着いて，十何時間のドイツからの直行便から降りて，時間が他にありませんから，関西空港から直接釜ヶ崎に来られました。大変暑い日でした。

熊野先生と武村先生から私に，現地を案内しなさいということで，この社会権規約委員会の委員，リーデルというドイツの医療法の先生ですが，障害を持った方や伝染病などで人権侵害が起こっている医療関係の問題について詳しい学者なのですが，この方が日本に来てまず釜ヶ崎を見たいと。どういうことで知られたのか，大阪弁護士会の方が言ったのか，まず釜ヶ崎が見たいというので，私が案内したところは，釜ヶ崎で労働者が毎日仲間の炊き出しを行っているところ，それから何十年も前から釜ヶ崎で活動をしている牧師さんのところ，そこ* とあいりんセンターという労働者の「寄せ場」，そして最後は自立支援センターという新しくホームレスの人を収容するためにできた，私の事務所のすぐそばにできたのですが，そこです。

　いろいろなところを見て回って，いろいろなことをおっしゃいました。牧師さんの人生に感動されたり，いろいろなことにびっくりされたりしたのですが，彼が一番びっくりしたのは，あいりんセンターから出て自立支援センターへ，自立支援センターというのはホームレスの人たちを職業紹介をするために最大半年間住まわせるところなのですが，そのすぐ隣にある公園にいっぱいテントを張っている人たちがいた。自立支援センターがあるのになぜあなたたちはここにテントを張っているのですか。答えは簡単ですね。だって中に入って就職が見つからなければまた出てこなければならない。半年間くらい中にいられても，また出てきたときに，ここにテントを張るという保障がない。入った仲間のことを聞いたら，中には自由がない。だったらここのほうがいいやということでした。

　そういうことをいろいろご覧になって，結果として日本政府に対する最終見解として，リーデル先生を中心に社会権規約委員会が2001年の9月1日に出した日本政府への勧告です。その勧告の中にこのようにあります。「委員会は，強制立退き，特に，仮住まいのホームレス，ウトロ地区に長期にわたり住宅を持っている人々に対する強制立退きを憂慮している」。ここに「仮住まいのホームレス」という言葉が出てまいります。そしてそのことが特に釜ヶ崎という特定の地区のホームレスについて委員会は憂慮しているということが初めてこの勧告の中に入ったのです。「……特に，大阪釜ヶ崎地区の多数のホームレスの存在を憂慮している。……」とあります。つまりまず釜ヶ崎という言葉はあいりん地区ということで，言葉的に行政的に消され

ている言葉なのですが，この釜ヶ崎という言葉をあえて使って，しかもここが労働者問題であるとともに，ホームレスの存在が非常に大きな問題として日本国に憂慮を勧告しているということなのです。そういうふうにこの問題，実は日本国内よりもむしろ国際社会においては，いわば日本国政府への突きつけとして問題になっている。これは確かな文献と実際に一目でも暑い中を見て回る。自分たちが報告を受けている日本の政府資料と人権団体の資料を双方参照しながら，両方の意見を聴いて出された勧告なんですね。強制排除はいけないということが確認されたのです。

(5) 日雇い労働者からホームレスへ——構造的要因

日雇い労働からホームレスへ，その過程には，個々人の人生があると思うのです。しかし，同時に，彼らに否定的アイデンティティを押しつける我々の社会の構造的要因の存在にも目を向ける必要があります。

まず，日雇い労働という形態はどういう労働かというと，一番不安定な労働という側面を持っています。建設業界は毎日首を切らなくても，日々雇うということによって，別にリストラをしなくても人員の調整ができます。しかしそれでも日雇い労働者を探し出してきて建設現場に連れて行くためには，建設業界は手助けを借りなければならない。それが人夫出しとか手配師と呼ばれている人たちで，釜ヶ崎から全国に集まってきている人たちを非常に安い給料で，つまりピンハネをして建設現場に連れていく。

これは長年の労働闘争の中で，1万3500円の日給というふうに，釜ヶ崎で人夫出しをしたいならそうしなさいというところまで運動は持ってきた。ところが不景気になれば，どういうことが起きているかというと，別に釜ヶ崎を通さなくても，若い人たちが仕事にあぶれているという状況であれば，半額の値段，桁落ちといいますが，そんなにお金を出さなくても，釜ヶ崎というところを使わなくても，そこをバイパスして，外国人労働者や若い人たちを直接雇用することができるということになっているのです。そうすると，もう釜ヶ崎に来ても仕事がない。そこで今釜ヶ崎で長年やってきた労働組合は仕事をよこせ，釜ヶ崎の特に高齢の労働者に仕事をよこせということを運動の中心に据えています。中には，昔からいる人の中で，職業安定所は仕事を紹介せよと叫んでいる方は少数ですが，います。

しかし問題はこのひとりひとりのいろいろな理由で会社を辞めた，借金が

あって親元にも近付けない，昔はたくさんいた。そういう人たちがそのまま釜ヶ崎に来て日雇い労働者になっていたのが，そうなることも，今はできない。若くても仕事がない。そしてそれはなぜかというと，そもそも日雇い労働という事柄に対して，ちゃんとした労働であるということを守るということをしてこなかった。賃金の闘争はしてきましたが，日雇い労働者が労働者であるということを，私たちが認めてこなかった。非常に現場で大変なしんどい労働であるにもかかわらず，さっき言ったセルフメイドマン，自立した自分の職業を持って家庭を養っていくというような男性として日雇い労働を認めてこなかったという背景があります。それが端的にどういうところに現われてくるかというと，労働基準法はピンハネを禁止するのですが，それは当たり前なんですね。たとえばどんな職業でも職業紹介をするときは職業安定所へ行きます。紹介する業者はお金をピンハネしてはいけない。でもさきほど言いましたように，日雇い労働というのはピンハネによって成り立っている。そこを一歩も動かさずに，そこに対しては何の手も入れずに，日雇い労働イコールピンハネ，手配師によって動かされる労働であるということを認めつつ，つまり不法に労働を紹介することは当然の前提として私たちは日雇い労働という大事な労働を位置付けていた。そのことによって結局どんどん労働組合や，労働基準や労働監督など関係なくて，若い人たち，外国の人たちが安く使われる。この事態を放任できなくなった。だから私たちの社会は日雇い労働としていろいろな社会からいろいろな事情で差別されてドロップアウト，あるいはドロップアウトという言い方よりも，そこに行ってなんとか生きていけるという道があったのに，それさえ奪われてしまう。そういう状況になっているのです。根源的な部分について私たちがもう一度，日雇い労働というのは普通の労働者ではないかということを，そこらへんから考え直さなければならないというところにきていると私は思います。

　それと，ホームレスの人たちが，たとえば生活保護法をちゃんと居宅保護，アパートに住んで適用するということをしないから，日雇い労働者からドヤといわれる簡易宿泊所に住んでいる方がいきなりホームレスになってしまうということがあります。たとえば生活保護法をちゃんと適用してちゃんとアパートに住むということが認められない。もちろん，問題はそこで終わりかというと，そこでお酒を飲んで暴れて外へ出てしまう。私のところには，

第6章 ホームレス状態にある人々

「私はもう寝ていないんじゃ。車イスなのにずっといるんじゃ。なんとかいくところを探してくれ」という相談がきます。どこか入ったとします。たとえばアパートですね。そうすると，今度はそこでトラブルを起こして，隣の奥さんが，子どもと2人で住んでいると，そこへ押し掛ける。それは必ずしもホームレスの人に限らないのですが，今度は何かトラブルを起こして出てくると。そういう問題がある。

私があえてロマンティックなファンタジーの話をしたのは，やはりその人たちがホームを見つけて，それは自分で見つけるしかないのですが，大分とか長崎とか彼らが出てきたところへ帰れというのはもちろん無理だとしても，なにも生まれ育った故郷に帰るということだけではなく，いろいろなホームの見つけ方があると思うのですが，それと同じように，ひとりひとりのためのホームを見つける仕事があるんですね。

その中で弁護士として関われることは，ほんのひとこまです。いろいろな支援者の方もあるし，仲間という，いろいろな社会資源があるといわれていることがあります。家を失ってホームレスになってしまった方をホームに戻すというのが，いろいろな特技と職業が共通してできる仕事ですね。毛布を配るということも配り方も全然違うと思いますし，それは壁がなくなるということですね。本田さんという神父さんはその壁の打ち壊されたときのことを，「にいちゃんありがとう」と，怒られるかと思ったら，毛布を渡したその労働者の人からありがとうと言われた。その言葉が自分の元気の素になったという神父さんが釜ヶ崎にいます。それは神父という関わりの中で，何も皆がホームレスの労働組合に入って一緒に市役所に団体交渉に行かなくてもいいわけです。そのひとこまの中にはやはり法で切り捨てられるという側面がありますから，それで闘う部分がありますが，それはほんの一部ですね，「闘う」というのは。寄り添ってその人の視点から共に何かをしようという，それぞれの立場から，炊き出しを手伝う，あるいは支援してくださっていることでもいいですし，とにかくどうでしょう，私がこういうことを言うと話をまた元に戻してしまうのですが，たぶんホームレスの方というのは1人もいない，いるのはひとりひとりの人間です。たまたま遠藤はホームレスにならずにここでしゃべっているけれど，ちょっと条件さえ違えば私もあそこで寝ているわけですから，そういう人たちだけが存在する。そしてその個別の

事情に寄り添って元に戻す仕事，これは残念ながら行政だけでは，行政を追及するだけではできません。そこにはいろいろな関わりの中でそれぞれが見つけていくしかないと思うのです。

(6) ニューカマーへの我々の責任

若い人たちが就職難で働く場所もない，日雇い労働者にもなれない，このような社会の閉塞状況の中で生きざるをえない状況になっていることに対して，40歳を過ぎた大人として非常に責任を感じます。私にも何人か，私を慕って一緒に釜ヶ崎に来てくれた学生が，私が大学を辞めてからも遊びに来てくれる若い人たちがいます。そういう人たちを毎日見ていて，この若い人たちが働く場所，そして最後には日雇い労働者として働く権利，そして日雇い労働者として働いた時に老後を迎え，年金生活には日雇い労働形態では入れないシステムができていますから，生活保護というところでしっかり保障しなければならない。そういうふうな責任を負っているのだと思います。

今日もう少し私は個別の話をする予定でした。私の依頼者の話をする予定でした。ただ私がこうして話している間に頭の中にそういう具体的に人の顔が浮かんでいるのですけれど，そのことをこの中で皆さんにお話するのはどうも抵抗がありまして，ちょっと抽象論になってしまい，わかりにくかったと思いますが，その点はご勘弁ください。

(7) 質問への答え

特に若い方の質問に答えたいと思います。釜ヶ崎に若い人が増えているかということですが。3年くらい，私は法律相談を釜ヶ崎でしていまして，延べにすると100名は超えました。20代の方というのはこの2年はなかったですね。今年になって20代の方がホームレスとして私のところに相談に来られます。それは1人では来なくて，釜ヶ崎で知り合った世話を焼いてくれる労働者の先輩の方と来られて，仕事を何年か前に辞めてここに去年の何月に来たけれど，日雇い労働は1回行っただけで，それ以後全然仕事がなくて，今ホームレスをしている。いなくなった原因はこれこれで，借金があって，破産したいと。だけどあなたの場合はそんな無茶苦茶な，というかゲームソフトやパソコンをたくさん買って，そういう目的で買ったら破産は難しいけれどという相談をするということで……。

だから私が目で見て若い人がいるなという以外に，実際に触れ合う接点は

そこでしかないのです。

　それ以上のことは言えないのですが，それで今日の話になったんですね。この人は間違いなく10年前なら日雇い労働者になっていたのに。そして私が一緒に付き合ったり一緒にライトバンにのって現場に行った人たちの話がポッと出たときに，やはり20代で来てその時こうだったという思い出話を何度か聞いたことがあったのですが，似ているんですね。何十年前の話ですが。けれど今それがそのまま日雇い労働者になれない状況です。そこは現場の人間としては，何とかしなくてはいけないと。

　逆に言えば，解放研究所の反差別部会で釜ヶ崎の方が来て報告される時に，今度はたとえばペルーから来ている人が発言して，本当に昔は一番辛いのは釜ヶ崎の労働者，一番危険な一番辛い仕事は釜ヶ崎の労働者がしていたということ，今でもそういうことはもちろんあるのですが，ペルーの若い人たちがやらされていると。不法滞在といわれているレッテルがあるために，もっと釜ヶ崎の労働者よりも辛い。釜ヶ崎の労働者の中でもやはり韓国から来ている人たちが一番ひどい目に遭うと。労災などでも。そういう重層構造があって，単に若い人たちが増えているという問題だけではなくて，外国人労働者，しかもやはり釜ヶ崎から，センターというところがあるんですが，1万3500円以下は業者は入らせないよというシステムをとっていますけれど，それをバイパスして安くやっているという現象の中で，若い人は鉄筋工や見習いとしてどこかの業者が直接安くアルバイトとして雇うというルートしかない。だから逆に何かの関係で家にいられなくなって釜ヶ崎に来ても，そこには仕事がないという状況です。そうするとホームレスになっていくと。

　市立の更生相談所や福祉に相談にいっても，「あんた，何歳？」「28です。」ということで，そこでもう切られてしまいます。今日，冒頭に西宮事件の話をしました。この事件があったとき，ホームレスの人を襲撃するけしからん若者という見方をしていました。しかし，この見方は，まさに，1つの否定的アイデンティティを別の否定的アイデンティティに置き換えるだけの話なのです。私自身，そのことを深く反省しています。

　釜ヶ崎への視点という質問ですが，バグワン・ダスという人がいて，この人はダリット，アンタッチャブルといわれているインドの被差別の運動をや

っている弁護士さんだったのですが，その方がほんの数時間だけ釜ヶ崎に来られまして，本田神父とか私とかが案内をして，話をしました。彼が一番驚かれたのは，ここはインドの差別されている人たちと全く違う，それが家がない，重労働だけがある，重労働だけがあって，それを支える家がない。重労働というのは，それを支える家がないとできないはずなのに，単身男性，もちろん釜ヶ崎には女性もたくさんいます，見えない存在になってしまっていますが，ただその男性を支える家がない，いや男性だけではなく，仕事をする人を支える家がない。だから警察からも危険視される。いつ暴動が起こるかわからない。飲んだくれの怠け者と見られてしまう。

　バグワン・ダスさんがそういう視点でそこでものが見れた，彼がなぜそういうふうに言うことができたかというと，それは彼の闘いの人生があったからだと思います。私が釜ヶ崎をご案内する時に，今日はダスさんとリーデルさんの話をしましたが，その人の視点でものが見たいなと思ってご案内しています。たとえば藤井先生が来られたら，藤井先生なりの感想をお持ちになると思います。だからそういった意味では逆に，私のほうがその人がどう関わるかを知りたいと。皆さん，是非釜ヶ崎に来て下さい。

第7章　ハンセン病療養所に隔離された人々
——らい予防法熊本地裁違憲判決——

1　「らいの父」光田の使命感

　1958年から1972年まで，国立療養所長島愛生園に外勤精神科医師として勤務した神谷美恵子は，生きがい喪失の視点から，ハンセン病患者の人々の窮状について分析している。神谷が最初に長島を訪れたのは，戦前，医学校を卒業する年の夏休みであった。

　彼女は，そこで，研究者としても師としても尊敬できる人物と出会うことになる。医師光田健輔である。光田は，神谷にとって，使命感をもって働く理想的人間として，ミルトン，シュバイツァーと並び称される人物であった。

　後年，「らいの父」として，文化勲章を受賞した光田は，隔離と断種を患者に強制していた張本人として，当の患者たちから断罪されることになるが，神谷は，光田の弁明のために筆を執り，プロミンなどのスルフォン剤が普及していない時代という歴史的制約下において，「らい」の治療に「献身」し，多くの弟子を育てた光田は，やはり第一級の人物であった，と主張した（神谷美恵子『神谷美恵子著作集2　人間をみつめて』〔みすず書房，1980年〕）。

　ここで興味深いのは，神谷が光田の弁明のために，我々の前に提出したのは，医学的歴史資料ではなく，光田との最初の出会いを記録する彼女の日記であったことである。神谷の光田のための弁明には，専門家としてのフィードバックが働いた形跡がない。

2　「らい予防法」と専門家の責任

　「らい予防法」の法律上の問題点を描き出すことを目的とする本章において，神谷の例を冒頭に持ってきたのは，「らい予防法」下での人権侵害（よ

り端的には、人間としての尊厳を剥奪すること）が、医師、法律家、宗教家という3つのプロフェッションの意図せざる協力によって、創出され、維持され続けたことを指摘するためである。

プロフェッションという言葉は、職業一般を指す英語であるが、語源的には、聖職者、医者、法律家の3種類の職業を意味する言葉である。これら3つの職業が、専門家として特別に扱われるのは、人生において「病い」に陥った人々の悩み、苦しみを扱う仕事だからである。プロフェッションとしての任務の遂行には、高度の、倫理的、法的、政治的責任をともなうはずである。

1907年から始まった、日本におけるハンセン病の隔離政策は、1953年の「らい予防法」の制定施行によって法制度的には完成する（あわせて断種、不妊手術、妊娠中絶を合法化した1948年の優生保護法）。

光田は、1915年に多磨全生病院（当時）の園長のときに、非合法を知ってのうえで、患者に初めての断種を行った。その後、「らい」予防のために、離島に患者を強制隔離する案を建議し、光田の建議どおり、1930年に長島愛生園が完成し、その初代園長となる。法制度的にも、1931年、旧「癩予防法」が制定され、浮浪患者だけの収容のための法制度が、在宅患者を含めた全患者の収容隔離に改められた。

しかし、「らい予防法」制定以前の、1943年、プロミンという治療薬によってハンセン病は治癒が可能となっていた。そのプロミンは、戦後まもなく日本に紹介され、日本でも独自に製造が開始されている。静脈注射の治療法も、次第に錠剤になり、戦後、社会復帰規定を欠く「らい予防法」下でも、1960年の216名をピークに3000名に及ぶ人々が社会復帰した。

伝染性が弱く、有効な治療薬が開発され、隔離自体の必要もなくなったのであるが、退所者が多数いる事実は隠蔽され、退所者の外来治療も、一部の大学を除いて行われないまま放置されたのである。

この間、世界保健機構、国際らい学会などでは、隔離政策を行うこと自体誤りであることが指摘され、日本に対し、隔離政策を改めるよう勧告も行われている。しかし、ハンセン病患者を隔離する必要はないという、世界では常識となっていることが、法律として日本で実現したのは、復帰後外来治療が行われた沖縄を除けば、やっと1996年のことであった。（この時、優生保

護法の「らい病」の規定も廃止され、同法は母体保護法になった)。

いっぽう、宗教家は、患者たちの人間疎外に目をつぶり、隔離政策に結果的に協力することになった。いくつかの宗教団体が謝罪表明を行っている。

神谷の光田に対する弁明が、「歴史的制約下」において誤りであったことは、日本の隔離政策の誤りを指摘し、厚生省に無視され、1960年に長島愛生園を退職している光田の弟子のひとりだった犀川一夫の、法廷証言から明らかになっている(『ハンセン病国家賠償請求訴訟弁護団編らい予防法国賠訴訟犀川一夫証言』〔皓星社、2001年〕)。光田は、治療が可能となって以降、後にみるように、なお隔離の強化を主張しつづけた。そして、この証言が、「らい予防法」の隔離規定の合理性を支える立法事実の検証について、次に述べる熊本地裁判決の骨格を形成することになる。

3 「らい予防法」の廃止と熊本地裁判決

1996年に「らい予防法」が廃止される際に、「ハンセン病は発病力が弱く、また発病しても、適切な治療により治癒する病気となっているのにもかかわらず、長年にわたりハンセン病患者・家族の方々の尊厳を傷つけ多くの痛みと苦しみを与えてきたこと」を遺憾とする付帯決議がなされた(衆参両厚生委員会の決議)。しかし、このような付帯決議の存在にもかかわらず、社会復帰の支援は不十分であり、社会のハンセン病患者(多くは回復しているから「元」であるが)と家族に対する差別偏見もほとんど是正されることがなかった。

そこで、1998年7月、熊本地方裁判所に対し、鹿児島星塚敬愛園などのハンセン病回復者13名が国家賠償請求訴訟を提起し、同裁判所は、2001年5月11日に、厚生大臣の施策と国会議員の立法の不作為を違法とし、両者の過失を認め、原告らに慰謝料の支払いを命じる判決を下した。(熊本のほかに、岡山、東京でも同種の訴訟が提起され、判決の時点で3つの訴訟の原告数は752名にも上った)。

判決は、「新法の隔離規定は、憲法22条1項の居住移転の自由のみならず、憲法13条に根拠を有する人格権そのものに対する侵害であり、遅くとも昭和35年には、新法の隔離規定は、その合理性を支える根拠を全く欠く状況

に至っており，その違憲性は明白となっていたというべきである」と明言した。

日本国は，上記判決に対する控訴を断念し，補償という形ではあるが，ほぼ判決が認定した慰謝料に相当する額を，患者・回復者の人々に支払う旨の立法を2001年6月15日に行ったのである。その後，3訴訟の原告は増え続け，2000名を超えた。日本国との和解のなかで，謝罪の方法と，さらなる真相解明等が検討されている。

4 患者・回復者が被った人権侵害

上記訴訟において，原告らは，迅速な救済の要請から，個別行為による個々の人権侵害ではなく，患者を強制隔離したこと自体を共通損害として主張した。ここで強制隔離とは，国が法によって療養所でしかハンセン病の治療を受けられない状態を作り出したことを指す。苦渋の選択の結果自ら入所した人々も隔離政策の犠牲者だからである。

判決は，原告全員に共通する損害を，「隔離による被害」と「社会から差別・偏見を受けたことによる精神的損害」として取り出し，それらを一括して，「社会内で平穏に生活することを妨げられた被害」であるとして，慰謝料最高1人あたり1400万円の支払いを日本国に命じた。人権侵害の実態については，「ハンセン病患者の隔離は，通常極めて長期間に亘るが，たとえ数年程度に終る場合であっても，当該患者の人生に決定的に重大な影響を与える。ある者は，学業の中断を余儀なくされ，ある者は，職を失い，あるいは思い描いていた職業に就く機会を奪われ，ある者は，結婚し，家庭を築き，子供を産み育てる機会を失い，あるいは家族との触れ合いの中で人生を送ることを著しく制限される。その影響の現われ方は，患者ごとに様々であるが，いずれにしても，人として当然に持っているはずの人生のありとあらゆる発展可能性が大きく損なわれるものであり，その人権の制限は，人としての社会生活全般に亘るものである」と認定された。

隔離下で行われた人権侵害が包括的に認定されている。しかし，断種等がもたらした損害は隔離の影響として触れられていても，それとして認定されていない。補償法成立の際，ハンセン病患者，回復者らは，今後も司法的解

第7章　ハンセン病療養所に隔離された人々

決を求める権利を持つことが確認されているが，ひとりひとりの問題は，これからの解決が必要である（そこには除斥期間の壁はあるが）。

ここでは，ハンセン病回復者が被った人権侵害の実態について，早くから実名を公表しつつ，いのちの尊厳をテーマに，小学生から大学生，医療・看護・福祉を専門とする人たちとの対話活動を行い続けてきた平沢保治の体験に着目して，見てみたい（平沢保治『人生に絶望はない』〔かもがわ出版，1997年〕）。

第1に，人権侵害として，適切な治療を受ける権利を奪われたことである。ハンセン病について，外来治療，在宅治療を受ける機会を奪われ，十分な説明も受けずに，隔離された。その際，専門家である医師の嘘が巧みに用いられた。他の傷病についても，事実上，療養所外で診察を受ける機会を奪われたのある。

> 「1年もすればよくなって帰ってこられる」といわれましたが，それはわたしに入院をすすめるための嘘でした。入院したときもここの医者から「平沢くんは1年もしたら帰れるよ」と言われた。これも嘘でした。わたしだけじゃない，すぐ治るからっていわれてここに来た人は何人も居ますよ。(41頁)

> 最後まで破れなかったのが，医療機関の選択の自由なんです。療養所は医療機関なんだから，医療施設は完備していると思われるかもしれませんが，現実は違います。自分の好きな判断で好きな病院，医師を選択することができなかったのです。(97頁)

第2に，療養所に閉じこめられ，居住移転の自由を奪われただけでなく，家族故郷から切り離され，いったんは名前さえ失ってしまったのである。家族も社会でいわれのない差別を受けた。しかも，医学的根拠もないのに，接触を避けるという名目で，およそ人間としての尊厳を奪われた扱いを受け続けた。社会に対し，偏見を植えつけたのは，隔離すること自体と「法」に基づく徹底した消毒であった。

> 1941年に全生園にきたとき，職員はどういう仕事をしたか，患者が仕事をするための見張りをする，監督をする。逃げていかないように24時間体制で病舎や，そして周りを巡視する。ですからわたしたちは職員のことを監督さんとよび，そして見張り所の人たちを見張り人と呼んだ

のです。わたしたちは人間であっても，人間でなかったのです。わたしたちは社会からも，そしてそこで働く人たちからも座敷豚と言われていました。(27頁)

母も，残されたきょうだいも恨み言のようなことは何も言わないけれど，父の入園後，警察によって家中が消毒されたそうです。すると今までかばってくれていた人たちも，らい病とはそんなに怖いのかということで，態度が一変したのです。家に来た人にお茶を入れても目の前で捨てられたこともあったそうです。(36〜37頁)

わたしたち患者の座るところと，患者じゃない人――わたしたちは「壮健さん」と呼んでいましたが――の座るところの間には柵がありました。こちらのほうは1段低くなっていました。宗教の教師も患者とは違うところに座り交わることはありませんでした。そういう人たちは患者の体に触れるということはなかったですね。(48頁)

第3に，人格の根底にある，結婚し，子どもを作る生殖の権利を奪われた。配偶者の選択の自由も著しい制限を受けた。女子の少ない中で，結婚できなかった人々も多い。

1950年6月27日，わたしは今の家内と所内結婚しました。結婚の条件として「優生保護法」に基づいて断種が行われるということは知っていましたけれど，その通知を受け，そしてその処置が行われた日のことは，今でもわたしの心の中に太い五寸釘を打ち込まれたように頭の中から消えることはありません。

今日になって園は，断種は強制でなかったというけれども，断種しなければ夫婦一緒に暮らすことは許されなかったし，結局は強制と同じだったんです。患者の不自由なからだと心理に巧みにつけ込んだ措置だったのです。(58〜60頁)

最後に，1960年代に闘争の結果改められるまで，患者らは，看護を含めた労働を強いられた。極めて安価の労働力として利用されたのである。末梢神経が麻痺している人々に重労働を課すのは，極めて危険な行為であり，その結果，指，手足を失った患者は数知れない。これらに対しては，労災が認定されることはなかった。

いま療養所の多くの人の後遺症は，戦前戦後の混乱期の中で働かなけれ

ば生きていけなかった，また働かなければ療養生活ができない，そういう中で生じた後遺症なんです。(22頁)

人権の侵害の認定は，まさにその個別性にあるから，ひとりひとりの人権侵害を認定する必要がある。その中で，原告にならなかった隔離下の人々はもちろん，今まで，隔離を受けた後社会復帰をとげた人々の人権侵害状況や，ハンセン病を隠して暮らさざるをえなかった人々の人権侵害状況に十分な解明が与えられていないことに留意する必要があろう。

原告になった人びとにおいても，裁判の証言台に立たされた際，国の指定代理人から不当な人権侵害を受けたり，心の深い傷となっている悲惨な出来事については語られないままであった（徳田靖之「ハンセン国賠訴訟と法律家の責任」法律時報73巻8号〔2001年〕1頁）。

5 「らい予防法」の制定過程

平沢保治は，訴訟の提起前から，実名を公表して，講演学習会活動を続けてきた。多磨全生園にあるハンセン病資料館の語り部としても活躍している。彼の例から顕著なことは，社会的抑圧，差別に対する闘いの中で，被抑圧者自身に，問題を解決する能力と鍵があることである。

「らい予防法」の憲法上の最大の問題点は，制定当初から，憲法に違反することが明らかな法律を，患者らの言葉に耳を傾けることなく，厚生省を中心とする法官僚と，「らい」を専門とする医師の主導で，国会が議決したことである。（昭和35〔1960〕年以降の同法の違法性を認定した上記判決もこの点を否定しない。）

「らい予防法」の制定過程において，最も重要な役割を果たしたのは，専門家の意見である。1951年，参議院の厚生委員会で光田健輔医師ら3園長が，「患者の意志に反しても療養所に収容できる法律，強権が必要であり，家族内伝染を防ぐために断種がよい。また逃走罪というような罰則をつくってほしい」という証言を行った（大谷藤郎『らい予防法廃止の歴史』〔勁草書房，1996年〕）。

この時の証言で，光田は，隔離に反対する患者の主張に対し次のように述べた。「それからもう1つ予防上申しておくのは，療養所の中にいろいろ民

主主義というものを誤解して，患者が相互に自分の党をふやすということで争っているところがございますし，それは遺憾なことで患者が互いにいがみ合っているようなことになっておりますが，これは患者の心得違いでありまして，そのためにそこの従業員が落ち着いて仕事ができない。結局は患者の不幸になっております」（藤野豊『「いのち」の近代史』〔かもがわ出版，2001年〕）。

光田には，患者を1人の人間として理解しようとする発想さえ欠如している。

「らい予防法」の制定過程において，問われているのは，「ハンセン病に罹患した市民には，隔離を受忍する義務があるのか」ということであった。その判断を行う専門家が歴史的制約下において，課される最も神聖な義務は，隔離を経験した患者の叫びをロマンチシズム抜きで，正確に認識することであろう（国家への遵法義務の問題は，社会契約論的思考によれば，市民相互の政治的義務に還元されるが，革命に直面する革命家，統治を信託された為政者，為政者に助言する専門家が共通に負う高度な義務は，自らが生きる社会とその可塑性ついての正確な認識である。特に，政策決定によって影響を受ける人びとにどのような人権侵害が及ぶかについての認識は最優先される（本書第5章参照）。ここには，そのような認識を行おうとする努力はない。

光田らの専門医師だけでなく，法制化に携わり，法執行を行った厚生省の官僚においても同じである。彼らは，法制定直後，全国国立癩療養所患者協議会（全患協，1951年発足）の間で行われた交渉の際に，ハンセン病には，隔離をする必要があるほどの伝染性があるという根拠すら示せなかった。

専門家が自己の専門性にあぐらをかくことなく，デモや座り込みまで行った，患者らの穏健で真摯な要求，疑問に答えていたら，そもそも立法当初において，隔離規定は存在できなかったであろう。厚生省が，国会答弁において，このときの患者らの主張の正しさを認めたのは，43年もたった「らい予防法」廃止時であった（大谷・前掲『らい予防法廃止の歴史』）。

6　ハンセン病経験者とともに

ハンセン病患者の隔離がないことを「国辱」と考え，民族浄化の名のもと

に，強制収容所ともいえる国立療養所を完成維持したことについては，専門家医師，官僚，政策決定機関たる天皇（戦前），国会（戦後）の責任の追及のみならず，社会にある差別を維持するうえで最大の役割を発揮する，「選択的無関心」の問題にもメスを入れる必要があろう。

　数十年にわたり，ハンセン病回復者，患者らに人権侵害を続けてきた我々の社会が，果たしてひとりひとりの事情に応じた救済を果たせるのだろうか。神谷美恵子（誰が彼女より偏見から自由だと主張できようか）でさえ気付くことのなかった，我々の社会の差別構造である。

　心病める人の社会復帰を前提に，完全開放医療を実践してきた群馬の三枚橋病院の石川信義医師は，「身近に患者と接する機会の多い人ほど，患者を受け入れる態度が良くなる。その機会の少ない人は，患者を避けようとする」という調査結果を発表している。また，アパルトヘイトという隔離政策を行いつづけた政府の政策を撤廃していった南アフリカの経験を踏まえ，ドミニコ会のノーラン神父は，『社会活動のための霊性』の中で，こう言っている。「私たちが貧しい人から学べるというのは，私たちが教育を受け，物質的に恵まれたゆえに犯しやすい過ちを，貧しい人々がおかすことはまずないからである」。

　我々が上記の困難にとりくむための戒めは，患者と回復者とともに歩みつづけた少数の専門家の発言の中にあるだろう（前掲『らい予防法国賠訴訟犀川一夫証言』）。

　ハンセン病問題にも，そのような専門家がいなかったわけではない。

　長島を退職した犀川一夫は，台湾，沖縄で在宅・外来医療を中心としたハンセン病治療を行うが，彼は，長島時代に，「治るから療養所にはいれ」と説得して歩いた経験や，断種を行った経験を持つ。彼の裁判証言は，このときの彼の医者としての良心の呵責に支えられている。

　この証言から浮き彫りになる今ひとつのことは，人権を侵害されたのは，患者・回復者だけでなく，専門家としての医師もそうであったことである。つまり，ハンセン病を発見した医師は，自ら治療を在宅でできないだけでなく，在宅しながら治療行為を受けられる病院を紹介する選択肢も奪われていた。ハンセン病を隔離することは誤りだと考える医師に，責任をもって治療を行う自由が，日本においては，1996年まで沖縄を除いて存在しなかった

のである（この事実は，そのような隔離政策を創設・維持した専門家の責任をいささかも軽減するものではないが）。

「政府は，公的資源を投入して，一定の価値を振興・奨励するプログラムの「基本方針」を策定することができるが，プログラムの具体化が，当該価値についての専門職の関与を待って実現されるものである場合には，右専門職は，その職責を全うするために，当該「基本方針」を「解釈」する自立的権能を与えられるべきである」（蟻川恒正「国家と文化」前掲『現代の法1』）と言われる。蟻川恒正のこの主張は，アメリカ合衆国の連邦法が，医師に中絶クリニックの紹介をも事実上禁じることを批判するコンテクストでなされている。自ら中絶を行うことができないだけでなく，およそ中絶という行為をアドバイスする自由をも奪うことは，専門家としての医師を否定することである，と。

この観点からすると，ハンセン病を自分の最善と考える治療方法（外来・在宅治療）で診察する医師の自由は「らい予防法」下において奪われていたのである。その結果，医師は，非人道的な隔離政策遂行のための道具として使われてしまう結果となった。

予防法の廃止だけでは，この自由は回復しない。そうだとすれば，ハンセン病の外来治療が確立されることこそ，患者・回復者の社会復帰を含めた，人権回復への土台ではないか。平沢保治もこの点について，「外来診療をどこの医療機関でもハンセン病を診察するようにしなければならない。それなくして問題解決にならない」（平沢・前掲『人生に絶望はない』）と主張する。

個々のハンセン病回復者に対する救済は始まったばかりである。

〔付記〕

本章執筆の過程で，多くの方々から貴重な助言を頂いた。特に，西日本国賠訴訟弁護団代表の徳田靖之弁護士から犀川証言の重要性などについて，有益な示唆を頂くことができた。記して謝する。

第8章　在日高齢者

——在日高齢者年金差別事件大阪高裁判決——

1　本件事案の概要

　第1審判決後死亡した元原告亡周（チュ）は，1923年11月に慶尚南道で出生，出生当時は日本臣民であった[1]。

　1940年に父を頼りに広島に来て以来，2005年9月に死亡するまで日本で生活していた，いわゆる特別永住者であった。

　1959年4月16日に国民年金法が公布され，同年11月1日付で施行された。

　拠出制年金の拠出開始時である1961年4月1日現在で，50歳を超える者は，拠出義務を免除されるだけでなく，70歳に達した時点で無拠出の福祉年金が支給されることになった。

　周はこの時点で37歳になっていた。拠出制を原則とする，国民年金給付を受けるためには，25年以上保険料を納付する必要があったので，37歳になっている人は年金に加入しても支給が受けることができない。そのため経過措置として，保険料の納付期間が緩和され，37歳になっていた人は，納付期間を大幅に緩和されていた。

　ただ，7条1項において「日本国内に住所を有する……日本国民」を国民年金の被保険者としていたから，旧植民地出身で日本臣民であった周は，日本国民でないという理由で，国民年金の加入資格を与えられなかった。

1　第1審大阪地判平成17年5月25日判例時報1898号（2005年）75頁，控訴審大阪高判平成18年11月15日（平成17年（ネ）第1986号第6民事部損害賠償請求事件，判例集未登載）。第1審については，丹羽雅雄「在日コリアン高齢者無年金訴訟」国際人権17号（2006年）117頁。

第2部　周縁化された市民の憲法訴訟

　1981年6月12日に公布され，翌年1月1日に施行された国民年金改正法は，「日本国民」という要件を撤廃し，当時56歳だった周も形式的には国民年金の加入資格が与えられた。

　ただ，保険料納付の期間は5年未満であり，このとき，日本国籍の人々には保障されていた旧法下の経過規定すなわち，50歳を超える者については，保険料納付義務がなく，70歳になれば，老齢福祉年金が支給されることとされていたのとは異なり，全く経過措置は講じられなかった。

　社会保険庁は，改正法施行前にわざわざ通達を出し，次の2項目を周知徹底させた。

「(拠出年金に関する事項)

　　新たに適用対象となる外国人に対して老齢年金等の受給資格の短縮等の特例措置は一切講じられていないものであること。

(福祉年金に関する事項)

　　老齢福祉年金については，過渡的な制度であり，本年（1981年）4月以降は補完的老齢福祉年金を除き日本人であっても新たに受給権を取得する者が生じないものであり，国籍要件を撤廃しても外国人に支給されることとはならないものであること。」

　通達の後者の点は，日本国籍で福祉年金の受給該当者は，改正法が施行される1982年1月1日，すでに全員70歳を超えており，該当者がいなくなるということを意味している。

　1985年5月1日に公布され，翌年4月1日に施行された国民年金改正法は，旧植民地出身者が国民年金の加入資格を認められていなかった1961年4月1日から1982年1月1日までの20年9ヵ月を老齢基礎年金を受給するのに最低必要な25年の一部とみなすという補完措置がとられたので，あと4年3ヵ月国民年金保険料の納付をすれば受給資格は一応発生することになった。

　しかし，周のように1986年4月の時点で59歳であり，納入期間が1年に満たない者にとってはほとんど意味のない改正であった。

　他の原告についても，周と同様な状況であった[2]。

　周は，自治体から1万円余りの特別給付を受けるようになり，その位のお金があれば中国で暮らせるという話を聞いて，中国に移住しようとしたが果

たせなかった。子供らに迷惑をかけたくない一心だったという。孫がきたとき小遣いをあげることもできない苦しさを1つの動機として，周は本件訴訟の原告となることに同意した。しかし，1審判決後，あまりの落胆と憤りで周は命を縮められる結果となった。訴訟を承継した周の長女は，「なんで日本人はこんなにも朝鮮人を差別するのか」と弁護団会議で言い続けてきた。この問いへの一応の回答が本章である。

2 大阪高裁判決の憲法および国家賠償法解釈

1959年公布の国民年金法の国籍条項および，1981年，85年改正法の立法の不作為が，憲法25条2項および14条1項に違反するか否かという点について，第1審判決は，日本国民と外国人一般の平等の問題として，問題を定式化し，その結論として「以上より国籍条項は憲法25条2項の趣旨を実現するための立法の際における立法府の裁量の範囲内にあるものであり，また何ら合理的理由のない差別であるとは言えず，憲法14条1項に違反しないというべきである」とした。

その後で，周のような「在日韓国朝鮮人を他の外国人と同様に扱うか，日本国民と同等に扱うかは立法府の裁量に属する」という在日と呼ばれる上告人らのような自らの意思によらないで国籍を喪失した人々と日本国民の間の平等の問題は基本的に憲法問題とならないという立場をとっていた。

---

2 大阪における「在日」高齢者の生活実態については，庄谷怜子＝中山徹『高齢在日韓国・朝鮮人——大阪における「在日」の生活構造と高齢福祉の課題』(御茶の水書房，1997年)。なお，庄谷教授は，田中宏教授とともに，本件1審において，鑑定意見書を提出された。本稿において，清宮四郎『外地法序説』(有斐閣，1944年)の検討を行ったのは，田中教授の資料提供と示唆に負ったところが大きい。

　石川健治「コスモス——京城学派公法学の光芒」酒井哲哉編『「帝国」日本の学知第1巻　「帝国」編成の系譜』(岩波書店，2006年)は，清宮『外地法序説』の分析のためには，イェリネックとケルゼンの国法学の理解が枢要であると説くが，清宮がそれらの理論では解明できない主張を行っていたことも事実であり，特に戦後の「国籍」についての議論において，上記『外地法序説』の知見を全く検討していないという問題が存する。

その前提として1審判決は，国民の年金の問題について，憲法25条との関係に触れ，「一方で性質上特段の事情が認められない限り，わが国に在住する外国人に対してもその保障が及ぶもの」としながら，他方で「外国人に対する社会保険を含む社会保障の責任は第一次的にはその者の属する国家が負うべきであるから……，自国民を在留外国人より優先的に扱われることも許されるべき」としている。

大阪高裁判決も1審判決の以上の憲法解釈を踏襲した。

以上を前提として，大阪高裁判決は，国会議員の立法過程における行動が個別の国民に対して負う職務上の法的義務に違反したか否かについて，すなわち，国家賠償法上の違法性について検討を加える。

この問題は本件においては，「国民年金法における国籍条項の創設，その撤廃時における経過措置を含む立法過程において，国会議員が，在日韓国人・朝鮮人に対して，たとい外国籍であっても，他の本邦在留外国人と異なる特別措置として，日本国民に対するのと同様に，あるいはこれに準じた立法を行うべく行動し，帰結するところは，国会において法律として定立すべき作為義務が存するか」の問題であると，大阪高裁判決はした。

そして，作為義務の存否については，1985年の最高裁大法廷判決の枠組みである，「個々の立法の定立，不定立を適法不適法をもって論ずべきは，立法の内容が憲法の一義的な文言に違反しているにもかかわらず，国会があえて当該立法ないし立法行為をおこなうというような，容易に想定し難い例外的場合以外には存在しない」という定式を採用する。

大阪高裁判決によれば，これを本件にあてはめると以下のようになる。

ア，① 戦前から引き続いて本邦に在留する朝鮮半島・台湾出身者およびその子孫については，
② 来日の経緯や，
③ かつて日本国籍を有していた事情を考慮して，
④ 平和条約発効後は在留資格の取得の特則を認めるなどの特別の法的地位を認め，
⑤ 今日では平和条約国籍離脱者等入管特例法により特別永住者という特別の法的地位と処遇が定められていることにみられるように，「これら在日韓国・朝鮮人の来日，本邦への在留とわが社会での生

活の定着の導因には、他の一般外国人にみられない歴史的背景は否定できない」
イ，上記アのような歴史的経緯と日本における生活の実情を考えあわせれば，
ウ，上告人が主張する，国民年金法の立法事実なるものは（日韓併合条約による我が国の植民地支配，同化政策をはじめとする朝鮮半島政策と在日韓国・朝鮮人の形成，戦後における選択の余地のない日本国籍喪失，異国での在日韓国・朝鮮人の生活実態等々の歴史的経過），「社会保障立法一般についても決して軽視できない一立法要素であることは否めない」
エ，しかし，大阪高裁判決は，次のような結論に至った。
　一国の法体系や法制度は当該国家と国民という単位を基礎としており，
　① 旧法の国籍条項において在日韓国・朝鮮人を除外する措置を講じなかったこと
　② 整備法附則について国籍条項撤廃の不遡及の対象から在日韓国・朝鮮人を除外しなかったこと
　③ 新法における老齢年金について在日韓国・朝鮮人に救済措置を講じなかったこと等々，
については，原告らの「憲法，国際人権規約上保障されている権利を違法に侵害することが明白であるとはいえない」とした。

3　本件事案において裁判規範として用いられるべき基準

　本件は，大阪高裁判決の認定したとおり，国民年金法の制定および改正時における国会議員の立法義務違反に基づく損害賠償を請求する訴訟である。
　そして，国会議員の立法義務の違反の有無は，「国会議員の立法過程における行動が個別の国民に対して負う法的義務に違反したかどうかの問題」である[3]。
　この点につき，2005年の在外日本人選挙権剥奪違法確認等請求事件における上告審において，最高裁大法廷は，法的義務違反にあたるかの基準として，
　① 立法の内容または立法不作為が国民に憲法上保障されている権利を違

法に侵害することが明白な場合や，
　② 国民に憲法上保障されている権利行使の機会を確保するために所要の立法措置をとることが必要不可欠であり，それが明白であるにもかかわらず，国会が正当な理由なく長期にわたってこれを怠る場合など，
を提示した[4]。
　そして，当該事案において，
　① 在外国民であった上告人らも国政選挙において投票をする機会を与えられることを憲法上保障されていたのであり，
　② この権利行使の機会を確保するためには，在外選挙制度を設けることなどの立法措置をとることが必要不可欠であったにもかかわらず，
　③ 1984 年に在外国民の投票を可能にするための法律案が閣議決定されて国会に提出されたものの，
　④ 同法律案が廃案となった後本件選挙の実施に至るまで 10 年以上のながきにわたって何らの立法措置もとられなかった，
立法の不作為が国家賠償法上違法と評価されたのである。
　この点を本件について適用するにはまず，上告人らに適用される限度において，国民年金法の立法の内容および立法の不作為が国民に憲法上保障され

---

3 最一小判昭和 60 年 11 月 21 日民集 39 巻 7 号 1512 頁。右判決の示した枠組みについては，否定的評価が学説において一般的であるが，「立法過程は単純な政治過程から複合的な法的過程として改めて捉えなおすことが可能となる」という視点から，請願，附帯決議などを立法義務の存否の判断において参照した在宅投票制札幌高判昭和 53 年 5 月 24 日（判例時報 888 号〔1978 年〕26 頁），熊本地判平成 13 年 5 月 11 日（判例時報 1748 号〔2001 年〕30 頁）を素材に，民主政に討議民主政（熟慮的討議における合意形成だけでなく，異議申立てを重視する）的契機を与えうるものであることを評価する駒村圭吾の主張がある。駒村「立法行為の違憲審査」小山剛＝駒村圭吾編『論点探究　憲法』（弘文堂，2005 年）321 頁，同「討議民主政の再構築――民主主義をめぐる『合意モデル』と『挑戦モデル』――」上田喜寿『立法の実務と理論』（信山社，2005 年）3 頁。

4 最大判平成 17 年 9 月 14 日民集 59 巻 7 号 2087 頁。右上記判決について，担当調査官は，「国会の立法又は立法不作為に係る国家賠償請求が認められる場合を実質的に拡大し，その請求を一部認容するなどしたもの」であると評価する。足立則彦「在外選挙権最高裁大法廷判決の解説と全文」ジュリスト 1303 号（2005 年）31 頁。

ている権利を違法に侵害することが明白であるか否かが問題になる。

　たしかに，宮沢俊義『憲法II（新版）』（有斐閣，1971年）には，参政権がその人の所属する国の政治に参加する権利を意味し，外国の政治に参加する権利を意味しないことは，国家というものの性質上，極めて当然である，社会権も同じようにまず各人の所属する国によって，保障されるべき権利を意味するのであり，当然に外国によっても保障されるべき権利を意味するのではないとされている。

　前述のように，本件において1審判決および原判決は，このような憲法解釈を行った。

　しかし，このような考え方は，現在では改められ芦部『憲法（第4版）』（岩波書店，2007年）では，「定住する在日韓国朝鮮人の実態を考慮し，できる限り日本国民と同じ扱いをすることが憲法の趣旨に合致する」ということが述べられている（なお，芦部『憲法学II』〔有斐閣，1994年〕136〜138頁）。

　したがって，原判決が，「軽視できない一立法要素」と認めた原告ら在日韓国人にかかる立法事実に基づいて，1959年国民年金法の国籍条項について，立法の必要性，合理性が判断されなければならない。具体的には，「特別永住者はその住所を有する地方公共団体の自治の担い手の1人であり，その法的地位，職業選択の自由の人格権的側面，特別永住者の住民としての権利等を考慮すれば，特別永住者が自己統治の過程に密接に関係する職員以外の職員となることを制限する場合，その制限に厳格な合理性が要求される」（2005年1月26日最大判泉反対意見）という違憲審査基準が適用されるべきである[5]。

　上記違憲審査基準は，東京都の管理職採用試験において，地方自治体の住民たる実態をいわゆる在日と呼ばれる特別永住者が持っているということに着目しているものであるが，国民年金法の立法目的である「日本国憲法第25条第2項に規定する理念に基づき，老齢，障害又は死亡によって国民生活の安定がそこなわれることを国民の共同連帯によって防止し，もって健全な国民生活の維持及び向上に寄与すること」から考えれば，立法目的を達成する手段として，在日と呼ばれる旧植民地出身者を国民年金の受給資格の対象とするかについて，立法府が考慮した立法事実に加え，その後の社会経済上の変化も考慮に入れたうえで，立法の合理性が判定されなければならな

い[6]。

　これを本件についてみれば，社会保障を受給する権利については，財政上，技術上の見地から国会の広範な立法裁量が認められるべきだとしても，1959年の国民年金法の制定時点において，

① 1952年に日本国籍を自らの意思によらず喪失したが，日本に定住し特別の在留資格を与えられていた上告人らとの関係において，社会の共同連帯の一環として，年金加入の機会が与えられるべきことが，日本国籍者と全く同様に，上告人らの社会保障を受給する権利として保障されていたのであり，

② この権利行使の機会を確保するためには，上告人らに年金受給資格を与えたうえで福祉年金や納入期間についての経過措置をとることが必要

---

[5] 最大判平成17年1月26日民集59巻1号128頁。大沢秀介は，右判決について，「泉反対意見が説くように，特別永住者等の定住外国人の法的地位を考慮すると，厳格な合理性の基準が適用されるべきであろう。特別永住者の扱いについては，他の外国人と区別し優遇する必要がないと説く藤田補足意見があるが，特別永住者の歴史や生活実態等を併せ考慮する必要があろう」と主張する。ジュリスト臨時増刊『平成17年度重要判例解説』（2006年）13頁。

　なお，藤田補足意見は，外国人と特別永住者の法的地位の違いについて，明文の法律上の根拠の有無を決め手とするが，本文で以下に述べる理由により，韓国併合条約を法体系の出発点としない限り，国籍による選別の根拠を法体系に求めることはできないから，そのような立場をとる点は再考されるべきである。1952年通達だけでなく，現在においても最高裁が「共通法秩序」があたかも有効であったかのようにして「国籍」について判断していることが，この点において決定的である。

[6] 大石和彦「最大判平成16年1月14日民集58巻1号56頁——参院選挙区選出議員定数配分規定が憲法に違反しないとされた事案——」白鷗法学24号（2004年）145頁，149頁は，「立法裁量論を共通前提とした上，本件原告を勝たせられそうな議論を捻出することもまた，実践的議論としての憲法解釈論に要請される仕事」という見地から，同判決の補足意見が，従来行政裁量論において「判断過程審査」と呼ばれてきた手法を立法裁量へと応用したことに着目する。大石・前掲151頁。

　大石が着目した補足意見は，「当然考慮に入れるべき事項を考慮に入れず，又は考慮すべきでない事項を考慮し，……といった問題は，立法府が憲法によって課せられた裁量権行使の義務を適切に果たしているか否かを問うものとして，法的問題の領域に属し，司法的判断になじむ事項」であるとしている。

不可欠であり，
　③　日本国籍保持者との関係で設けられた経過措置について，附則等において，平和条約で国籍を喪失し，その後日本で定住し特別の在留制度が適用されていた上告人らに対し，上記経過措置等を設けることが極めて容易であったにもかかわらず，
　④　1959年の時点でそのような措置を設けなかった，
国会の立法行為（不作為）は明らかに憲法25条および14条に違反するものである。
　老齢，障害または死亡に備えなければならないのは，日本国民たると旧植民地出身たるとを問わない，連帯の必要性を持った事項である。
　1959年の国民年金法制定の立法事実において，特に旧植民地出身者との関係で，国籍条項を設ける際，その対象を限定するかどうかが立法府によって考慮された形跡がないが，このことは，立法の合理性を支える立法事実の不存在を強く推定させるものである[7]。

4　原告らの国籍喪失の経緯の立法事実としての重要性

　それだけではない。そもそも，周らの在日高齢者との関係において，国民年金の加入資格の基準として「国籍」を要件とすること自体が，明らかに，憲法14条の規定する法の下の平等に違反するものである。
　1952年4月の日本国との平和条約の発行時点までは，上告人らは日本国民であった。
　1910年のいわゆる韓国併合条約により，韓国人は併合の当時，韓国内に居住していたか否かにかかわらず，ことごとく日本国籍を取得した。

---

[7]　社会保険庁年金保険部国民年金課編『国民年金25年のあゆみ』（ぎょうせい，1985年）33頁以下は，国民年金法の制定経過において，1959年2月13日の衆院本会議における野田議員と滝井議員との質問とそれに対する政府側答弁を掲載し，「国会における審議の状況を端的に示すもの」とする。
　　そこには，原告らの平和条約により国籍を喪失し，日本に定住していた人々に対する考慮は，全く欠如している。

しかし，上告人らは日本国籍を取得したものの旧憲法下で，外地臣民という「身分」を与えられ，その「身分」は戸籍法ではなく，朝鮮戸籍令に基づく戸籍に登録されているという標識により，明らかにされていた。

1944年に刊行された当時東北帝国大学教授であった清宮四郎が著した『外地法序説』は，この点について以下のように述べる。

「わが現行制度上の有国籍人は，更に，皇籍にあらせられる天皇及び皇族，王・公籍を有せられる王・公族及び臣籍を持つ一般臣民に分かたれる」

「内地人と外地人とは異法人域をなし，その身分に基づいて法上異なる取扱いを受ける」

「実際上多くの場合において，内地人は即ち戸籍法の適用を受ける帝国臣民である」

「内地人から外地人へ或いは外地人から内地人への身分の変更は，結局本籍の変更を要するが，一般に戸籍法の適用を受ける内地人と戸籍法の適用を受けぬ外地人とは相互に身分変更の自由はない」。

内地臣民と外地臣民の区別は，身分であったのである。

ただ例外的に，婚姻とか養子縁組とかによって朝鮮人が内地人としての本籍を取得して，朝鮮人としての本籍を喪失したり，内地人が朝鮮人としての本籍を取得することによって内地人たる本籍を喪失することはできたが（共通法2条），それ以外の本籍の内地外地間の本籍の移動は禁止されていたのである[8]。

身分であってみれば当然である。

1991年の時点において，法務省民事局第5課補佐官小柳稔（当時）は，以上の事態について，「これは，内地人は内地に，外地人は外地に，それぞれ民族的地域社会に身分上専属するという我が国の統治政策によるものであった。これは，内地と外地，又はA外地とB外地という地域相互間に家籍ないし身分籍の混同を許さないという原則である。この原則は，我が国が複数の民族で構成されることとなったことから，国籍を同じくする1つの国家社会内でもさらに各民族共同体の識別が必要になったことによるものである。個人は1つの家の構成員であるとともに，また1つの民族社会の構成員であるということを意味する」（民事月報46巻8号〔1991年〕）。

この制度は，朝鮮に居住する朝鮮人だけでなく，内地に居住する朝鮮人に

ついても同じであった。

　しかし，このような，いわゆる共通法秩序と呼ばれる身分秩序は，1945年10月15日民事局長回答をもって停止され，実効性を失った。

　しかるに，1945年12月17日公布された衆議院議員選挙法の一部を改正する法律は，附則5項において「戸籍法の適用を受けざる者の選挙権及び被選挙権は，当分の内これを停止する」とし，上告人ら戸籍法の適用を受けないものを選挙権等の対象から排除した。1947年2月22日公布の参議院議員選挙法の附則9条も同様であった。

　さらに，1947年5月2日に公布・施行された最後のポツダム勅令である「外国人登録令」（昭和22年勅令207号）は，「台湾人のうち外務大臣の定める者及び朝鮮人は，この勅令の適用については，当分の間，これを外国人とみなす。」（同令11条1項）とし，日本国民である上告人らを「外国人登録」の対象とした。

　1947年5月3日，日本国憲法が施行され，憲法14条により法の下の平等

8　日本国の侵略と植民地統治の法的分析にとって，共通法の分析が極めて重要であるが，この点に関する分析として，浅野豊美「植民地での条約改正と日本帝国の法的形成——属人的に限定された『単位法律関係』と『共通法』の機能を中心に」浅野豊美＝松田利彦編『植民地帝国日本の法的構造』（信山社，2004年）85頁，同「国際秩序と帝国秩序をめぐる日本帝国再編の構造——共通法の立法過程と法的空間の再定義」浅野＝松田編『植民地帝国日本の法的展開』（信山社，2004年）61頁がある。

　　後者において，浅野は，「民事法上で『戸』を公証するに過ぎない戸籍法令が，帝国法制全体の実質的な扇のかなめの役割を果たし，『不安定な穴』ともなりかねない状況がうまれた」という分析を示し，この点を敷衍して，「正確には，『台湾人』『朝鮮人』という枠組みを維持する機能を担ったのは，日本国籍取得の経緯という国際法に由来する国内の公法上の地位である。それを以後も維持する役割を，本来は私法に属する戸籍法令が担った」という注目すべき指摘を行っている。

　　「朝鮮人」の「日本国籍取得の経緯」は韓国併合条約であった。水野直樹「国籍をめぐる東アジア関係——植民地期朝鮮人国籍問題の位相——」古屋哲夫＝山室信一編『近代日本における東アジア問題』（吉川弘文館，2001年）は，日本政府が植民地末期においても，あくまで朝鮮人には国籍離脱を認めない意思を示し，「国民」としての権利・自由を与えることに否定的姿勢をとり続けたと評価する。国籍法を朝鮮半島に施行しなかったというのは，まさにこのような意味を持つ。

が保障されることになった。「法の下の平等は,何よりもまず封建的身分制度に対する闘いの原理」として主張された。

この日失効した明治憲法は,万世一系の天皇が神勅に基づき統治するという原理に基づき,世襲天皇制の藩屛として1884年以降華族制度を設けて貴族院議員たる特権その他の身分的特権を認めていた。また,上記のように「外地人と内地人とのあいだにも,いろいろな差別が存した。たとえば,兵役の義務は,つねに内地人に対してのみみとめられ,外地人に対しては,みとめられなかった。この点では,内地人が外地人に対して不利益待遇を受けたように見えるが,兵役の義務は,当時は,名誉ある権利だと説明されたから,この点では,外地人が不利益な差別待遇を受けたと解されたのである」(宮沢・前掲『憲法Ⅱ』)。

しかし,「国民のあいだに,かような,主として出生によって決定される種類の別をみとめることは,いうまでもなく,法の下の平等に反する。……そこで,日本国憲法の下では,外地人は存在しなくなったし,華族は,廃止され(憲14条2項),士族と平民という名称も,廃止された」(宮沢・前掲『憲法Ⅱ』)。

1948年1月1日公布・施行された戸籍法は,附則128条で「旧法による戸籍は,これを新法の規定による戸籍とみなす」という経過規定が置かれたが,上告人らのようにこの時点ですでに失効していた朝鮮戸籍令に登録されていたものは,「外国人登録」の対象になっただけであり,日本国民たる地位を公証する制度を欠く状態に置かれたまま放置された。

一方,1948年8月15日大韓民国が樹立宣言をし,12月20日に国籍法を制定し,49年11月24日には,在外国民登録法を制定した。その結果,大韓民国法との関係では,上告人らも大韓民国籍を取得するとともに,在外公館での国民登録を義務付けられたが,日本国は大韓民国の独立を承認していたわけではないから,上告人らは日本国との関係では日本国籍者であった。

1950年公布の公職選挙法は,附則2項で「戸籍法の適用を受けない者の選挙権及び被選挙権は,当分の間,停止する」とした。

1950年7月1日国籍法が施行され,旧国籍法は効力を失った。旧国籍法の身分行為に基づく国籍の取得や夫や親の取得による随伴的国籍取得が廃止されたが,もともと,上告人らは,旧国籍法によってではなく,日韓併合条

約(あるいはそれに基づく慣習)によって国籍を取得したとされていたから,この改正によって,上告人らの地位が変わることはなかった。

1952年4月28日,日本国との平和条約が発効したが,その2条(a)項は,「領域」に関する規定として「日本国は朝鮮の独立を承認して,済州島,巨文島及び鬱陵島を含む朝鮮に対する全ての権利,権原及び請求権を放棄する」という規定を有していた。

発効に際し通知された,1952年4月19日民事甲438号法務府民事局長通達(「平和条約の発効に伴う朝鮮人,台湾人等に関する国籍及び戸籍事務の処理について」)は,日本国との平和条約発効の日から,「朝鮮の領土の分離に伴い,朝鮮人は,内地に在住しているものを含めて全て日本の国籍を喪失するとし,元朝鮮人であったものでも条約の発効前に内地人と婚姻,養子縁組等の身分行為により,内地の戸籍に入籍すべき事由の生じたものは,引き続き日本の国籍を保有する」とした[9]。

韓国併合条約の解釈により,日本国籍を取得した上告人らは,日本国との平和条約の解釈により,日本国籍を喪失したのである。

1952年4月28日に発効した,日本国との平和条約による周らの国籍喪失の経緯は以上のようなものである。

この経緯に照らすならば,周らのような在日高齢者との関係で「国籍」を持ち出すことは,憲法が施行された時点ですでに実効性を失っていただけでなく,法の下の平等の見地から絶対的に認められない「内地人」「外地人」という身分により差別を行うことを意味する。

このような不正義が行われていいはずはない(大阪判決が先例として挙げる昭和34年の最高裁大法廷判決は,内地出身女性の国籍喪失に関するものであり,本件事案とは全く関係がない)。

したがって,「内地人」「外地人」という身分上の差別に基づいて,国籍の有無を画した点で,上告人らのように日本に定住していた「外地人」に適用される限度で,国民年金法の国籍条項は,制定当初から明らかに憲法14条に違反し無効なものであった。

---

[9] 大沼保昭『在日韓国・朝鮮人の国籍と人権』(東信堂,2004年)は,この通達及び最高裁判決の論理を徹底的に批判した大沼の論文を収録したものである。

第2部　周縁化された市民の憲法訴訟

　それでも，周ら在日高齢者が「自らの意思において」日本国籍を離脱し，大韓民国国民になったというのであれば，日本国籍離脱に相当の合理性があったといえるが，そのような経緯は全くない。

　これに対し，亡周らが1952年の国籍喪失以降，積極的に日本国籍を主張することがなかった事実，あるいは帰化を申請しなかった事実は立法事実としては，考慮の外におかれるべきである。

　すなわち，創氏改名などの日本の植民地政策，帰化における同化政策などの問題点もさることながら，上告人らのそれまでの日本国籍の根拠が「日韓併合条約の締結」という，国際法上明らかに無効な侵略に依拠するものであったからである。

　周ら在日高齢者に対し，植民地支配のため付与され，植民地を喪失したから喪失したとされる「国籍」を基準として「現在の法律問題」を解決することは，日本国の側から信義則上許されない。

　浅野豊美が主張するように，韓国併合条約という国際法上の根拠により取得された在日高齢者の国籍は，総督令であった朝鮮戸籍令により維持された。そうだとすれば，戸籍法の適用のない原告らの国籍喪失を法的推論の根拠とすることは，国籍取得の経緯である韓国併合条約を持ち出すことを意味する。

　つまり，侵略のシンボルであるだけでなく，植民地支配の法的根拠の源泉であった「韓国併合条約の締結」を有効として，原告らに押し付けることを意味するのである[10]。

　現在本件は，最高裁判所に係属中である。

　最高裁判所にはこのような侵略の正当化の過ちから脱却する責任がある。

　この点，法哲学者の阿部信行が，「法体系」の交代理論を検討する文脈で，「新体制」はその確立後できるだけすみやかに，過去の事件（とりわけ大規模人権侵害）をあらためて見定め（Truth）その救済と引き裂かれた社会の和解修復をめざす（Justice），という課題」のための「移行期正義・司法論」を強調する点が参照に値する[11]。

〔付記〕
　本章脱稿後（2007年1月18日），駒村圭吾「特別永住者の法的地位と『帰属なき身分』のゆくえ」法学教室319号（2007年4月号）61頁に接した。本章は，

第 8 章　在日高齢者

大阪高裁判決の上告理由書の筆者担当分を下敷きにするものであるが，その考え方の概要は，駒村教授の主催する慶応義塾大学の人権法務ワークショップにおいて，2006 年 11 月 30 日に著者が講述したものである。

10　近藤敦「コメント：社会権の権利性——国際人権法を意識した憲法理論の展望と課題」国際人権 16 号（2005 年）87 頁において，本件のような問題は，「本質的には，朝鮮戸籍などの民族的徴表を理由として国籍を喪失させたことに起因する民族的出身（National Origin）による差別の問題として新たに位置付ける視点が重要である」と指摘する。

　なお，高橋正俊「日本国民の観念」佐藤還暦『現代立憲主義と司法権』（青林書院，1998 年）515 頁，534 頁以下は，「日本政府は初期設定として，旧日本国籍保持者から外地人を控除する形で日本国民を決定したのであるが，それはまた，国内法的な条件としての憲法における日本国民像とも抵触するとは考えられない」とする。しかし，本文で述べたように，「身分」に基づいて国民の範囲を決定することは認められないし，1952 年 4 月 28 日の「初期設定」を 1947 年 5 月 3 日と重ね合わせるのは無理であろう。それだけでなく，高橋の言う「天皇を象徴とする共同体の構成員」が日本国憲法の「われら」というのは，天皇の地位が「主権の存する国民」の意思に基づくという 1947 年憲法の論理を転倒させるものである。

11　阿部信行「『法体系の交代』理論をもとめて——ケルゼン・ハート二つの革命論」法学 69 巻 6 号（2006 年）22 頁。

第3部

刑事訴訟における市民の権利の位相

「憲法を蘇生させるには、憲法が瀕死の状態に陥っている原因を正確に分析しなければならない。これは政治的・経済的・社会的等々多角的分析を要するが私たち法律実務家の第一次的任務は、法廷を通じての原因の探求である」。
(熊野勝之「特集：憲法50周年」大阪弁護士会報205号より)

第9章　刑事手続における沈黙の自由
——市民の政治的義務には自白の義務は含まれない——

1　功利主義対切り札としての人権

　1994年に，黙秘権 (right to silence) の母国イギリスにおける重大な法改正が行われた。94年法改正に至る背景，経緯，内容については，すでに刑事訴訟法学の井上正仁によって詳しく分析されているので，ここでは要点のみを扱うにとどめたいが，警察の取調べに対する黙秘，公判での証言拒否について，不利益証拠とすることを一定の場合，認めるという証拠法の改正であった[1]。

　ベンサムが，彼の当時のコモン・ロー法原則であった黙秘権を，功利主義の立場から非難したのは，ブラクストン (Blackstone) 流の釈義 (commentaries) 学の方法論に対する根幹的な非難の一部としてであった。「なぜ政府

1　The Criminal Justice and Public Order Act, 1994 Part III, §§ 27-37. 同法は1995年3月1日から施行された。その内容は，概略次のとおりである。(1)被疑者が警察官から質問を受けた際に，後の手続で同人が防禦上主張することになる事実を，当時の事情からみて，その場で述べておくことが合理的に期待できる場合であったにもかかわらず (could have been expected to mention)——述べなかったときは，公判において，裁判所ないし陪審は，被告人に不利益(adverse)な推認を行うことができる。(2)被告人が証言を拒絶した場合，裁判官および検察官は，適当と思われる推認をすることを陪審に促すことができる——その推認には，不利益な証拠に対し，被告人の説明はなく，したがって有罪であるという「常識」的推認を含む。(3)裁判官および陪審は，尋問された際の着衣・身体の状態や，逮捕時に所持していた物件，または，逮捕の場所に所在した物件・痕跡につき，警察の尋問に応答しなかった事実から，不利益な推論を行うことができる。(4)被疑者がある場所にいたという事実についても，(3)と同様である。この改正の背景については，井上正仁「イギリスの黙秘権制限法案(1)，(2・完)」ジュリスト1053号39頁，1054号88頁 (1994年)。

はあるのか。なぜ，人は政府を必要とし，それに服従せねばならぬのか。政府の法を導く真の原理は何か。」これらの問いに答えることなしに，現行法を解説するだけの法学への挑戦の一環であったと思われる。

ベンサムは言う。「あらゆる階級から全ての犯罪者が一同に会し，自分たちの望むとおりの制度を作るとしたら，彼らの安全のために真っ先に選ぶのが黙秘権ではなかろうか。無実の者は話す権利を主張するのに対し，有罪の者は沈黙の自由に訴える[2]」。今回の法改正に先立ち，1988年から北アイルランドにおいて同内容の法が施行されていたが[3]，「テロリストを有利にするだけだ」という，ベンサム流の考えが改正の背後にあったのは確かであろう。黙秘権の法制史については争いがあるが，今回の改正で焦点となった，刑事陪審に対し，検察官と裁判官が不利益な証拠として，被告人の黙秘を援用してはならないというルールが，重要な構成要素であったことは疑いなかろう[4]。常識は，しばしば偏見に満ちている。沈黙から不利益な推認をしてはならない，というのが，必ずしも１つの原理から説明することができないにせよ，経験に基づくコモン・ローの叡知であったのである。

ベンサム流の功利主義からすれば，被告人の窮状に視点を置くアプローチは，社会全体における「最大多数の最大幸福」という原理に明白に反することになろう。今回の改正が，ベンサム流の功利主義の結果であるとして，その問題点を考察する必要が喫緊の課題として浮上する原因がここに存する。なぜなら，ベンサム流功利主義は，黙秘権だけではなく，人権の概念自体を否定する論理であるからである[5]。

功利主義の理論的優秀性を認めながら，その帰結から生ずる様々な「個人

---

2 J. Bentham, "Treatise on Judicial Evidence" London (1825), p241. ベンサムの功利主義からの，ブラクトンの批判については，J. Bentham, "A Fragment on Government" (Cambridge texts in the History of Political Thoght, 1988). 特に Ross Harrison による解説参照。

3 The Criminal Evidence (N. I.) Order. 同法は，1988年12月15日に施行された。

4 改正前の法状態については，井上・前掲注(1)ジュリスト1053号40〜43頁。

5 この点については，長谷部恭男『権力への懐疑』（日本評論社，1991年）61〜67頁。同書への「懐疑」として，遠藤比呂通「憲法学のメタ理論とは何か」杉原泰雄＝樋口陽一編著『論争憲法学』（日本評論社，1994年）371頁。

の尊厳」への侵害を防止するために「切り札としての人権」の正当化に傾注したのが、ドゥオーキンであった。後で述べるように[6]、「功利主義だけに基づいていたのでは、ある利益がある個人に人権として与えられたという命題」が説明できなくなってしまうので、ドゥオーキンの正義論を考察の基本的枠組みにしておきたいと考える[7]。

ドゥオーキンは、「道徳的被害」(moral harm) という概念を使用することで、功利主義計算のみに基づく刑事手続の不都合を指摘する[8]。彼によれば、刑事手続において、「無罪の者が、どんな費用を掛けても、最も誤判可能性の少ない裁判を受ける権利」を持たないのは確かにしても、逆に、社会全体の利益になる場合に限って、被疑者・被告人に手続上の保障が与えられるという制度も公正な見地からは容認しがたい。

無実の者が刑罰に処せられるのは、それが官憲の故意によって行われる場合はもちろん、事故であったとしても、容認しがたい moral harm を惹起させるというのが、ドゥオーキンの主張である。功利主義が計算の対象とする、主観的な被害（bare harm）に還元されない不正義が社会に発生したからである。そして、重要なことは、平等な尊重と配慮を行う義務を持つ社会は、各人を主観的被害において全て同等に扱う必要はないが、道徳的なそれに対しては、平等な取扱いをすべき義務を持つことである。

このことから刑事制度の設営に際し、被告発者に対しては、次の2つの手続的権利が派生する。第1は、道徳的被害に対して、正しい重要性を持って対処してもらう権利である。弁護人の援助に対する権利は、この第1の権利に含まれよう。第2は、道徳的被害の重要性について、一貫して考慮してもらう (a consistent weighting) 権利である。実際上の重要性は、特に後者の権利にあるので、若干敷衍しておくことにしよう。

刑事実体法と刑事手続法の全体を通じて、一貫した考慮を行うということは、時系列的（つまり歴史的）に、その社会が道徳的被害にどのような対処をしてきたかというレベルおよび、他の人々に対してどのような考慮をして

---

[6] 本書第10章。
[7] 本書第10章。
[8] R. Dworkin, "A Matter of Principle" pp.72-92(1985).

いるかの2つのレベルにおいて問題となりうる。前者は、たとえば陪審の人数が12人であったのは歴史的にしか説明できないという点にかかわる。後者は、死刑事件だけ陪審を6人に減らすのは、手続違反になるということである。

今回の黙秘権制限の法改正を素材に、以上のドゥオーキンの権利論がどのような意義を持つか検討してみよう。被疑者が警察署において、物的証拠を示されながら弁解を求められたにもかかわらず黙秘した場合、後の公判廷において、不利益な推認を行うことを、裁判官、陪審に許すという点について、まず考察しよう。今回の法改正において最も問題となっている点だからである。

まず、この論点との関連で問題となる道徳的被害（moral harm）を特定する必要が生ずる。黙秘権の道徳的正当化については、様々な事柄が挙げられる。列挙すれば、誤判の防止、無罪の推定、プライヴァシーの保護、被告人を残酷な選択に直面させないことの4つである。これらの4つのうちのどれか1つに収束するものではないと思われるが、功利主義を制限する道徳的被害という観点から重要なのは誤判の防止、無罪の推定である。。

プライヴァシーの権利は、人間のアイデンティティの中核にある良心の自由を保護するには不可欠であり、特に密室での取調べにおいて重要な機能を果たすのは、否定すべくもないが、一旦侵害されたプライヴァシーが、公判での証拠法則との関係で特に重要な働きをなすわけではないので、実際にコモン・ロー上発展してきた黙秘権の説明としては十分なものではない、とされている。次に、被告人に残酷な選択を迫る、という点については、どうか。

もし取調べ中の被疑者に黙秘権が認められないとすれば、自己に不利益な供述をするか、沈黙をして尋問を長びかせた上で、沈黙を自己の不利益に解釈されるという、残酷な選択を被疑者に迫ることになる。それを回避するために、黙秘権が認められる、というのである、この説明は、黙秘権の歴史的説明としては優れているが、有罪の被疑者にしかあてはまらないという限界を持つ。ベンサムがこの点を揶揄して"foxhunter's reason"と呼んだのは有名である。

今回の改正は、この第4の説明からすれば、あるいは合理性があるものかもしれない。沈黙の全てについて不利益推認をすることを認めるのではなく、

黙秘が有罪の証拠となるような合理的場合に限定して，陪審へのコメントを認めたとも解しうるからである。しかし，極端に情報が制限された密室で尋問を受ける被疑者にとって，どのような場合が，法の言う「合理的場合」に該当するかについて判断を迫るのは，やはり無理であろう。

　この問題の専門家であるデニスは，以上のような検討を行ったうえで，最終的に次のように述べる[9]。「自己負罪拒否特権が最も関心を払うのは，捜査に対して，被疑者・被告人を協力させようと強制する点にある。強制に対してなされる最大の反論は，被疑者・被告人を，証拠を引き出すための物として扱うことに求められる。カントの道徳によれば，人格の中核にあるものに対する侵害であるという推定が成り立つ」。

　我々も，このデニスの定式化に従って，被疑者の黙秘権に関する道徳的被害（moral harm）を特定することにしよう。ドゥオーキンの言う，第1のレベルの権利については，議会が法律として，一定の道徳的被害に，ある重要性を付与したのだから，特に問題はないと思われる。問題は，第2レベルについてである。イギリス法の歴史，実務と深く関係するので，ここでは，問題の指摘にとどめざるをえないが，次の2点について触れたい。

　第1は，黙秘権の歴史とかかわる。黙秘権の歴史上の起源については争いがあるようであるが，16世紀から17世紀に行われた異端審問，特に国王によって設立された大権裁判所（Court of the High Commision や Star Chamber）の手続において，異端とされたピューリタンの人々（特に名高いのが，ジョン・リルバーンである）が，宣誓した上で嘘がつけず有罪となるか，偽証に問われるかのジレンマを回避するため，宣誓拒否をしたことにその起源を求めるのが有力である[10]。

　沈黙の自由が，良心・信仰の自由と深く結びついていたことは，その後の黙秘権の発展の歴史の中で，先に述べた人格の不可侵という形をとって，現在にまで継承されている。今回の改正も，被告発者に供述義務を課したり，

---

[9]　Ian Dennis, "Instrumental Protection, Human Right of Functional Necessity? Reassessing the Privilege against Self-Incrimination" 54 C. L. J. 342,375(1995).

[10]　黙秘権の歴史については，澤登文治「自己負罪拒否権の歴史的展開(1)，(2・完)」法政理論24巻2号（1991年）153頁，25巻1号（1992年）124頁。

供述拒否を犯罪にしているわけではないことは，この点を配慮すれば当然であろう。不利益の推認を一定の場合認めることは，間接的に供述義務を課したことにならないか，改めて考える必要があろう。

　第2は，先にも述べたように，全ての犯罪被告人について，不利益な推認が認められるわけではないことである。立法過程においては，この点はまさに黙秘権に配慮してのことであることが窺える。しかし，「合理的な場合」が被告人にとって不分明であるだけでなく，物的証拠を被告人と結びつけるのが「合理的な場合」を意味するとすれば，正に「無罪の証明」を被告人は迫られていることになる。嫌疑があるから被告人となっているのであろう。「沈黙」が嫌疑を深めるというなら，被告人に対して供述義務を課すのに等しいのではないか。

2　リベラリズム対コミュニタリアニズム

　以上が，法改正をベンサム流の功利主義からのものであるとみた上で，「切り札としての人権」という見地から批判的に考察した推論である。ただ，今回の改正は，功利主義対人権という構図だけでは捉えられない要素を持っているように思われる。なぜなら，今回の改正について，「犯罪に対する厳しい基本姿勢を示す象徴としての意義を持つに過ぎないものというべきかもしれない」という評価が，一方で有力であるからである[11]。

　メージャー政権の"Back to Basics"の一環としてなされたことからわかるように，法秩序，政府への信頼を回復し，不満を抱く保守党支持層をつなぎとめるための政策とも言えるからである。社会の伝統を強調し，社会を成り立たせている紐帯に目を向けるべきであるという，コミュニタリアニズム的考え方が，この改正の背後にある。そうだとすると，違った観点からの考察が必要となってくるだろう。

　黙秘権は，市民社会と個人，国家の関係を考える上で，歴史的にも，理論的にも，中心的地位を占める。先に簡単に触れたように，16・17世紀イングランドに起源を持ち，コモン・ロー上の法原則となる一方，北米・特にア

11　井上・前掲注(1)ジュリスト1054号92頁。

メリカ合衆国において，連邦憲法上の権利となるのみならず，1966年のミランダ判決によって，証拠排除と不可分な形で，具体的な予防準則 (prophylactic rule) に定式化されている。

ミランダ判決が，「我々がここで直面している諸事件は，合衆国の刑事司法を我々がどのようなものとして考えるかについての根本にまで達する諸問題を提起」すると言うように，密室での取調べの強制的性格をどのように法的思考に取り込むか，という問題こそ，その社会が，どのような法制度を持っていると言えるかについての，バロメーターであったのである。ミランダ判決が，捜査段階という，法的規制が容易でない部分に，メスを入れたのは，この理由に基づく[12]。

理論的な問題を理解するためには，コミュニタリアニズムの主張に耳を傾けるのが合目的的であろう[13]。リベラリズムが，社会と隔絶した状況においても (あるいは，おいてこそ，と言うべきか) 選択の自由を行使する個人を理論の出発点に置くのに対し，コミュニタリアニズムは，そのような自我を考えるのは非現実的であるばかりでなく，個人の生を真に意味あらしめるものではないと主張する。両者の考える極限状況が，取調室に存在するのである。

我々が，社会の構成原理として，正義の原理を必要とするのは，我々の社会の本質的特徴をなす，資源 (resouces) の稀少性という事実による。政治は，資源の再分配に関する事柄であって，その政治を規制する原理が正義の原理である。1971年に，"A Theory of Justice" を著し，正義論を復権させたロールズは，公正な手続で全員一致で選択する諸原理こそ，社会の根幹にすえられるべきであるとする (Justice as fairness)。

公正としての正義において，自己の属性について，つまり，自分の所属する社会も，その社会と自分の関係も，自分の性別，身体的特徴も，全てについて無知な個人が，他人をうらやむことなく，選択する諸原理が重要視されることになる。自分がどのような人生を生きがいとして選択し，生の目的と

---

12 以上の点については，本章第10章。
13 Communitarianism と Liberalism の対立については，Will Kymlicka, "Liberalism, Community and Culture" (1991); "Contemporary Political Philosophy: An Introdution" (1990).

して何を持ち、どのような信仰を持つのかを全て知らない人間が、自己利益を最大化しようとするとき選択するのは、功利主義的な諸原理ではなく、各人に平等に与えられる基本的諸自由と、それが満たされる場合に、不平等が認められるのは、社会の最低辺に置かれた人々が有利になる施策に限られるという平等原理、であると言う。なぜなら、不確定が支配する状況においては、自己が最悪の状態に置かれた場合を想定し、その場合における自己利益を最大化するよう、合理的個人が行動するからである[14]（他人をうらやまないという、現実離れした条件の下ではあるが）。

以上のようなロールズの正義論は、制定憲法の解釈にそのまま適用されるわけではないが、その解釈を支える道徳原理として、重要な役割を果たす。しかし、この正義論に対しては、様々な見地から批判が寄せられてきた。フェミニズム、コミュニタリアニズムからのそれが代表的であるが、いずれも、ロールズの正義論が前提する自己・自我同一性、個人の概念を問題にする。哲学的人間像として容認しがたい、というのである。

フェミニズムは、ロールズの個人が実は、家族において支配権を持つ夫、父親という男性支配（patriarch）を抽象化したものであると、批判する。女性の役割に関する社会の意識を捨象することは、問題を解決するのではなく、隠蔽する作用を果たすことになる。より根幹的には、個人を正義という一般原理を選択する主体と考えること自体、母性的価値であるCareを二次的なものとすることになり、男性優位という性格を帯びる、と批判する[15]。

それに対し、コミュニタリアニズムの批判は、社会の伝統をより重視するものである。個人が自我を形成するのは、自己の所属する社会との関係においてであり、政治的な重要な選択は、文化的、経済的コミュニティへ積極的に参加する中で行われていく必要がある。こういった社会と切り離されて、個人の生の目的は考えられないし、この目的がない以上、個人は重要な選択を行いえないのである。

ロールズの代表的な批判者であるサンデルは、以上のようなコミュニタリアニズムの批判を次のようにまとめている。「権利に基づく自由主義への共

14　John Rawls, "A Theory of Justice" (1971).
15　Kymlicka, op. cit n.13.

同体論者の批判によれば，我々は，このように独立したものとして，つまり，自らの意向や愛着から全く離脱した自我の担い手として，自らを考えることはできない。彼らによれば，我々の一定の役割は，現在の我々の人格——ある国の市民としてか，ある運動の成員としてか，ある大義の同志として——の一部を構成するものである」。サンデルはこのような批判を前提として，ばらばらな個人（atomic individual）は，自由から逃避して全体主義に陥りがちであるという警告をならした上で，模索さるべき方向として，「我々の最も緊急を要する，道徳的，政治的構想は，我々の伝統に内在する，今日では消滅しつつある市民的共和制の可能性を再活性化することである」と結論付けるのである[16]。

我々の自由な人格の発展が，一定の選択肢の存在に依存することを疑う者はいない。市場を基礎とする資本主義社会が提供する物質的な豊かさは言うに及ばず，安全で平和な環境，精神的，身体的に障害を克服するための諸条件の整備等々。問題は個人の生の目的に全く中立的な関心しか払わない社会が，社会として維持しうるかという点に収束する。社会はある許容された生き方の範囲内でしか存在しえないのではないか。

ロックに始まり，ミル，カントを経て，現代のロールズに至るまでの自由論の伝統は，共同体に束縛された個人の解放を主張してきた。それは，個人の生の目的が，他から押し付けられたものではなく，自分で選び取ったものでなければならないという考えと，個人がどのような生を善き人生と考えるかについて，誤りうるものであり，したがって常に変更することが可能でなければならないという哲学に支えられてきたと言えよう[17]。

それに対し，マキャアヴェリに始まり，ハリントンを経て，マジソンらのアメリカの建国の父たちに受け継がれていった市民的共和主義（civic republicanism）は，共同の善（特に自己の所属する社会が外敵から自由であること，および，腐敗によって党派的利害が発生し，自治が損なわれないようにすること）の追求が，個人の自由の追求と不可分なものであると考えてきたのである。

---

[16] M. Sandel, "Liberalism and the Limits of Justice" (1982). 本書からの引用は，『自由主義と正義の限界』（三嶺書房，1992年）の菊地理夫氏の翻訳に依拠した。

[17] Kymlicka, op. cit pp.9-20 (1990).

サンデルの主張は、このコンテクストで理解されねばならない。

これらの2つの潮流の中で、それぞれの主張が現代においてどのような意義を持つのかについて試金石となるのが、その社会の中で、辺々に置かれた少数者が、共同社会への参加を強めることになるか、という問題である。社会には、支配的な文化、言語、宗教、政治信条が存在するが、それらを共有しない人々にとって、自分の生まれた小社会の価値（コミュニタリアンが、自己と離れて存在しないとする重要な価値）を失うことなしに、共同社会に参加することが可能か、ということが死活問題となる。共同社会の他の成員にとっても、社会の安定さという面からも、重要な問題であることに疑いはない[18]。

北米大陸におけるイニュイットの権利の主張、日本社会における、被差別部落、在日韓国・朝鮮人、アイヌ民族の諸問題は、このような観点から（事態の深刻さという点から言うに及ばず）も、現代人権論の中心課題となるはずである[19]。

以上に述べたような理論的考察を前提に、1994年のイギリスにおける、黙秘権の制限についてコメントを付しておくことにする。犯罪を犯したとして社会から道義的非難を受けている被告発者（The Accused）、特に逮捕されて尋問を受けようとする者、正式に起訴された者は、まさに、社会の辺々に置かれた人々（The Marginalized）であり、自己の人生に重大な結果をもたらす、自己負罪拒否的発言を行うにあたっては、自発的に、しかも、証拠となりうる（つまり、取消しができないこと）ことを十分に熟知した上で、選択を行うべきであろう。こういった意味で、1966年のミランダ判決が定めた予防準則、つまり、「質問を開始する前に、黙秘権があること、被疑者の供述は公判で証拠となりうること、弁護人の立会いを求める権利を持つことを、

---

[18] Ibid.

[19] 被差別部落問題に焦点を当てた、国際憲法学会におけるナショナル・リポートとして、Hiromichi Endoh, "Minority, Community, and Japanese Culture" in "The Japanese Contributions to the Fouth World Congress of the International Association of Constitutional Law" (Tokyo, 1995) pp.5-8. この報告に基づく論文として、遠藤比呂通「『見えない差別』とどうとりくむか」部落解放400号（1996年）154頁。

被疑者に告げねばならない。弁護人立会権の告知には，経済的困窮者の場合，官選弁護人を選任してもらえるという説明が伴わなければならない」というものは，十分な合理性を持つものである[20]。

イギリスにおいても，法的拘束力がないものの，2回にわたる裁判官準則の制定という形式で，黙秘権の告知が保障されてきたし，近年に至って，一定の条件の下，取調べ状況をテープ録音することが，警察に対して義務付けられてきた。今回の改正に至るまで，黙秘権を不利益な証拠とすることを禁止するコモン・ロー原則も存在したのであった[21]。

今回の改正にあたった内務大臣ハワードは，再三再四，捜査の障害としての黙秘権の存在を強調した。法秩序を乱す者（たとえば，IRAのテロリスト）に対して，黙秘権を与えるのは，彼らを利するだけである，というのである。ロンドンの地下鉄，目抜き通りの有名ブティックが，次々と爆破される状況に対して，責めを負うのは，有罪者にだけ意味を持つ黙秘権であるという政治的キャンペーンが，警察によっても展開された。

2度にわたり，刑事司法に関する王立委員会がこの問題について報告書を提出し，黙秘している被疑者・被告人に対する有罪率は，そうでない場合に比較して，必ずしも低くはないという実態調査に基づき，黙秘権が捜査の障害になってはいないと報告したし，バリスター，ソリシターの弁護人だけでなく，裁判官を含めた法曹が，黙秘権の重要性を強調して，法改正に反対していたにもかかわらず，法改正は実現したのであった[22]。

ここに，社会の基本的道徳を強調するメージャー政権の政策と，保守層を中心に社会の維持のため，この政策を支持した選挙民の決意の強さが窺える。この意味で，同内容の改正が，1988年に北アイルランドで行われていたことは示唆的であろう。しかし，果たして公共の善のために，黙秘権を制限し

---

[20] Miranda v. Arizona, 384 U. S. 436, 444-445(1966).

[21] Police and Criminal Evidence Act 1984 §60. Code of Practice for the Tape-Recording of Police Interviews (Code E) (1988).

[22] 以上の点について詳しくは，Gregory W. O'Reilly, "England Limits the Right to Silence and Moves Towards an Inquistorial System of Justice", 85 Am. Crim. Law and Criminology 402 (1994).

てよいのだろうか。職業的テロリスト対策としては、今回の改正はほとんど実効性がないと一方で批判されているのである。

　自分が被疑者・被告人になったとき、自己の置かれている法的状況を正確に認識して行動するためには、弁護人の援助が必要であることは、ミランダ法理が示している。十分に弁護人の援助を受けた人々は、黙秘権との関連で言えば、職業的犯罪者と同じ条件に立つはずである。後者を利するだけだという理由で黙秘権を制限するという主張は、一見もっともらしいようだが、以上の点から言えば、初めから黙秘権を認めていないのである。

　そこで、黙秘権を制限して、法秩序への信頼を回復しようとする議論は、被告発者への人格的配慮を行わないで、他の社会の構成員の（不合理なものを含めた）安心感を維持するものだと言わざるをえない。しかしこのような議論は、コミュニタリアニズム、市民的共和主義の立場からも容認しがたいであろう。一旦、国家機関に告発されたことによって、社会から非難された者は、社会との紐帯を断ち切られたものとして扱ってよいなどという主張は、一般的抑止のみならず、刑罰の教育的効果、社会復帰を重要な社会の目的として掲げる共同社会では到底、受け入れがたいからである。ドゥオーキンのように、無実の者に対する誤判に焦点を当てるまでもなく、有罪の者も、最終的には社会の構成員としての刑事責任を果たした後には、再び社会の中で重要な役割を果たすべきだということこそ、参加と統一を重視する、市民的共和主義が強調する点であるはずであり、この点から黙秘権は一層重視されねばならない。

3　市民の政治的義務

　以上、1994年、イギリスにおける黙秘権の制限のための法を素材として、沈黙の自由についての法理学的考察を行ってきた。最初は、功利主義対人権という図式の下に、次に、リベラリズム対コミュニタリアニズムという枠組みを使って、立体的に問題の所在を明らかにできたように思う。

　しかし、権力の正当性の限界の問題は、個人と国家の二極構造によって考えるだけでなく市民社会における相互の政治的義務の問題にまで還元して考えるべきである。

筆者はすでに，このような憲法学におけるパラダイム転換の持つ，憲法解釈学上の含意について，3つの論稿を発表している。第1は，天皇制コンフォーミズム（特に，建国神話に基づき建国記念日を国民の休日とすること）に対する，市民の抵抗義務についてのものである[23]。第2は，政教分離，信仰の自由の裁判において，市民および裁判官が負うべき，歴史認識についてのものである（本書第3章）。第3は，市民が死刑を受忍すべき義務を持つか，についてである（本書第11章）。

本章が課題とした沈黙の自由の問題，すなわち，「社会的・道徳的非難を受ける被告発者（The Accused）たる地位に立たされた被疑者，被告人にとって，人間としての尊厳を確保するためには，いかなる場合，いかなる程度に，沈黙の自由が保障さるべきか」という問題についても，市民が共同体の維持のために相互に負うべき政治的義務にまで還元して考えることで，新たな憲法解釈論が構築しうるのではないかと思われる。本章の残りの部分は，この課題に費やされる。

ただ，すでに発表された論稿における筆者の論旨は，必ずしも明確ではなかったので（多くの方々から難解であるというコメントをいただいた），市民社会における政治的義務の問題にまで，人権論を解体するということが，どのようなことを意味するかについて，まず，若干詳しく述べておくことにしよう。そのうえで，刑事手続における沈黙の自由の問題について，この理論を適用してみることにする。そこでは，この問題が，他少違った問題として現われるはずである[24]。

市民生活を営む上で，我々は様々な局面で相互的な義務を負う。たとえば，ステレオの音をあまり大きくしすぎないようにする，とか。この義務の根拠を民法の不法行為法に置くこともできるかもしれないが，我々が実際にこの

---

23 遠藤比呂通「神話から契約へ」福音と世界1995年5月号21頁。
24 政治的義務と信頼の概念の重要性については，John Dunn, "Political Obligation in its Historical Context" (1980); "Rethinking Modern Political Theory" (1985); "Interpreting Political Responsibility" (1990). なお，ダンの政治理論の意義について，たとえば，N. J. Rengger, "Trust, Prudence and History: John Dunn and the Task of Political Theory" XIII History of Political Thought 416 (1995) を参照せよ。

義務に従って行動するうちのほとんどは，法と関係ない。この単純な事実は，法的推論においてあまりにしばしば捨象される。この悪しきリーガリズムに対して，我々の現実の社会から推論を出発させる必要が生ずる。

政治的義務というときの，政治という言葉の持つ第1の意味がここに存する。すなわち，法的義務に限定されないということである。そうだとすると，あまりに広範囲になりすぎはしないか。そこで政治という言葉は，家族的社会から国際社会まで，ある共同社会の維持・形成に関する事柄についてのものであると限定しておく必要が生ずる[25]。近代市民社会では，国民国家(Nation-State)が圧倒的地位を占めるから，そこに考察の中心が据えられよう。

ある市民社会において，国民国家のようにその構成員の生殺与奪の権を持つ存在に対する服従義務は，政治的義務論において中心的課題となるのである。現代正義論の問題点は，この服従義務の限界の問題に答えられないことではなく，あまりに容易に，個人の側に有利な解答を与える点にある。現在，沖縄の基地問題としてクローズ・アップされている安保条約の問題は，つまるところ核兵器で武装した国家の権力をどう制限するかという解決不能とも見える難問であるが，抽象的個人から出発する正義論は，この問題に市民的不服従という，処方箋を，効能を度外視して切るのである。

社会は，様々な歴史的拘束条件によって成立している。リベラリズムが強調する可塑性 (revisability)，主体性 (from the inside) にも，様々な制約がある。その限界の範囲内で，政治的義務が論じられねばならない。したがって，政治的義務の第1の義務は，自己の置かれている歴史的制約性と可塑性の限界を，醒めた眼で認識することにある。この点から，共同社会の中での自己同一性を重視し，参加を不可欠の価値と考える市民的共和主義の議論が

---

[25] ここでいう政治という言葉は，エリクソンに依拠して限定したものである。「政治的という言葉を，人間の政治共同体に限定して使用すること，つまり，日常生活のさまざまな必要に応えるばかりでなく，その最良の状態においては人間の内的生活と創造的に作用し合う，精緻な生活様式をももちうるような（現実の町から神の都市に至るまでの）社会を建設したり構想したりする，人間の能力を指すのに限定することが，重要であると思われます」。エリク・エリクソン（五十嵐武士訳）『歴史のなかのアイデンティティ』（みすず書房，1979年）。

注目されるゆえんである。しかし，市民的共和主義がそのことによって，市民のライフスタイルに一定の限界を画するのは首肯できない。なぜなら，政治的義務論は，個人の歴史的制約性と可塑性の限界の問題から出発するのであって，そこで終わるのではないから[26]。

現代正義論の問題点の第 2 のものは，それが合理性というとき，アダム・スミス以来の経済的合理性（自己利益の最大化）を意味している点にある。これは，政治哲学のみならず，政治学にも共通な用語法であるが，市民社会を成立させる紐帯として受け入れがたいのではないか。自己利益を最大化させることで社会が成立するという考え方はあまりにナイーブであるばかりでなく，社会の多くの事象が偶然によって決められている事実を無視する。

政治的義務の問題の解決の手がかりを，ロックの政治哲学に基礎を置く信頼（Trust）の概念に求めるダンは，社会の現実を認識し解釈する際に，人間が相互に与え合う信頼とその限界を考察して初めて，社会の構成原理について決定することが可能となると主張する。ロックにとって，人間は相互の存在を楽しむものであるにせよ，政治に関する事柄については，現実の人間に信頼を与える以上には，権力を容認することはできなかったのである。

我々も，市民相互の政治的義務を強調したいと考えるが，それは正に，こうすることによって初めて，権力の限界の問題を十分に考察できるからである。市民が制約された条件の下で，自己の政治的義務の対象を，市民政府に信託するときには，自己にとって可能なものでなければならないのは，当然であろう。市民政府を担う者は，市民にどのような制約が課されているかについて，高度な認識の義務を負うのは，信託のこのような限界から導かれる。

ロックの社会契約論においては，自己保全（Self Preservation）という自然法が，理性の光によって，全ての市民に認識可能であった。このことが明確な信託の限界を画すことになる[27]。我々の時代において援用することができるのは，ロックの神的自然法ではなく，現代社会に受け入れられている

---

26 この点についてのより突っ込んだ考察としては，小泉良幸「コミュニティの解釈とその憲法解釈論上の含意(1)〜(3・完)」法学 58 巻 2 号 58 頁，3 号 106 頁，5 号 152 頁（1994 年）。

27 John Locke, "Two Treatises of Government" (1689).

様々な「個人の尊厳」についての教説ではあるが、どのような教説にせよ、合理的に期待可能な義務しか生じさせないということに留意したい。

　市民相互の政治的義務の考察が、国民国家を含めた権力の正当性とその限界を明らかにするとして、それがどのような憲法解釈論上の含意を有するか。その点については、すでに別稿で詳しく論じたので、ここでは結論的なことを述べるにとどめよう。我々の生の可塑性と自発性は、権力者を含めた全ての社会構成員に共通に適用され、高度の予測可能性を市民に与える一般的ルールの支配という形で保護される[28]。

　しかしこれだけでは、不十分である。我々の社会の歴史的・社会的制約性からすれば、このような法制度は、フェミニズムの批判にもあるとおり、あまりに正義を優位に置き、1人の人間の生存を具体的に保護しようとするケアの価値を不当に低いものとせざるをえない。そこで、歴史的・社会的に社会から疎外された人々に対しては、遵法義務からの解放を認める必要が生じるが、これは抵抗の権利として完全には実定化しえない。

　そこで、違憲審査制が登場する。当該制度は、信託の限界を政治部門が必ず超えるという憲法思想に基づくものである（権力は、絶対に、人民の自由と矛盾する[29]）。立法府や行政府が行った国家行為について、異議の申立てを行ってきた市民（特に弁護士の役割が重要）の主張に基づき、立法府や行政府の主張とは独立に、国家行為の正当性の限界を審査するための制度である。言わば、制度化された抵抗権と言ってよかろう。

　以上が、市民相互の政治的義務のレベルまでに解体された人権論の大要であるが、この問題から、刑事手続における沈黙の自由の問題は、どのように定式化されるのか。以上の考察に従って若干のコメントを述べよう。

　まず、どのような市民社会においても、犯罪が行われたとき、一定の制裁が加えられなければ、秩序は維持できないであろう。法的なものに限られない制裁の執行を、一定の人々に信託することも普通に行われることである。

---

[28]　遠藤比呂通『自由とは何か』（日本評論社、1993年）第2部。
[29]　芦部信喜『憲法訴訟の理論』（有斐閣、1973年）3～14頁。G. S. Wood, "The Creation of the American Republic 1776-1787" pp.18-43(1969); L. Tribe, "American Constitutional Law" (2rd Ed.) p.15 (1985).

その社会が，犯罪と犯罪者を結びつける方法は様々なものがあろうが，犯罪を行ったと嫌疑をかけられた者の自白が重要視されることは自然である。なぜなら，一方で社会は，謝罪を必要としているし，犯罪を犯した者こそ，当該犯罪の内容を詳しく知悉しているからである。この過程において，被害者とその家族にどのような役割を割り当てるかについては，復讐という価値をどの程度重視するかにかかっているように思われる。

近代市民社会は，法秩序を形成するにあたって，少なくとも直接的な復讐を刑罰の根拠とする道を退けた。犯罪はより共通の関心であるとした上で，応報という，より抽象レベルの概念を採用したのである。さて，犯罪の捜査に協力する義務は，信託をした市民全てが認めるところではあるが，自己が嫌疑をかけられている犯罪についてもそうか。しかしこの義務は，明確に自己保全の義務に反するだけでなく，カントを含めた全ての近代的教説と矛盾する。

市民社会において，自己が犯したと嫌疑をかけられた犯罪の捜査に協力する義務がないとしたら，市民政府にも，強制捜査権は原則にないということにならないか。公判廷への出頭を確保し，罪証隠滅という積極的捜査妨害にのみ，逮捕・勾留の目的が限定され，取調受忍義務を否定する弾劾的捜査観は，この見地からすれば，ロック的社会契約論からの素直な帰結とも言えるのではないか[30]。しかし，問題はその先である。

沈黙の自由は，釈明義務の不存在ということだけでは説明できない，重大な要素を含んでいるからである。どのような市民社会も，犯罪を犯した者が，自ら進んで罪を告白し，謝罪することを待ち望んでいる。そのようなプロセスを経ない限り，彼女，彼の社会内での贖罪は意味をなさないし，真の社会復帰もありえない。しかし，この罪の告白は，自発的に心の底からなされるものでない限り，意味をなさない。

捜査官の中にはこのことを重要視しながら，自白追及が，被疑者に罪の告白を促す，重大な機会を提供すると主張する人々がいる[31]。しかし，このような強制的自白が，多く公判で撤回されていることを思うとき，このような

---

[30] この点については，本書第10章。
[31] 青柳文雄『日本人の罪と罰』（第一法規，1980年）。

主張に同調するわけにはいかないことが判明する。罪の告白に関する事柄は, 良心の根幹に関する事柄であり, その良心を保護するため, 被疑者, 被告人には沈黙の自由が保障されなければならない。

したがって, 犯罪の自白については, 市民政府の信託には含まれない事柄として, 被告発者の沈黙の自由が保障されねばならないことになろう。被疑者が任意に供述することがない限り, 捜査官は被疑事実について尋問してはならないことになる[32]。この点については, 権力者を信頼するわけにはいかないから, 被疑者には, 逮捕後直ちに国選弁護人が付されねばならない。

〔付記〕

2004年刑事訴訟法改正により, 一定の重大事件について被疑者の国選弁護制度が実現した。しかし一方で, 弁護士の国選報酬は, 裁判所からではなく, 法務省の出資する司法支援センターと個々の弁護士の契約に基づいて支払われることになった。「国選弁護人の独立」という問題が生じているのである。

なお本章では, 刑事弁護の実践から貴重な提言を行う弁護士小坂井久の論稿について検討を行う余裕を持たなかった。他日を期したい。小坂井「第38条第1項乃至第3項」憲法的刑事手続研究会『憲法的刑事手続』(日本評論社, 1997年)。

---

[32] この点注目されるのは, 澤登佳人「逮捕または勾留中の被疑者の取り調べは許されない」法政理論12巻2号 (1979年) 1頁および, 横山晃一郎『誤判の構造』(日本評論社, 1985年) 67頁。

第10章　取調受忍義務論の意義と限界
――憲法 38 条を自由の規定として読む――

　憲法 38 条 1 項は,「何人も,自己に不利益な供述を強要されない」と規定する。法解釈の原則として,言葉の日常的意味を重視する立場[1]に立たずとも,この規定と,法執行機関が容疑者を密室で執拗に尋問する法現象との間に著しい緊張関係があることは,認めるだろう。もちろん,そう感ずるのは,素人的判断であるかもしれないから,この緊張を解消するための法解釈を模索してみようと思う。

1　自己負罪拒否特権

　まず考えられるのは,「何人も」を「何人も被告人になった場合には」と解し,「強要されない」というのは「証言を拒否しうる」という意味であるとする法解釈である。つまり,38 条 1 項は,「裁判所で,供述者を証人として取り扱うときにだけ問題となる[2]」と解するわけである。そう解すれば,捜査段階での自白追及は,少なくとも本条項とは何ら矛盾しないことになる。この解釈に合理性はあるのか。

　(1)　38 条 1 項は,合衆国連邦憲法修正 5 条の自己負罪拒否特権（Privilege against Self-Incrimination）に由来する[3]。同条は,「何人も,刑事事件

---

[1] このような立場のモデルとその問題点については,たとえば, Brest, The Misconceived Quest for Original Understanding, 60 Boston Univ. L. Rev. 204, 205-209 (1980) を参照。

[2] 平野龍一「黙秘権」『刑事法研究第 3 巻　捜査と人権』（有斐閣, 1981 年）83 頁, 93 頁。平野説に対する批判については,次の文献を参照せよ。田宮裕「被告人・被疑者の黙秘権」日本刑法学会編『刑事訴訟法講座第 1 巻』（有斐閣, 1963 年）71 頁, 89〜90 頁, 小田中聰樹「被告人・被疑者の黙秘権」『ゼミナール刑事訴訟法(上)争点編』（有斐閣, 1987 年）1 頁, 3〜6 頁。

において自己に不利な証人となることを強制されない」(No person……shall be compelled in any criminal case to be a witness against himself) と規定するから，証人の証言拒絶権を憲法化したものと読める。法制史的考察からも，このことは裏付けることができる。すなわち，自己負罪拒否特権は，コモン・ローの一原則としてイギリスで誕生したのであるが，ピューリタンの精神と，植民地におけるイギリスの裁判所に対する反抗を挺子に，北米植民地で独自の発展を遂げる。1878年以前は，連邦法が被告人に証人適格を認めなかったから，本特権は証人に対してのみ適用されるにとどまっていた。被告人に証人適格を認めてからは，証言台に立たないことを不利益な心証の基礎としてはならないのではないか，ということが中心問題になったという。つまり，当該権利は，公判段階での一般的供述義務を前提として，自己に不利益な供述については，その義務を免除するという意味で「特権」(Privilege) であったのである。したがって，先の解釈は，沿革に忠実な解釈であるとは言えよう[4]。

(2) しかし，以下に述べる3つの理由から，この解釈は採用できないことがわかる。第1は，日本国憲法の文言には，どこにも被告人や証人に限定される手がかりがないことである。それどころか，被告人に限定される権利については，明文で「被告人」，「刑事被告人」としているから（憲法37条），38条が同様の限定をするなら，明文で行うことは十分可能であったはずである。しかも，文理上公判段階に限定しているかに見えるアメリカ合衆国においてさえ，ミランダ判決[5]以降，修正5条を捜査段階に及ぼす判例理論が

---

3 当該権利をめぐる状況については，とりあえず，J. G. Cook, "Constitutional Rights of the Accused" (2nd ed.) pp.75-172 (1986) を参照せよ。

4 自己負罪拒否特権の歴史については，澤登文治「自己負罪拒否権の歴史的展開(1)，(2・完)」法政理論24巻2号（1991年），25巻1号（1992年）のほか，以下の文献を参照。J. Bentham, Rationale of Judicial Evidence Vol. V (1827 ed.) 250-266 (Classics of English Legal History in the Modern Era no. 36, 1978); 8 Wigmore, Evidence § 2250 (McNaughton rev. 1961); "McCormick's Hand Book of the Law of Evidence" (2d ed.) pp.244-251 (1972); D. Fellman, "The Defendant's Rights Today", pp.304-306 (1976). 平野・前掲注(2)86〜88頁。

5 Miranda v. Arizona, 384 U. S. 436 (1966).

定着しているのである。

　(3)　第2，第3は，憲法上の権利，法的人権を，38条1項が規定していることからくる理由である。ある事項が，法的人権として保障されるとはどういうことか。次の2つのことは重要である。1つは，法的推論において，法的人権として保障された事項に「切り札」としての重要性が与えられなければならないということ。2つは，法的人権として保障された事項の保護救済に，司法府が特別の意を払わねばならないこと。これらのうち，ここで重要なのは前者である。

　以下，若干敷衍することにしよう。憲法38条1項は，刑事司法制度の設営にあたり，立法府に対し憲法上の制約を個人の権利として課すことを主たる目的とするから，刑事訴訟を念頭に置いて考察を進めよう。刑事訴訟法1条は，法律全体の目的として，「この法律は，刑事事件につき，公共の福祉の維持と個人の基本的人権を全うしつつ，事案の真相を明らかにし，刑罰法令を適正且つ迅速に適用実現すること」と規定する。ところで，この規定は刑訴法学者によって次のように理解されているようである。「実体面において，刑罰権の実現が内容的に適正・公平でなければならないとともに，手続面において刑罰権の実現そのものが迅速・確実でなければならない。これらの目的を達成するために，公共の福祉の維持だけが重視されてはならないのはもちろんのこと，反対に個人の基本的人権の保障だけに終始してはならない。『公共の福祉の維持と個人の基本的人権の保障と』を同時に『全う』することが必要である[6]」。さらに別の論者は，次のようにいう。「人権の尊重は日本国憲法の根幹をなすものであり，同時に一国の文明の水準を示すバロメータとも考えられる。ただ，被疑者・被告人の地位の強化が進むと，犯罪者の処罰に困難が加わる結果，場合によっては刑事司法の機能が衰弱し，望ましくない反作用——犯罪の増大，刑罰の峻厳化など——を引き起こすこともある。これらの弊害を防止しながら，真相の解明と手続の適正とをできるだけ両立させてゆくことが，理念の面からみたわが刑事手続の課題であろう。刑事訴訟法1条が，『この法律の目的』として規定しているところも，このような趣旨だと考えられる[7]」。

---

[6]　団藤重光『新刑事訴訟法綱要（7訂版）』（創文社，1967年）27～33頁。

第3部　刑事訴訟における市民の権利の位相

　以上の主張の意味することは必ずしも明らかではないが、合理的に解釈すれば、諸個人の利益、社会的効用を最大限に満足させようとする功利主義的思想を前提にしているかにみえる。もしそうだとしたら、法秩序の維持、適正な刑罰の迅速な実現によって得られる諸利益（被害者・遺族の利益、社会一般の人々の正義感覚の満足等）および、刑事手続によって告発され嫌疑をかけられている人々の諸利益（不当に身体を拘束されないこと、無実の罪で断罪されないこと等）を何らかの比較しうる基準で評価し、最も社会にとって有用な刑事制度を造ろうというのである。このような方法のうち合理的なものとして現存しているのは、基準として、社会を構成する各成員の選好（preferences）を採用し、社会全体において長期的にみて、効用の平均（1人あたりの効用）が最大になるように、社会の政策を決定していこうとする平均的功利主義であろう[8]。功利主義的思考は、本来比較しうべくもない異質の価値を列挙し、何らかの理由を断片的に挙げることで「比較衡量」したと称しているその他の多くの思考方法より数段勝っていることは疑いない[9]。

　ただ、功利主義だけに基づいていたのでは、ある利益がある個人に人権として与えられたという命題が無意味になってしまうことに気を付けなければならない。なぜなら、ある人の人権主張が、社会の効用に合致する場合にのみ認められるというのでは、彼が持つ法的人権は、功利主義の一適用例にすぎなくなり、法的人権を持たない人の主張との違いが全くなくなってしまうからである[10]。

　そうだとすると、人権論の展開において、人権を1つの衡量さるべき利益だとするのは間違いであり、比較衡量に付されない事項として留保するか、人権主張が認められない一定の場合を限定しておく、という議論を展開する必要があるのである（どのような対抗利益ならその人権に打ち勝つ可能性が出てくるか、どの程度人権とされている利益を凌駕すればよいかなど[11]）。しかるに、先に引用した論者は、そのような留保を展開していない。

7　松尾浩也『刑事訴訟法(上)』（弘文堂、1979年）13～14頁。

8　古典的功利主義および現代功利主義（特に平均的功利主義）の簡明な要約と問題点の指摘を行ったものとして、J. Rawls, "A Theory of Justice" (1971) pp.22-27, 161-175がある。

さて、以上の議論を38条1項の解釈論にあてはめてみると次のようになる。人権が刑事手続という制度の設営に際して考慮さるべき1要素たるにとどまらず、制度をいかように造ろうとも、個人の利益として留保さるべき事柄だとすると、人権が保護する諸利益は、制度の特殊形態において特定の段階で問題となる利益ではありえないことになる。もちろん、全く制度を離れて人権が存在するわけがないが（憲法典自体、被疑者・被告人の区別、逮捕、捜索・差押え等の一定の制度を予定している）、公判の供述義務との関係でのみ問題となる人権というのは、よほどの文理上の明示がない限り、以上のような人権の果たすべき機能と平仄が合わないのではないか。

次に、なぜ人権として留保さるべき利益が功利主義的考慮の枠外に置かれるかを、歴史的経験に根ざした、一貫した道徳的推論によって正当化しなけ

9 　比較衡量、利益考量という場合、様々な利益を統一的に計測しうる何らかの基準がなければ、言葉の遊び以外の何ものでもなくなってしまう。私が、注(6)、(7)に引用した刑訴法学者の所論を功利主義的だと解したのは、そう解さない限り、これらの言明は無意味なものとなってしまうからである。もし、これらの所説を、正義観、バランス感覚、道徳観によって、利益を「衡量」せよという主張と解するなら、次のようなベンサムの批判があてはまる。「人間の案出した発明品は多種多様である。従ってまた、人間誰もがもっている、それ故にまた至極無理のないものとも見える此の人間の自惚れを、世間から隠し、またできれば自分自身からも隠すために、人間の持ち出して来た成句もまた多種多様である。……或る人はいう。自分は、何が正しく何が不正であるかを自分に知らせるために用意された一物を所有している、それは道徳観と呼ばれるものである、と。何故か？　それは、自分の道徳観が自分にそう知らせるからである、と」。J. Bentham, "An Introduction to the Principle of Morals and Legislation", pp.25-28 (Collected Works of J. Bentham, 1970).

　もちろん、常識人が有する道徳観、価値判断が、道徳的推論において重要な役割を演ずることも否定できない。しかし、唯一といかないまでも、ある程度体系的な価値体系を模索する努力は怠ってはならないと思われる。この点に関しては、J. Rawls, supra note (8) 34-40 が参照さるべきである。

10　R. Dworkin, "Taking Rights Seriously" (1978) pp.90-92; "A Matter of Principle" (1985) pp.72-103.

11　従来、憲法学は以上のような点に対し、個別的利益衡量（ad hoc balancing）の批判という形で対処してきた。芦部信喜『憲法訴訟の理論』（有斐閣、1973年）147～148頁、同『現代人権論』（有斐閣、1974年）170～180頁。

ればならないことに注意する必要がある。そして，38条1項について，どのような道徳的議論を採用しようとも，公判段階の供述義務との関係では問題となり，捜査段階での供述の強要に際しては問題とならない，個人の普遍的利益を正当化するのは至難の業であろう。以上の2つが，38条1項を「裁判所で，供述者を証人として取り扱うときにだけ問題となる」と解する法解釈が合理的でないとする，第2，第3の理由である。

2 被疑者に対する自白追及

憲法38条1項と今日の捜査実務との緊張関係を解消するために，本条項が公判段階にのみ適用されるとする考え方は取りえないとすると，捜査段階に適用されることを前提に，執拗な自白追及を正当化する必要が出てくることになる。この正当化が説得力を持つ形でなしうるかの検討に入る前に，ここで，「法執行機関が容疑者を密室で執拗に尋問する法現象」とは何かを検討しておくことが望ましいと思われる。

(1) まず，被疑者が身柄を拘束され，取調べを受ける手続の概要およびそこに生ずる諸問題を示す。身柄拘束は，逮捕に始まる（逮捕前置主義，任意出頭と称し，事実上の逮捕が行われていることの問題は，ここでは割愛する）。逮捕には，裁判官の事前審査に基づく令状逮捕と（刑事訴訟法199条），現行犯逮捕（同213条），緊急逮捕（同210条）の3種類が存在する。いずれの場合にも，身柄拘束後72時間以内に，起訴するか，勾留請求をするか，しない場合には，被疑者を釈放しなければならない（同205条，211条，216条。ただし，同204条が規定する事態の場合は48時間）。実務ではほとんどの場合，48時間以内に勾留請求が行われる。勾留請求却下はほとんどない。この間，被疑者は，通常，警察署の留置場に収容され，24時間の警察の支配下に入る。

(2) 検察官は，引き続き留置の必要があると考えると，裁判官に10日間の勾留を請求する。この請求があると，被疑者は勾留質問のため，裁判所に引致される[12]（刑訴法60条，207条1項）。この勾留質問は，被疑事実の弁解を聞く手続であるが，弁護人の立会権が認められないなど，その不十分さが指摘されている[13]。

勾留質問後，裁判官が勾留決定を下すと，被疑者の身柄は拘束されたままということになるが，拘束される場所にも問題がある。監獄法の建前からすると，未決拘禁者は，拘置所および刑務所の拘置監に拘禁されるはずであるが，現実には，代用監獄（警察署の留置場）に逆戻りさせられることが，しばしばである[14]。そして，代用監獄では，捜査官の取調べが随時行えるうえに，1日の全生活過程に警察の監視の眼が行き届き，大幅な裁量権を警察が持つことになる。

　勾留の期間は原則として10日であるが，やむをえない事由があると認められるときは，検察官の請求により，10日を超えない限度で延長が可能となる（刑訴法208条2項）。これもまた実務では，20日間の勾留がむしろ原則となっている。つまり，逮捕された被疑者は不起訴状態のまま，最大限23

12　勾留質問のため，被疑者を裁判官の面前に出頭させるための明確な規定は欠けているが，逮捕状または現行犯逮捕の効力として，当然に引致できると解されている。松尾浩也「勾留の手続」熊谷弘＝松尾浩也＝田宮裕編『捜査法大系II』（日本評論社，1972年）66頁，72頁。

13　日弁連編『捜査と人権』（日本評論社，1975年）6頁。もっとも，青法協裁判官部会が1973年に裁判官に対して行ったアンケート調査によれば，解答した136人の中で，弁護人から勾留質問への立会いを要請された経験をもつ裁判官は23名であり，許可しなかったと答えたのは，わずか5名である。勾留質問の際，弁護人から意見具申のため面会を求められた場合，拒否した裁判官は皆無である。安倍＝泉山＝喜多村＝田宮＝松尾「研究会（その1）逮捕および勾留——令状事務の面からみたその現実と理念（2・完）」法律時報47巻7号（1975年）103頁，107～108頁。

　しかし，立会いを認めるかどうかが，裁判官の裁量とされていること自体，問題があるし，全体としては認めない方向に統一されているようである。熊本＝田宮＝西嶋＝松尾＝米田「研究会　逮捕・取調・勾留・弁護——立法論としての具体的提案を中心に」法律時報47巻13号（1975年）46～66頁〔田宮，熊本，西嶋発言〕。

14　監獄法1条3項は，未決拘禁者については，「警察官署に附属する留置場は之を監獄に代用することを得」と規定している。これを代用監獄というが，監獄法は代用監獄を例外としているというのが，通説であり，その旨の裁判例も多い。本吉邦夫「勾留の場所」前掲『捜査法体系II』172頁，177～179頁。にもかかわらず，多くの被疑者が代用監獄に拘禁されているのが実状であり，昭和59年度で，1日平均，6025人にも達する。法務総合研究所編『昭和60年版犯罪白書』（大蔵省印刷局，1985年）156頁。

日間身柄を拘束され、取調べを受けることになる[15]。そして、この間、保釈は一切認められない（同207条1項但書）。

しかも、起訴されて被告人となっても、取調べが行えなくなるわけではない[16]。すなわち、被告人は取調べを拒否できるのであるけれども、別件で再逮捕すると検察官に言われれば、応じざるをえないのである。

(3) もちろん、逮捕・勾留前には、原則として裁判官による事前の審査が行われる。しかし、その審査は実質的なものではないのではないかという疑念が持たれている。逮捕請求、勾留請求に対する却下率の低さもさることながら[17]、却下例と同じくらいの取下げ例（不必要という理由で、検事の方から取り下げる場合）があるところをみると[18]、こういった疑念を持たれても仕方がないのではなかろうか。

(4) 被疑者の取調べに関する問題点は、要約すれば、このようになると思われるが、今少し詳しく見ておこう。たとえば、1982年中に東京地方裁判所で判決が出され確定した事件の中から17件を抽出し、それらの訴訟記録を丹念に検討することにより、被疑者取調べの問題を、現実に即して発見・確認しようという注目すべき試みが行われた[19]。そして、この論者の指摘する問題点は、次の2点であった。第1は、被疑者・被告人の身柄拘束期間が取調べ（捜査）の便宜のため最大限に利用されているにもかかわらず、その

---

[15] 内乱罪、外患罪、国交に関する罪、騒擾罪の被疑事件の場合は、さらに5日延長することができる。刑訴法208条の2。

[16] 最決昭和36年11月21日刑集15巻10号1764頁は、「刑訴法197条は、…捜査官の任意捜査について何ら制限をしていないから、本法（刑訴法）198条の『被疑者』という文字にかかわりなく、起訴後においても、捜査官はその公訴を維持するために必要な取調を行うことができる」と判示する。この決定の問題点については、とりあえず、田宮裕「起訴後の取調」熊谷＝松尾＝田宮編『捜査法大系Ⅰ』（日本評論社、1972年）262頁を参照せよ。

[17] 昭和58年度において、逮捕請求に対する却下率0.01％、勾留請求についても同じであった。司法統計年報2・昭和58年16頁。

[18] 却下率が低いだけなら、請求する側が慎重に請求しているとも考えられるが、取下例が多いと、そのような推論は成り立たなくなろう。同年度で、逮捕状の却下は104件なのに対し、取下げは303件もある。司法統計年報2昭和58年16頁。

[19] 多田辰也「被疑者取調べとその適正化(1)」立教法学27号（1986年）62頁。

間に弁護人の援助を受けることができた被疑者・被告人が非常に少ないこと。第2は，訴訟記録の閲覧という方法からくる限界を考慮に入れても，取調べ手続の可視性があまりに低いこと[20]。

先の論者によれば，供述調書等をみても，取調べに際し実際に黙秘権が告知されたのか（調書には，黙秘権を告知した旨，あらかじめ不動文字で印刷されている），何度目の取調べなのか，取調べの開始および終了時刻，その間の休憩の有無，立会人の人数等，いっさいが不明とのことである[21]。

訴訟記録以外に，取調べの状況を知る手がかりは，捜査官と被疑者の証言だけという場合が多く，両者の証言がくい違うことはしばしばである。しかも，供述調書等の中で，被疑者に有利なものが訴訟上明らかになるという保障はない[22]。

(5) 被疑者取調べの実態把握については，検察官等の実務家から有力な反論がなされている。その反論は第1に，そもそも，被疑者の取調べの実態は，人権に敵対的ではないというものである[23]。第2に，我が国においては，自白獲得の必要性が特に強いのであるから，自白偏重もやむをえないというものである。その根拠としては，我が国刑法が主観的要素を多く含むからだと

---

20 多田・前掲注(19)183頁。
21 多田・前掲注(19)185頁。
22 この点について最高裁は，「証拠調の段階に入った後，弁護人から，具体的必要性を示して，一定の証拠を弁護人に閲覧させるよう検察官に命ぜられたい旨の申出がなされた場合，裁判所は，事案の性質，審理の状況，閲覧を求める証拠の種類および内容，閲覧の時期，程度および方法，その他諸般の事情を勘案し，その閲覧が被告人の防禦のため特に重要であり，かつこれにより罪証隠滅，証人威迫等の弊害を招来するおそれがなく，相当と認めるときは，その訴訟指揮権に基づき，検察官に対し，その所持する証拠を弁護人に閲覧させるよう命ずることができる」と判示している（最決昭和44年4月25日刑集23巻4号248頁）。

2005年に施行された刑事訴訟法の改正により，一定の場合，公判前整理手続において「取り調べ状況の記録」が明文で証拠開示されることになった（刑訴法316条の15第1項8号）。しかし，同時に，公判前整理手続において，被告人の主張明示義務が課されることとなり，憲法38条との関係で重大な疑義が生じている。公判前整理手続については，大阪弁護士会裁判員制度実施大阪本部編著『コンメンタール公判前整理手続』（現代人文社，2005年）。

する法的なものと，日本文化の特殊性を強調し，自白は謝罪としての重要性を持つと主張する社会学的ともいえるものまである[24]。

我が国捜査の実態に関して，決定的な資料があるわけではないから，立場によって実態把握および自白の証拠としての重要性について，意見の相違をみるのは，不思議なことではないが，少なくとも，次のことは言えるのではないか。

第1に，被疑者に対する自白追及が捜査官のみが立ち会う密室で行われること自体，すなわち捜査の不透明性自体を問題としなければならないことで

---

23 たとえば，最近では，米澤慶治「取調べの理論と実務——実務家の立場から——」刑法雑誌27巻1号（1986年）181頁は，検察官の立場から，次のような現状分析を行っている。「実際には，被疑者の意思に反して強制力を用いて被疑者を取調室に座らせておき，無理に尋問しても取調べの成果を期待できるものではありませんので，むしろ被疑者に対する説得を行ってみて取調べに応ずるようになってから取調べを開始しております」，「この地球上に存在する各国の捜査官の資質，能力，人格，識見等を比べますとき，公平に申しあげて我が国の捜査官のそれは他に抜きん出ているといっても過言ではなく——たとえば，警察官のすべてが高等教育を受けた者であるのは我が国くらいのものでありましょう——，そのうえ，捜査官に対する教養訓練，上司による実務指導も十分に行われているのでありまして，学校教育から実務における教養訓練の中で，人権尊重の精神を叩き込まれております我が国の捜査官の中に被疑者の取調べにおいてことさらに人権を侵害するような行為に出るような者がいるとは思われないのである」。米澤・183頁，186頁。

24 出射義夫「任意捜査の限界」佐伯千仭＝団藤重光編『総合判例研究叢書・刑事訴訟法(2)』（有斐閣，1957年）1頁，13～14頁は，被疑者の取調べの重要性を正面から認め，次のように言う。「裁判上の認定においては，自白は証拠の王であると必ずしも考えない。然し，捜査においては，被疑者の取調べは捜査手段の王であると思う。……被疑者の取調べを軽視する訴訟理論は偽善であるか，然らざれば非現実的である」。

被疑者の取調べの重要性を法的に説くものとしては，小野拓美「国家賠償事件にあらわれた犯罪捜査の問題点（第18回）接見指定権（その2）」捜査研究1983年6月号7～15頁，原田明夫「被疑者の取調べ——検察の立場から」三井誠ほか編『刑事手続(上)』（筑摩書房，1988年）177頁がある。日本文化の特色として，自白の重要性を強調するものに，青柳文雄『日本人の罪と罰』（第一法規，1980年）24～48頁，164～170頁がある。

ある。捜査の必要性からある程度の秘密保持が必要だとしても，現状のような密室性（secrecy）は正当化できないのではないか。捜査過程の密室性を追認し，検察官，警察官の倫理に頼るしかないというのでは，国家権力からの自由（それは当然に国家権力への不信を前提とする）という人権の根本理念に反してしまうことになろう[25]。

第2に，自白の必要性を全く認めないというのも非現実的であるが，自白追及は，本当に必要な場合にだけ，被疑者の人権が侵害されないような措置を講じたうえで，行う必要があることである。この点特に問題なのは，憲法34条が身柄を拘束された被疑者に弁護人依頼権を与えているにもかかわらず，多くの被疑者に弁護人が付されず（被疑者に保障された弁護人依頼権は私選弁護人依頼権であると解されており，実定法もそのような前提に立って，2006年11月から施行された刑事訴訟法改正以前は，被疑者の国選弁護制度を設けていなかった[26]），たとえ付されても，我が国の実務が刑訴法39条3項の「捜査

---

[25] 現職裁判官が，多数の裁判例を検討して得た次のような知見は，この点重要であると思われる。「可視化に対する配慮がない今日の捜査状況においては，供述証書の不備を補うために取調状況を明らかにするための客観的証拠に乏しく，取調官の証言を重要な証拠とせざるをえない。しかし，密室における捜査であり，取調官も自己の取調べの正当性を主張する立場にある以上当然ではあるが，証人としての取調官が，いわゆる当事者的証人の性格を帯び，真実の探究の障害となることが避け難い現象となる」。「現在捜査慣行として行われている供述調書の様式は，供述者の供述の全部の録取ではなく，また取調官自身の要約によるものでその主観の影響を排除し難く，しかも質問部分と答の部分が明瞭に区別されていない，という点で不備であることは免れない」。「密室における取調べと一般にいわれるように，可視化するための手続に乏しい現在の取調べにおいては，取調べの客体である被疑者が任意性を争うために極めて不利な状態におかれていることも含めて，取調べの状況を客観的に認定することに多くの困難を伴うことをある程度明らかにし得たのではないかと思う」。守屋克彦『自白の分析と評価——自白調書の信用性の研究』（勁草書房，1988年）7頁，24〜25頁，129頁。

以上のような取調状況に鑑み，可視化のためのテープ録音制度を主張する文献として，渡部保夫「被疑者尋問とテープレコーディング」判例タイムズ566号（1985年）1頁，同「被疑者尋問のテープ録音制度——圧迫的な取調べ，誤判，裁判遅延の防止手段として——」判例タイムズ608号（1986年）5頁が示唆に富む。

のため必要があるときの接見日時と場所の指定」制度を「活用」して、取調べに先立つ弁護人との接見も、取調べや検証への連行にあたっての弁護人の立会いをも制限（拒否）していることである[27]。

弁護人の介在は、被疑者の人権保障に不可欠であるばかりでなく、刑事手続の運営上欠くことのできない要素であるから、以上のような問題は、いくら強調しても、しすぎるということはないであろう。

一体、被疑者のうちどの程度の割合の人々が、国選弁護制度がなかったために、弁護人の援助を受けないまま、身柄を拘束され、取り調べられたかは、正確にはわからない。しかし、鍵尾判事は、次のような推論から、かなりの割合にのぼるという結論を下している[28]。1978年の通常第1審において、国選弁護人が付された割合は、地裁で49.9％、簡裁で70.9％、第1審全事件で54.6％となる。国選弁護人は起訴前には選任されないから、少なくとも、ここに掲げた割合だけは、捜査段階で弁護人が付されなかったことは確かなのである。

次に、弁護人（になろうとする者）に対する接見拒否についてであるが、最初に採用されたのは面会切符制であった。刑訴法39条3項にいう「捜査のため必要があるとき」という文言を、証拠隠滅の防止などを含め、捜査全般からみて必要性のあるときと解する実務は、「その指定は、被疑者が防禦の準備をする権利を不当に制限するようなものであってはならない」という同項但書の方は、軽視しているのである。

面会切符制とは、検察官が接見指定が必要と判断する事件について（この場合は、刑訴法207条、81条により、弁護人等以外の者と被疑者との接見禁止を

---

[26] この点、小田中は、次のような指摘を行う。「捜査当局の弁護活動規制の廃絶、弁護人の権限拡大強化に向けての立法的措置、裁判官の令状審査の厳格化が望まれる。が、それと同時に、捜査段階で国選弁護制度が設けられていないことは、わが国の捜査法制の最大の欠陥、不備であり、立法化の必要性が極めて大きい」。小田中聰樹「捜査実務の現状と弁護活動の充実」法律時報58巻10号（1986年）21頁、28頁。

[27] 石川才顕「実務の進展と現状——捜査と弁護の実務にみる問題状況」ジュリスト930号（1989年）31頁、36～37頁の叙述に依拠した。

[28] 鍵尾丞治「被疑者に国選弁護人請求権を与えるべきか」別冊判例タイムズ『刑事訴訟法の理論と実務』（1980年）133～134頁。

請求し，接見禁止決定を得ておくのが通常である）、「捜査のため必要があるので，右の者と弁護人又は弁護人になろうとする者との接見又は書類若しくは物の授受に関し，その日時，場所及び時間を別に発すべき指定書のとおり指定する」と記載した一般的指定書を作成し，その謄本を被疑者および監獄の長に交付しておき，弁護人からの接見の申出があり，これを可とするときは，具体的日時等を指定した具体的指定書（面会切符）を弁護人に交付する，というものである。このような制度の利点としては，取調べに便利であることの他に，監守が弁護人を確認できるし，弁護人も指定の日時に赴く限り，捜査の必要があるという理由で接見を拒まれる恐れがなく，接見の実施が確保されることが挙げられる（松尾浩也監修，松本時夫＝土本武司編集『条解刑事訴訟法』〔弘文堂，1984年〕54頁）。

　我が国の準抗告裁判例の中に，以上のような面会切符制に疑問を投げかけ，一般的指定処分を違法とするものが増加すると，実務は，一般的指定制度を廃止し，これによらないで事実上接見禁止の効果を得ようとする運用方法を用意した。すなわち，捜査機関内部で弁護人といえども具体的指定書なしには接見できないという合意をするようになったのである（一般的指定処分なき接見規制）。このような方式の下では，処分が存在しないため，準抗告で争う道を閉ざすのではないかという危惧さえ生じてきたのである[29]。

　筆者が刑事弁護を行った具体的な経験の中で面会切符制（ファックスによる指定）がとられたのは1度だけであるが，強盗殺人事件で打合せが重要であるにもかかわらず，早朝の10分間に限られたという事例があった。

3　取調受忍義務の在否

さて，我が国の捜査実務の現状が以上のようなものだとしたら，一体憲法38条1項にどのような解釈を施せば，それとの矛盾を生じなくて済むのだろうか。このような問題意識に立って本条項の解釈論の展開をみてみると，

---

[29] 国賠法によって接見規制の違法性を争う道が残されており，最一小判昭和53年7月10日民集32巻5号820頁は，その一例である。この点については，後藤国賠償訴訟弁護団編『ビデオ再生と秘密交通権〔控訴審編〕』（現代人文社，2005年）参照。

それが極めて不十分であることに気付かざるをえない。憲法学の教科書中、最も刑事手続上の人権に意を尽くした、芦部信喜編『憲法Ⅲ人権(2)』(有斐閣、1981年。刑事手続上の人権の部分は、杉原泰雄教授が執筆)さえも、「強要されない」とは、「不供述を理由として、なんらかの『法律上の利益』のみではなく、事実上の不利益をも与えることが禁止されていると解すべきであろう」と述べるのみで、捜査官による自白追及がどのような場合に「強要」になるのかの検討は全く行われていないのである[30]。

もちろん、被疑者の取調べの問題に対し、法的分析が行われなかったわけではない。それどころか、浩瀚な文献が存する。ただ、憲法38条1項を正面から問題とすることなく、弾劾的捜査観に立脚した取調受忍義務否定論という形か（刑訴法198条の解釈論）、獲得された自白の証拠能力の制限、とりわけ任意性の問題の1事例として論じられてきたのである（憲法38条2項、刑訴法319条の解釈論）。そして、これらの議論の仕方に問題がないとすれば、憲法38条1項と被疑者の取調べの問題をそれとして論じなくてもよいのかもしれない。しかし、筆者にはそうは思われない。その理由は従来の議論には、憲法解釈論からみて限界があったからであるが、本章で明らかにしておくこととしよう。

(1) 弾劾的捜査観を有力に主張したのは平野教授であった。法律的解明の遅れていた捜査を重視した教授は、分析モデルとして（同時に解釈論的道具として）弾劾的捜査観と糾問的捜査観の対概念を提示し、現行刑訴法は両概念の一方によって説明・解釈することはできないとしながらも、基本的には弾劾的捜査観をとるべきだという。そしてこのことは、令状の性質や令状発付にあたっての司法審査の範囲、捜査における被疑者取調べの位置付け、逮捕・勾留の目的などについて実益があるという。

すなわち、捜査は、捜査機関が単独で行う公判準備活動にすぎず、強制は将来行われる裁判のために（被告人、証拠保全のため）、裁判所が行い、当事者は、その強制処分の結果を利用するにすぎないという弾劾的捜査観の法的

---

[30] この点は、以下の文献においても全く同様である。宮沢俊義（芦部信喜補訂）『全訂日本国憲法』（日本評論社、1978年）319〜321頁、樋口陽一ほか『注釈日本国憲法(上)』（青林書院新社、1984年）786〜787頁。

帰結として，身柄拘束中の被疑者には，取調べを受忍する義務がないとする。たしかに明解な議論である。これに対し，実務は刑訴法198条但書（「但し，被疑者は，逮捕又は勾留されている場合を除いては，出頭を拒み，又は出頭後，何時でも退去することができる」）を反対解釈して，逮捕または勾留されている被疑者は，検察官等の要求があれば，取調室まで出頭する義務があり，取調べが済むまで，そこにとどまる義務ありとする（取調受忍義務肯定説）。つまり，捜査は本来，捜査機関が被疑者を取り調べるための手続であって，強制が認められるのはそのためであると考える糾問的捜査観からすれば，強制処分たる逮捕・勾留の当然の結果として，「自白を強要しない限り」被疑者取調べが可能になる。

平野教授は，取調受忍義務の存否について，「法の規定は明確を欠く，しかし，われわれは，憲法の趣旨に従って，これを解釈しなければならない」という前提に立ち，「検察官は，拘置所の居房から取調室へ来るように強制することはできないし，1度取調室へ来ても，被疑者が，取調をやめ居房へ帰ることを求めたときは，これを許さなければならない」という解釈を諒とする。なぜなら，通説・実務のような解釈に立った場合，「供述の義務はないといっても，実質的には供述を強いるのと異ならない」からである[31]。

(2) 以上の立論は，「被疑者には，供述の義務もない。自己に不利益な供述をする義務がないのはもちろん，およそ何らの供述をする義務もない」という刑事訴訟法上の包括的黙秘権を認める立場に立っていることは明らかである。そして，これが平野理論の説得力の源泉であるとともに，難点でもあるのである。というのは，刑訴法上の包括的黙秘権を解釈論の根拠にするのでは，議論が堂々めぐりになるからである。なぜ，「規定は明確を欠く」にもかかわらず，取調受忍義務が否定されるのか。そう解しなければ，包括的黙秘権を保障できないからである。包括的黙秘権を刑訴法が規定していると解する根拠はそれでは何か。それは，刑訴法198条2項（「取調に際しては，被疑者に対し，あらかじめ，自己の意思に反して供述をする必要がない旨を告げなければならない」）を弾劾的捜査観的に解釈することに基づく。弾劾的捜査

---

[31] 平野龍一『刑事訴訟法』（有斐閣，1958年）83～85頁，94頁，106頁，同『刑事訴訟法概説』（東京大学出版会，1968年）70頁。

観的解釈をとるゆえんは，それが「憲法の趣旨」に従った解釈だからである。
　ところで，「憲法の趣旨」とは何か。平野教授は，本章1でみたように，憲法38条1項が規定する権利を捜査段階に適用がないとする。だから，「憲法の趣旨」とは結局，包括的黙秘権（刑訴法上の）の保障の言い換えにすぎない。ここで議論は堂々めぐりになってしまうのである[32]。
　(3)　弾劾的捜査観に基づく取調受忍義務否定論の難点はこれだけではない。事実上の強制が問題となる捜査段階において，法的義務の存否に照準を合わせて論じたこと自体，反省されなければならないのではなかろうか。すなわち，どの程度の事実上の強制があれば，憲法38条1項にいう「強要」にあたるかを議論しないで，受忍義務の存否だけ論じても，日々行われている捜査に対処しえないのではないか。身柄拘束下の取調べ自体が「強要」になるのか[33]，それとも，それ自体は「強要」ではないが，何らかの対抗策（弁護人の事前の接見，立会い[34]，第三者の立会い，テープ録音）を講ずることが要請されるのか。あるいは，198条2項ないし5項が規定する，黙秘権の事前告知，読み聞け手続が励行されればよいのか。これらが真に問われるべき諸問題であり，それに答えるためには，憲法38条1項が規定する権利がどのような道徳理論に基づき正当化され，それが判例法理上採用可能かという，憲法解釈論を展開することが不可欠となるのである[35]。

32　この点，小田中は次のように言う。「捜査の弾劾的構造なるものが黙秘権を前提として初めて成り立つことを考えれば，平野博士の見解には一種の顛倒性があるといわざるをえない」。小田中・前掲注(2)5頁。なお，弾劾的捜査観をめぐる，その後の議論の展開については，以下の文献を参照せよ。本田正義「捜査の構造について」刑法雑誌15巻3・4号（1968年）131頁，田宮裕『捜査の構造』（有斐閣，1971年）3～26頁，松尾浩也『刑事訴訟の原理』（東京大学出版会，1974年）252～279頁，小田中聰樹「捜査の構造」別冊判例タイムズ『刑事訴訟法の理論と実務』（1980年）111頁，鈴木茂嗣「学説の形成と発展」ジュリスト930号（1989年）21頁，22～23頁。

33　澤登佳人「逮捕または勾留中の被疑者の取り調べは許されない」法政理論12巻2号（1979年）1頁，横山晃一郎『誤判の構造』（日本評論社，1985年）67頁。

34　三井誠「被疑者の取調べとその規制」刑法雑誌27巻1号（1986年）171頁。

4　任意性の概念

　憲法38条1項の規定する権利，38条2項の規定する自白の証拠能力についての自白法則，刑訴法319条の自白の任意性の要請の3者の関係をめぐっての議論は複雑であり，その全容を紹介することはできない。しかし，1つはっきりしていることがある。それは，刑訴法319条1項が，「任意にされたものでない疑のある自白は，これを証拠とすることができない」と「任意性」をキイワードにしている以上，この概念をはっきりさせねばならない，ことである。そして，319条1項は，憲法38条2項にいう「強制，拷問若しくは脅迫による自白又は不当に長く抑留若しくは拘禁された後の自白」を「任意にされたものでない疑のある自白」の典型例としているから，「任意」性概念の解明は，そのまま憲法38条2項の解釈論たりうる。それが立法府の憲法解釈であり，これを不当だと論ずるためには，「任意」性の概念が，憲法38条2項の内容を盛る器としてふさわしくない，と言わねばならない。しかし，それは至難の業であろう。なぜなら，「任意」性の概念は，論者が是とする憲法解釈を化体するに十分な程，曖昧なのだから。

　(1)　それでは，「任意」というのは，一体いかなる意味か。この点につい

35　このような見地に立った場合，渥美東洋がミランダ法理をもとにして展開する，次のような所説が注目される。「被疑者取調に当たっての『不当圧力』をどのように定義づけ，このようにして定義づけられる圧力の利用をできるだけ排除し抑止するには，どのような実務基準を用意すれば妥当で適切であるかが問われるのである。この定義づけのために登場した概念が『供述の自由』または『供述するか，沈黙するか，否認をするかの自由な選択権』というものである。この概念は自己負罪拒否特権，つまり弾劾主義に由来するものではなく，むしろ，自己の情報を開示することについての自己決定権と構成し直してみると，プライヴァシー権に由来するとみることができる」。渥美東洋「捜査と自己負罪拒否特権」法学セミナー380号（1986年）101頁，103頁，同『レッスン刑事訴訟法(上)』（中央大学出版部，1985年）197〜213頁。
　後に述べるように，公判段階での権利と捜査段階でのそれを別の性格と考える点と，供述の自由を自己決定権の一種と把握することに対し，筆者は賛成しないが，「強要」とは何かを，権利の探求から導こうとする態度は，参考に値するのではないか。

ても，数多くの研究がなされ，夥しい量の文献が存することは周知のとおりである[36]。人権擁護説，虚偽排除説，違法排除説，のどれが妥当か，あるいは，これらのうちのどれとどれが排除しあうのか（それとも3つは両立するのか）といった類の議論である。ここでは，これらの議論の中から，2つの分類基準を使って剔抉される側面をみてみることとしよう。

分類基準の第1は，真実発見という目的と矛盾しないデュー・プロセスか，真実の発見と矛盾してでも貫かれるデュー・プロセスか，というものである。ここにデュー・プロセスというのは，公正な手続保障のため保護さるべき法的利益というほどの意味である[37]。憲法38条1項の規定する権利は，それを認めると真実の発見が困難になっても，人格の尊厳のために保障されるものだから，本章の関心からすると，問題となるのは後者のデュー・プロセスである。任意性の概念に関する議論において，この法益はどう扱われてきたか。虚偽排除説が前者のデュー・プロセスを擁護せんとするものであることは，疑いないから，人権擁護説を見てみよう。

人権擁護説に言う人権とは，憲法38条1項が規定する権利であるから，この説は供述の自由に関する憲法解釈論を十分に展開したうえで，任意性の概念を明確化してきたのであろうか。そうではない。38条2項を1項の保障規定と解するか，任意性のない自白は1項の解釈として排除されるが，2項は一定の場合には任意性がないとした推定規定ないし擬制規定だとする説をこう呼んだにすぎない。そして，以上の定型的場合以外に「任意にされたものでない疑」いがあるか否かは，もとより具体的，個別的に判断さるべきだという。この説は，供述の自由，任意性をそれ以上詰めて論じることはしないのである[38]。

(2) それでは，違法排除説はどうであろうか。この説を理解するためには，

---

[36] 任意性の概念についての議論の展開と，その問題点については，鈴木・前掲注(32) 23頁，大野恒太郎「自白——検察の立場から」三井誠ほか編『刑事手続(下)』（筑摩書房，1988年）807頁，守屋・前掲注(25)130～146頁を参照せよ。

[37] 田宮裕『捜査の構造』前掲注(32)3～4頁，同『刑事訴訟とデュー・プロセス』（有斐閣，1972年）159頁，166頁。

[38] 高田卓爾『刑事訴訟法』（青林書院新社，1971年）204～207頁。

第2の分類基準を導入する必要があるように思える。それは、自白法則を任意性に疑いある自白の証拠能力の制限と解するか、「任意」という言葉の通常の意味からずれることを覚悟で、憲法38条2項、刑訴法319条1項を不任意の自白を排除するものではないと解した上で、不法な過程でとられた自白を排除する違法排除の一環と解するか、という基準である。違法排除説は、このうち後者にあてはまる。つまり、前者が、自白法則を供述者の心理状況あるいは、自白そのものの性質の問題に還元することを批判して、取調官の自白のとり方、取調方法等、端的に自白の採取過程に着目すべきだと主張したのが、違法排除説であるわけである。違法な取調べが行われた場合には、任意性を問題とすることなく、証拠を排除すべしというのである。

論者によれば、この説の第1の特徴は、証拠排除の基準が単純簡明であることである。従来のように、任意性を問題とするなら、供述の際の具体的な事実認定が必要となり、基準が不明確になるわけであるが、取調官の違法を問題とすることにより、基準が明確になるというのである。

第2の特徴とされるのは、違法排除の目的が将来の違法行為の禁圧にあり（その基礎にデュー・プロセスの高調という手続思潮があるという）、証拠排除が違法制裁の1つの有力な手段として政策的に採用が検討されるものとなる[39]。

違法排除説が以上のようなものだとして、そこでいう「違法」とは、デュー・プロセス違反なのだから、憲法38条1項違反も含まれることは疑いない。違法の1事例として、憲法38条1項の規定する権利の内容が解明されてきたのであろうか。残念ながら、またもや答えは否である。なぜなら、デュー・プロセス概念の柔軟性が強調され、「適法手続は、具体的事情に応じて柔軟な解釈をとりうるところに生命がある[40]」と主張されるからである。デュー・プロセス論の役割が、「憲法と法の間のギャップがあるとき、憲法に合わせて法を発展させるため、判例に期待する」こと、つまり、立法論的主張を刑訴法の解釈論に盛り込む媒介項的役割であることから考えれば、当

---

39 田宮裕「取調と自白法則——違法排除説の提唱——」前掲注(32)『捜査の構造』281頁、同『演習刑事訴訟法』（有斐閣、1983年）223〜224頁、227〜228頁、同『刑事訴訟法入門（3訂版）』（有信堂高文社、1982年）211頁、220頁。

40 田宮・前掲注(32)『捜査の構造』297頁。

然の帰結である[41]。

5 沈黙の自由

　以上の議論から，次のことが判明した。従来，被疑者に対する自白追及を法的に規制することを試みた文献は，汗牛充棟するほどではあるが，憲法38条1項が規定する人権が，いかなる道徳的理論によって正当化されるものなのか，取調官の追及を判定する違憲審査基準はどのような理由から導かれるのか，その内容は何かなどの，権利に関する憲法学的探究はほとんど行われてこなかった。このことは，それ自体疑問であるばかりでなく，次の2つの問題をはらんでいるように思われる。

　(1)　第1の問題は，法的人権が，法的推論において「切り札」としての重みを与えられなければならないということに関連する。人権の内容が曖昧であれば，その人権は，考量さるべき他の社会的利益と同レベルで「比較衡量」されてしまい，個人に憲法上の権利として与えられた意義が没却されてしまう。そればかりではない。曖昧さの故に，実体的真実への要請というような強力な対抗利益の前に，十分「比較衡量」されないまま，膝を屈することとなってしまう。

　刑事手続において，拷問が絶対に許されないのは明白である（憲法36条）。逆に，およそ自白が証拠とはならないという立場がとりえないのも明らかであるから（同38条2項，3項），官憲による自白追及を全く認めないという解釈も取りえない。この両者の間に，憲法の要請はあるはずである。多様な選択の余地がある刑事手続の設営に対しどのような限界が引かれるべきか。人権の内容を明らかにすることは，とりもなおさず，この問いに答えることであるから，この点が不問に付されてよいはずはない。実体的真実に反してでも貫かれるデュー・プロセスとしての人権は，柔軟であってはならないのである。

　(2)　第2の問題は，法的人権の含意が，立法府の救済制度設営に対しても

---

[41]　田宮裕「刑事訴訟法の変遷」岩田傘寿『刑事裁判の諸問題』（判例タイムズ社，1982年）161頁，181頁。

限界を画することにあることに関連する。人権侵害に対する救済を与える法的手段を規定するのは，第一次的には立法府である。しかし，人権が憲法上の権利として認められたゆえんは，少なくとも自由権については，まさに司法府による保護を求めうる点に存するのであるから，実定救済制度が不十分な場合，司法府による直接憲法に基づく救済が与えらるべきなのである[42]。このような要請は，とりわけ刑事手続上の人権については強い。なぜなら，刑事手続上の人権の主たる侵害者は，警察官・検察官という法執行機関であるから，実際に法的救済が与えられない限り，人権規定は空文化してしまうからである。法的救済が与えらるべきだと言っても，いかなる場合に人権侵害があったのかが不明確では，議論は空回りするだけである。被疑者の憲法38条1項の権利侵害に対し，実効的救済を与えるためにも，権利概念の明確化が不可欠となる。

(3) 以上に述べたような問題意識から，憲法38条1項が規定する「刑事手続上の沈黙の自由」に法理学的考察を加え，そのようにして得られた憲法解釈が，被疑者の自白追及の法的規制にどのような波紋を投げかけるかを，考察したのが第9章である。

(4) 最後に，憲法38条1項の権利を，従来用いられてきた黙秘権や自己負罪拒否特権あるいは，供述の自由と呼ばずに（刑事手続上の）沈黙の自由と呼ぶのかを，明らかにしておく必要がある。その理由は2つである。

第1に，従来の用語は，憲法上の人権と刑訴法上の権利の双方を指すものとして使用されてきたが，憲法上の人権であることの法的含意の重要性に鑑み，区別する必要があると感じたこと。

第2に，「供述の自由」には特にその感が強いのであるが，従来当該権利は，「沈黙するか，否認するか，供述するかの選択の自由」をいうとされ，供述の任意性と同義に解されてきた。しかし，まさに個人の尊厳にとって，「沈黙」することの重要性を強調するのが，当該権利の本質であると考えたからである。この点の詳細は，第9章で行った。

ところで，沈黙の自由は，従来，思想・信条の自由との関係を中心に論じ

---

[42] この点について詳しくは，遠藤比呂通「憲法的救済法への試み(1)，(2)」国家学会雑誌101巻11・12号（1988年）1頁，102巻7・8号（1989年）35頁を参照。

られ，事実を沈黙する自由は原則としてないとされてきた[43]。しかし，憲法典はまさに，事実に関する沈黙の自由だけを明文で，刑事手続を念頭に置いて認めたのである。事実か思想かの区別が重要だというのではない（思想の糾問は，事実の存否，評価を問うものであることを想起）。

　重要なのは，いかなる場合に，沈黙が不可欠かである。沈黙が，自由人にとって，自己の尊厳を守る唯一の手段である場合が存する。「お前は『魔女』であろう」，「君は『共産主義者』だということを告白し給え」という問いに直面した人々の中には，そのような状況に置かれた人もいた。なぜなら，そのような問いに答えること自体，問いが正当なものだと認めてしまう恐れがあるからである。問いが発せられている根拠，思想をそもそも受け入れられない人にとって，たとえ自分が糾問者が考えているような意味で「魔女」や「共産主義者」ではなかったとしても，「私は『魔女』ではありません」，「僕は『共産主義者』なんかではない」と答えることは，自分の信条に反することになってしまう。

　自分を「魔女」，「共産主義者」であることを認める者は，「『魔女』と言われている者こそ，真のキリスト者なのだ」，「現在，『共産主義者』と呼ばれている者こそ，リベラルな信条の持主である」という思想を抱いているかもしれない。彼女（彼）は，「魔女」，「共産主義者」であることを認めた上で，迫害者を説得しようとすることもできよう。しかし，宗教裁判やマッカーシー旋風が吹き荒れるときに，そのような試みが成功する蓋然性は極めて低い。迫害を受けて殉教するときこそ，信仰告白の絶好の機会であるという考え方を持つ信仰体系もあろう。しかし，合理的計算から沈黙することこそ妥当であるとする思想体系も多いから，その場合には，沈黙することが実際上とりうる唯一の手段である。

　問いの正当性を認めた上で，身の潔白を証しようと考える人はどうであろうか。糾問者が挙げる事実について，いちいち反駁を加えていくことは得策なのだろうか。嫌疑をかけられた者が，それを晴らすための立証を行うことは極めて難しい。沈黙は，ひとり「愚者」だけでなく，合理的人間の知恵であることが，この場合にもあてはまる[44]。

43　樋口陽一ほか『注釈日本国憲法(上)』前掲注(30) 392～393頁〔浦部執筆〕。

社会的,道徳的非難を受ける被告発者(The Accused)たる地位に立たされた被疑者,被告人にとって,人間としての尊厳を確保するためには,端的に,沈黙の自由が保障さるべきであり,これが本章の結論である。

---

44 マッカーシー旋風に抗して書かれた次の文献は,この点で,多くの示唆に富む。Erwin Griswold, "the 5th Amendment Today" (1957).

第11章 死刑と適正手続

――人は死刑を受け入れる義務を持つか――

1 はじめに

「死刑とデュー・プロセス」という古くて,新しい問題については,刑訴法学の緻密な分析が集積され,検察官,裁判官,弁護士の法曹3者,捜査機関による実践を踏まえた論評が,まさに汗牛充棟する[1]。

さらに,いわゆる死刑廃止条約の批准が要請され,死刑廃止運動が,アムネスティ・インターナショナルなどの国際組織を中心に,盛り上がりを見せている[2]。しかし,憲法訴訟および憲法解釈に携る者として,看過することのできない,次に述べるような3つの欠落が,従来の死刑廃止および存置論に存すると思われる。その欠落の原因の1つは,ほかならぬ人権論の論理構造自体にある。

第1に,死刑廃止運動の隆盛に伴い,立法論として,死刑制度廃止論が展開する一方,解釈論として詰められるべき問題点が,少なからず残っている,ことである[3]。戦後間もなく,木村亀二が違憲論を主張し,阿部純二がそれ

---

[1] これまでの議論については,市川正人「刑事手続と憲法31条」樋口陽一著編『講座憲法学4』(日本評論社,1994年) 197頁。

[2] 平成元 (1989) 年に国連総会において採択された,市民的及び政治的権利に関する国際規約の第2選択議定書1条1項は,「この選択議定書の締約国の管轄内にある何人も,死刑を執行されない」と規定する。この議定書は,平成6 (1994) 年6月現在,20ヵ国によって批准されている。

　アムネスティ・インターナショナルの死刑廃止論については,アムネスティ・インターナショナル編 (辻本義男訳)『死刑と人権・国が殺すとき』(成文堂,1989年)。

[3] 死刑存廃論の系譜については,三原憲三『死刑存廃論の系譜 (第2版)』(成文堂,1995年)。また,団藤重光『死刑廃止論 (第4版)』(有斐閣,1995年) も参照。

を整理して以来,憲法論が十分行われてこなかったというのが実情である。この理由の1つは,立法論と解釈論の区別が曖昧であったためだと思われる[4]。

第2に,第1の点とも関連して,憲法自体は,死刑制度を容認しているのではないかという主張が,行われてきたことである。その主要な根拠は,適正手続を規定する憲法31条自体が,「生命」という文言を含む点にある[5]。これに対しては,31条は,仮に死刑を認めるとして,その場合にも,法の適正手続が(特に厳格に)履践されねばならない,という趣旨に解釈さるべきだという反論が,有力に行われている[6]。

筆者も,この反論に賛成である。ただ,憲法が死刑を認めるか否かの問題についての,論じ方に異論がある。この点が,第3の欠落にかかわってくる。それは,従来の法律論の多くが,死刑判決へ至る刑事手続の現状や死刑確定者の置かれている状況とあまりにかけ離れたところに視点を置いてきたことである。憲法典は,社会契約の信託文書であってみれば,戦後50年の日本社会の刑事制度の運用と離れて,その条項の解釈は語れないはずであろう。

2 学説の流れ

憲法解釈論における欠落を以上の3つのように整理することについては,異論の余地があるであろう。ここではやや図式的に述べたため,従来この議論に携ってきた方々には納得できない表現が見い出されるかもしれない。そこで,実際行われてきた議論の流れに即して,従来の死刑論に見られる特徴

---

4 阿部純二「死刑と残虐な刑罰」『憲法判例百選Ⅰ(第2版)』(有斐閣,1988年)222頁。

5 死刑を規定する刑法199条,200条の憲法適合性を判断した,最大判昭和23年3月12日刑集2巻3号191頁は,「憲法第31条によれば,国民個人の生命の尊貴といえども,法律の定める適理の手続によって,これを奪う刑罰を科せられることが,明かに定められている。」と判示する。

6 阿部・前掲注(4)。アメリカ連邦最高裁における同種の議論とその反対論については,ウィリアム・ブレナン(金原恭子訳)「合衆国最高裁からみた憲法裁判と死刑」アメリカ法1988-1号1頁,16頁以下を参照。

を浮き彫りにしておくことにしよう。ここでも，従来の議論は，3つの流れに分類することができるように思われる。

　第1は，憲法36条の「残虐な刑罰」の禁止を文字どおり，その時代の国民感情あるいはコンセンサスに照らして残酷と考えられるか否かに依拠させる議論である。死刑制度そのもの，その具体的執行方法（絞首刑）が，その時代にどう受けとられるかという問題は，もう少し文明が発展すれば，あるいは世界的に死刑廃止国が増加している傾向に鑑み，死刑を廃止すべきだという立法論と，区別しがたい性格を持つ[7]。

　第2は，第1が「残虐」を中核概念に据えていたのに対し，「生命の尊重」を重視する考え方である。死刑は国家による殺人であり，憲法13条の生命権を奪うものであると主張されたり，人格の尊厳（「人は他人の道具となってはならない」）から，生命を奪うことを，抑止の手段とすることは許されないと論じられた。死が不可逆であることを強調し，死刑の場合，特に誤判の可能性を重視すべきだという説も，この流れに属する[8]。

　最後に，法律学的な議論の潮流を紹介する。それは，憲法36条の「残虐な刑罰」の禁止を，デュー・プロセス的考え方の中に位置付け直し，「手続的にも実体的にも適正な」刑罰の要請と解する流れである。手続的な適正さとしては，刑法の条文が，明確な基準を定めているかという問題（罪刑法定主義の当然の帰結）と，量刑事情が多岐にわたる場合に，量刑基準が判例法理として明確に定式化されているかという問題がある[9]。

　実体的問題は，刑罰の目的論と密接に関わっている。死刑存廃論が，主として刑事法学者によって担われてきた原因の1つはここにある。刑罰の目的を応報と考えると存置論へ，教育と考えると廃止論へという親和性が見い出

---

[7] 「最後の野蛮」というのが，死刑廃止に尽力した正木亮が死刑に付けた評言であった（正木亮『死刑――消えゆく最後の野蛮』〔日本評論社，1964年〕）。憲法解釈としては最近では，最三小判平成5年9月12日（判例集未登載）において，大野補足意見が，この種の議論を展開している。その中でもやはり，解釈論と立法論は区別しがたい。

[8] 団藤・前掲注(3)。

[9] たとえば，平川宗信「死刑制度と憲法」名古屋弁護士会における講演録。同「大野補足意見と死刑廃止論」法学教室160号（1994年）114頁。

される。さらに，抑止と考える場合には，死刑が，他の刑罰（通常は無期刑）と比して，本当に抑止効果を持つかが，立法事実の検証を通じて確認されねばならないことが，説かれている[10]。

　以上の3つの潮流は，必ずしも網羅的でもなければ，排他的でもないだろう。ただこれらの議論が，死刑についての法律論を，国家の刑罰権の限界の問題として捉えている点には異論はないと思われる。換言すれば，個人が，国家（国法）に従う義務があるか否かの問題として定式化されてきたのである。この議論の重要性は否定できないが，思考がここにとどまっていることが，当初に指摘した，3つの欠落の最大の原因ではないか，これが本章が主たる関心とするところである。

3　本章の問題関心

　個人と国家の二極構造をモデルに，人権論を構築することの問題性については，第4章で指摘したとおりである[11]。ここでは，その結論だけ繰り返しておこう。それは端的に，個人が現実離れした抽象化（ある人にとってはイデアであろうが，他の人にとっては偶像）で捉えられ無内容化する一方，国家がネーション・ステートとして，少数民族，宗教，文化を切り捨て，公共性を独占するという危険をもたらす点にある[12]。

　この難点が，極限にまで達しているのが，死刑についての憲法論である。個人について，一体どのような社会層の人々が，どういう経緯を辿って死刑に処せられてきたのかも十分に考慮されなかったし，国家の刑罰権を考えるとき，安易に憲法典は死刑を前提とすると仮定されてきた。さらに，「残虐さ」という主観的，実際的な配慮についても，死刑囚にとってどうなのかという視点が欠落しているだけではなく，国民感情も実証的に検証されたわけではない。

　では，どのように考えるべきであったか。私は，死刑の憲法論は，「人を

10　三原・前掲注(3)。
11　遠藤比呂通「神話から契約へ」福音と世界1995年5月号21頁。
12　長谷部恭男『権力への懐疑』（日本評論社，1991年）177頁以下。

殺した市民は，他の市民に対して，死刑という刑罰を受け入れる政治的義務を負うか」という問題として定式化されるべきであると考える[13]。なぜなら，政治的義務の問題として考えて初めて，死刑を行うのは，法務大臣，検察官，刑務官ではなく，我々ひりとひとりの手であることが実感できるからである。社会契約論的思考は，まさにここに本質がある。

「人を殺した市民は，他の市民に対して，死刑という刑罰を受け入れる政治的義務を負うか」という問いには，歴史的コンテクストを離れた答えはない。つまり，個人が非現実的に抽象化されたり，得体のしれない国家が公共性を振りかざして乱入してくることもないのである。政治的義務は，まず何よりも，当該市民が置かれたコンテクストにおいて，合理的に期待可能なものでなければならない。以下，この議論のモデルを示そう。

4 自然状態における政治的義務

(1) ロックの政治的義務論

市民政府（国家）が，市民より信託された権限の限界を，何よりも抵抗権の問題として定式化する一方，各人が自然状態（社会）において持つ政治的義務の問題に，その解決を求めたのが，他ならぬジョン・ロックであった。ロックの自然状態が，我々に様々な思考素材を与えてくれることは言うまでもない。死刑についても同様である。したがってまず，ロックの議論を参照してみよう[14]。

ロックは，自然状態において，殺人を犯した者は，全人類から殺されても仕方がないと明言している。その理由は2つある。第1は，他の人類に対し，殺人を犯した者がどのような処刑を受けるかの範例を示すことによって，再発を防止するためである（我々の言葉に翻訳するなら，社会防衛，一般予防，抑止）。

---

13 この点については，John Dunn, "Political Obligation in its Historical Context : Essays in Political Theory", Cambridge Univ. P. (1980).
14 P. LasLett ed., John Locke "Two Treatises of Government", Cambridge Univ. P. (1988) Book II Chap. II §11.

第2に，殺人を犯した者は，共同生活を営む不可欠の前提たる理性を欠く者として，獣のように打ち殺されても仕方ないからである。

この第2の点が，ロックの議論の核心なので，少し紙幅を割いて分析することとしよう。ロックにおいて理性は，「いかに生くべきか」についての答えを導くための手段として，人間に与えられた道具という性格を持つ。理性は生得的ではなく，人間の経験という実践によって磨かれていくものであり，欲望，しっと，感情ではなく，理性が意志を支配することに，人間の自由を見たのであった（この意味で，自由は程度問題である[15]）。

したがってロックにおいては，理性によって自然法を認識した個人が，理性を与えた神への畏怖に基づいて，自由に神に，そして相互に服従するという人間像が描かれていたと言ってよい。神の存在を否定する無神論者が寛容の対象からはずされたのはもちろん，自然法が明確に禁ずる殺人という暴力に訴える者は，共同社会の成員たる資格を奪われるとされたのも，このためである。彼はそのことは，当然自然法の啓示たる聖書にも書き記されていると考えたのである。

ロックが政治的義務の中味として，刑罰の目的と，理性的行為論に依拠していることに注目しよう。前者についてどう考えるかは，どのような歴史コンテクストに個々人が置かれているかに依存する。後者については，第1の殺人が全く理性に反するものだとしても，なぜに，制裁としての第2の殺人が理性的に行いうるのか，という疑問が生ずる（ロックが，復讐を根拠に挙げていないことは，この点からみれば首肯できよう）。

ロックにとって，理性の光は，絶対的な意味を持つ。既知の事項から演繹によって推論を行う力としてはもちろん，直観によって与えられる啓示を，経験の中に基礎付けていく働きに重要性が付与される。理神論的な理性信仰の持つ冷たさ（理性を超えるものを認めない）を退けつつ，反理性的な狂信的信仰を避けるために生涯を賭けた彼にとって，理性を欠き，罪の支配に身を委ねた人類は，救すまじき存在であったのである。

しかし，先に述べたように，彼の自然状態についての記述には，矛盾をはらんだ主張がある。

15　John Dunn, "Locke" Oxford Univ. P. (1984).

それは、第1の殺人を行った者に対し、他の全人類が、理性的に殺人を行えるという主張である。それは、ほとんど不可能であろう。そこで、彼は、自然状態のこの欠点を認め、信頼を託すべき市民政府の創設が不可欠であると主張したのであろうが、しかし、ここには明らかに循環論法がある。自然状態で持たない権利は信託できないはずである。

ロックの辿った道筋を戻り、どこで彼が道を踏みはずしたかについて考えてみよう。自然状態において、人を殺した者は、全人類から殺されても仕方がないという自然法は、人類最初の殺人者であるとされるカインの胸にさえ刻み込まれていた、と聖書の創世記を引用しつつ、ロックは主張する。しかし奇妙なことに、彼は、神のカインに対する判決の前半部分（それは追放であった）しか引用しておらず、残りの部分を無視している。残りの部分には、「いや、それだから、カインを殺す者は、7倍の復讐を受けるだろう」（創世記）とある。

ここには、殺人者に対する殺人を明確に禁止する、自然法が記されていたのであった。我々は、ロック的自然法の内部においてさえ、市民が他の市民を殺した場合の、死刑を受け入れる政治的義務が十分論証されていないことを確認しておきたい。ロック以降、政治的義務の問題は十分論じられなくなっており、この問題をもっとも深く考察したのはロックだったことに徴すれば、我々は、安易にこの義務の存在を肯定してはならないのではないか。

以上に紹介した、ロックの実践神学的社会契約論は、そのままの形では、歴史的コンテクストの違う現代社会には適用することはできない。しかし、相互の存在を喜ぶ社交的人間が、信頼（Trust）を与え合うことが、社会の形成に本質的であるとする、彼の社会契約論の前提は、孤立した個人が自己利益を最大化するように行動する、市場をモデルに社会を考える現代政治学よりは、はるかに現実との切り結びを可能にするはずである[16]。

(2) 政治的義務と憲法典

我々の生きる社会の本質的事実は、我々が個人としてより孤立した存在となっていくという点にあろう。これは一方で、信頼ではなく利益によって人々が結びついているという傾向を示すと言えそうである。しかしだからこ

---

[16] John Dunn, "Reconceiving Political Responsibility" (1990).

そ，功利主義的な利益の最大化原則を示す経済至上主義は，まさに人権理念の中核に存する「個人の尊厳」と矛盾するという点にこそ，憲法典釈義の出発点を置かなくてはならない。そこで，市民相互の政治的義務の問題が，どのように憲法解釈に関連するかを，次に示しておくことにしよう。

ジョン・ロックにおいて，市民政府の設立にかかわる社会契約において，統治権の限界の問題は，主として，革命家による抵抗のそれとして，論じられた。市民の政治的義務として正当化しえない事柄については，当然市民政府の権限にも属しえないという形で。一例を示すなら，宗教的寛容については次のようになる。宗教については，心の底からの献身的信仰に関するものであるから，人々は，理性に基づく説得以外の方法によって，宗教を強制してはならない。宗教的結社は，自発的結社でなくてはならず，入会と脱会の自由はもとより保障されなくてはならない。破門以外の強制手段はとりえない（以上が，市民相互の政治的義務の問題）。次に社会契約において，市民のプロパティの保護（生命，自由，財産の保障）のために，国家（市民政府）には刑罰権を中心とする強制権限（これらはもともと各市民が持っていた）が付与されるが，宗教についての強制権限は委託されえないことになる。国家が，各人に留保された良心の自由を侵害したとき，国家への服従義務から市民は解かれる可能性が生ずる（遵法義務の問題）。

現在，このような議論は，制度化された抵抗権のひとつである，違憲審査制の中で，憲法典解釈のそれとして展開しうる。つまり，市民は，法律に規定された遵法義務を，自己の危険において争い，具体的な事件においてその無効を主張できるのである[17]。

死刑について言うなら，市民相互の政治的義務の内容を当該社会において考えたとき，死刑を受け入れる義務が存在しないなら，憲法13条の包括的基本権を根拠に，当該刑罰法規の違憲性を主張することになる。この場合，政治的義務の存在を立証する責任は，国家の側にあることは言うまでもない。現代社会において，このような義務を正当化するための作業は，ロックの時代より遥かに困難になっていると思われる。

17　遠藤比呂通『自由とは何か』（日本評論社，1993年）。

5 市民社会におけるデュー・プロセス

以上の行論が正しいとすると，憲法典という社会契約の信託文書には，市民の生命を刑罰として奪う権限は記されていないことになろう。次に，では多くの論者が主張するように，仮にこのような権限が国家（市民政府）に付与されているとして，その場合憲法典は，どのような実体的，手続的権利を，死刑を求刑されている市民に与えているかについて，論じておこう。

(1) デュー・プロセス

日本国憲法31条は，刑事手続について，手続的，実体的な適正さを要請している。さらに，特に死刑との関係では憲法36条が問題となる。

具体的問題について言えば，①いかなる場合に無期刑に処せられるのか，死刑に処せられるのか，刑法のレベルで明確でなければならない，②死刑を選択する場合考慮さるべき量刑の要素が限定されていること，③量刑要素を考慮する際の裁判官の裁量がコントロールされていること，の3つが手続的要請である[18]。

これらの3つの手続的要請については，1972年のFurman判決以来，死刑が「残虐で異常な刑罰」(Cruel and Unusual Punishment) に該当しないか否かに関する，合衆国連邦最高裁の膨大な判例理論の積み重ねが存する[19]。日本国憲法36条は，連邦憲法第8修正を母法とするだけに，これらの判例法理との機能的比較を行うことは，日本国憲法の解釈に有益な示唆を与えてくれよう[20]。ここでは，その際の留意点について触れるにとどめる。

合衆国の50の州および連邦において，かなりの法域が死刑廃止に踏み切

---

[18] 以上についてたとえば，「特集——死刑を考える」自由と正義42巻10号（1991年）。

[19] たとえば，Carol and Jordan Steiker, "Sober Second Thoughts: Reflections of Two Decades of Constitutional Litigation of Capital Punishment", 109 Harv. L. Rev. 355 (1995).

[20] たとえば，菊田幸一「アメリカにおける死刑に関する司法判断と日本国憲法」法律論叢61巻4・5号（1989年）125頁。

っていることが、まず重要である。立法者が廃止を選択した理由、及びその後の経過について研究しておくことは、存置州についての憲法判断の中で最高裁が示す政策的考慮の真偽を吟味する際に重要となろう。日本において、当面、死刑廃止が行われそうにはないが、すでに廃止を行った法域とそうでない法域の双方を含む社会との比較は、非常に興味深いのではないか。

次に重要なのは、死刑の憲法問題が、陪審制度と密接に関わっていることであろう。有罪か否かを判定する陪審と、量刑を判定する陪審（双方、あるいは後者が裁判官という法域もある）の二重構造が要請されていることが注目される。被告人が、無罪を主張して争う機会と、有罪を前提にしながらも、量刑の点で、死刑が「残虐で不必要、異常である」という主張を行う機会の双方を行うべきことが、手続的に保障されなければならないのである。

(2) 死刑と差別

合衆国連邦最高裁判事中、一貫して、全ての事件について、死刑の適用を違憲としてきたのは、ブレナン（Brennan）判事とマーシャル（Marshall）判事であった（後に、ブラックマン〔Bluckman〕判事もこの立場に加わる）。

マーシャルは[21]、死刑がある一定の条件を満たすなら、憲法適合的な制度となりうることを、論理的には認める。退官前、最後の意見となったある事件の反対意見は、次のような有名な書き出しで始まる。「理性ではなく、権力が、我が裁判所を支配し始めています」[22]。この言は、陪審が死刑を選択する際に、「被害者側に犯罪がどんな影響を及ぼしたか」を検察官が教示することを、禁じた判決を変更する法廷意見に対して、発せられたものである。

彼は1976年の4つの判決によって、死刑が合憲とされた後も、全ての死刑について、違憲の反対意見を書き続けているが、先例拘束性（stare decisis）を無視していたわけでは、決してなかったのである。彼は、76年判決が、死刑を合憲とするために打ち出した手続的保障が、合衆国の刑事手

---

[21] Thurgood Marshall, "Remarks on the Death Penalty", 86 Colum. L. Rev. 1 (1986) ; Steiker, "The Long Road up from Barbarism : Thurgood Marshall and the Death Penalty", 71 Tex. L. Rev. 1131 (1993).

[22] Payne v. Tennessee, 111 S. Ct. 2597, 1991,2619-25 (Marshall, J., dissenting).

続の運用の中で，決して満たされるものではないことを強調したのである。抽象的文言ではなく，現実的運用の中でこそ，法は実現しなければならないとする，NAACPの法律家出身の彼ならではの考え方が，ここには存するのである。

今少し具体的に言うなら，彼は次の2つの視点から，死刑の憲法問題を見ていたということである。第1は，社会的に疎外された少数者（minority）の視点である。抽象的文言の世界で，いくら正義が語られても，実際に死刑に処せられていく比率は，人口や犯罪率を考慮しても，黒人や精神障害を持つ人々のほうが多いという事実は否定できない。

第2は，それらの不利な人々（handicapped people）が，刑事手続の運用の中で，実際に，自分の生命を十分に防衛する機会が与えられているか否か，という視点である。彼は，人身保護請求事件において，死刑囚には手続的にも，実体的にも大きな制約が課されているということと，死刑執行の期日が設定されてしまうと（通常は1ヵ月前），再審請求が機能しなくなるという例を挙げて，死刑囚の立場の不当性を主張するのである。

6 人は死刑を受け入れる義務を持つか——むすびにかえて

市民社会は，相互に負うべき政治的義務によって成立する。この社会において，正当防衛は認められるとしても，「死刑」を受け入れる義務を論証することは難しい。本章は，この事実が持つ憲法解釈論的含意を考察するものであった。この問題を最も深く考えたロックにおいても，論証が不十分であったことは，看過しえない，というのが結論である。

市民社会が，政府を創設して，政治的義務の問題が，国家（法）への服従義務（遵法義務）とそれへの抵抗の問題に変更されても，もともと市民が持たない権限を信託できない以上，以上の結論は変わらないはずである。

しかし本章では念のため，仮に市民政府にそのような権限があるとした場合，死刑を求刑された市民には，どのような適正手続が与えらるべきかについての枠組みについて考察しておいた。

現行法制上，被告人が，死刑を免れる十分な防衛を行いうるかについての，実際の運用に即した検証が行われねばならない。この点に鑑みたとき，死刑

第3部　刑事訴訟における市民の権利の位相

再審事件において4つもの無罪判決が存するという事実は，極めて重要であろう。なぜなら，量刑事情が正当に考慮されたかについては，つまり，「死刑の残虐性」プロパーについては，再審を申し立てる機会はないからである。しかも，被告人は，公判段階では無罪を主張するか，量刑の相当性を主張するかのジレンマに立たされているのである。4という数字は，他の冤罪事件の存在を暗示するだけでなく，不必要に（つまり，残虐に）死刑に処せられた人々の数について，一体どれくらいなのかを疑わしめるものであろう。日本の刑事制度の運用において，たとえ抽象的レベルにおいて死刑制度の正当化が可能であるとしても，実際の運用において，公正な死刑制度が可能であるとは言いがたい状況にあると言わざるをえないのではないか。

最後に，死刑と差別の問題を扱ったが，この問題についての，より端的な指摘を行う，ある死刑囚の方の手記を引用して，本章のむすびとしたい。

「わが身に向けて投げつけられた『極刑をもって臨むしかない』という言葉を，私は2度聞いている。それは，『お前を殺す』という宣告である。お前は殺されるべき人間である。だから死ね——と。人間を否定する上において，これほど完璧な方法はない。死刑判決を受けるのは，そのほとんどが『殺人』を犯した者ではある。しかし，人間である。さまざまな事情を抱えたその人間が『生きる』こと，すなわち人間として存在することまでをも否定しようという刑罰に貫かれている思想は，『不要な奴は殺してしまえ』という，人間を人間として扱わない差別の究極的形態であり，それなくして死刑という殺人刑は可能たりえないのだ」（木村修治『本当の自分を生きたい。死刑囚・木村修治の手記』〔インパクト出版，1995年〕より）。

〔付記〕

「最大多数の最大幸福」という功利主義の一般解釈からは，死刑肯定論が出てきそうであるにもかかわらず，ベンタムにおいて，死刑は廃止されるべきだとされていた点を検討する文献として，石井幸三「ベンタムにおける受刑者処遇(1)(2・完)」龍谷法学35巻1号1頁，2号1頁（2002年）がある。

石井は市民社会や市民国家を論じることは，理念型的なあるいは典型的な「市民」からはずれるとみなされる者をどう扱っていくのかという視点から，ベンタムが「市民の周辺にいる人々」の処遇をどう論じたかを分析し，当該の社

会と国家の構成員という資格を剥奪される死刑について，死刑になる犯罪を犯しやすい階層「貶められた惨めな階層（a degraced and wretched class）」の更正を考えることなく死刑を科したところで，社会は有形，無形の損失を伴うとして，ベンタムが死刑に反対していたことを浮き彫りにさせている。

第12章　市民参加と刑事陪審

── 陪審選定手続におけるカラー・ライン ──

1　事実の概要

　1990年8月10日，ジョージア州ビガーティ・カウンティのカウンティ裁判所において，大陪審（起訴陪審）は，被告人3名（トーマス，ウィリアム，エラ・マッカラム）を暴行および傷害の6つの訴因で起訴した。

　被告人は白人であり，被害者は黒人である。検察官（州）の主張によれば，本件暴行・傷害は人種的偏見に基づくものである。小陪審（事実陪審）の選定手続において，弁護人が陪審候補者から黒人を排除するために専断的忌避権[1]を行使する恐れが強いとして，検察官は次のような命令をあらかじめ発するよう裁判官に求めた。「もし，州側が被告人の人種差別的忌避権行使を一応証明（a prima facie）したなら，その行使についての人種に基づかない理由を被告人は示さなければならない」。

　検察官のこのような申立ての背景には，1986年のバトソン判決[2]において連邦最高裁が，「被告人側が，検察官の専断的忌避権の人種差別的行使を一応証明した場合，検察官は人種以外の理由を示さなければならない」と判示したことがある。検察官はその後の判例法理の発展を考慮に入れるなら，被告人側も，人種差別的に忌避権を行使することは許されないと主張したので

1　専断的忌避権（peremptory challenge）については，たとえば，ABA project on Minimum Standards for Criminal Justice──Standards Relating to Trial by Jury 77 (Approved Praff 1968) を参照。

　本件に関わるジョージア州の州法によれば，42名の陪審候補者（veniremen）から12名を選定する手続（voir dire）において，被告人は20名を理由を示さずに忌避できる（ただし，4年以上の懲役の罪について）。Ga. Code. Ann. §15-12-160, 165 (1990).

ある。

　事実審裁判官はこの申立てを却下した。この争点のみに関する上訴が行われたが、ジョージア州最高裁も同様の判断を示した。1991年のエドモンソン判決[3]は、民事裁判において被告が人種差別的に専断的忌避権を行使することを禁じたのであるが、刑事裁判の被告人の忌避権の自由な行使を制限することは別問題であると判示された（ただし、4対3の僅少差）。連邦最高裁は、この争点に判断を下すためにサーシオレイライを認めたが、それに対する判断を示したのが、本件判決である。

2　判　旨

ブラックマン裁判官の法廷意見（レーンクィスト首席裁判官、ホワイト、スティーヴンス、ケネディ、ソーター裁判官同調）

　判示事項　　連邦憲法は、刑事被告人が、専断的忌避権の行使において、故意に人種差別を行うことを禁じている。この解釈に反するジョージア州最高裁の判断は覆され、本裁判所の判断と矛盾しない手続によって刑事裁判が行われるように、本件は州裁判所に差し戻される。

　理由（要旨）　　前世紀以来、ほとんど途切れることのない諸判決の中で、連邦最高裁は徐々に、陪審に関する考慮の中に、人種が入り込むことを排し

---

[2]　Batson v. Kentucly, 467 U. S. 79 (1986). 1965年に専断的忌避権の行使に関わるカラーライン人種問題を初めて扱った連邦最高裁は、当該事件について検察官が差別的な忌避権の行使を行ったことでは足らず、一定の期間、組織的に州が差別的運用を行ってきたことを証明して初めて、平等条項違反になると判示した（Swain v. Alabama, 380 U. S. 202〔1965〕）。バトソン判決は、この重い証明責任を軽減するよう判例変更を行った、画期的判決である。

[3]　Edmonson v. Leesville Concrete Co., 111 S. Ct. 2077 (1991). 本件は、連邦直轄地で発生したネグリジェンス（negligence）に関する訴訟であったので、連邦地裁に提起された。事故の被害者である原告（裁量上訴人）Edmonsonは黒人であり、被告である雇主Leesville Co.が、陪審選定手続で、3名のうち2名の忌避権行使を黒人候補者に対して行ったことの、平等原則違反（第5修正）が争われた。主たる争点は、「州の行為」（state action）についてであった。

てきた。……〔本件で争点となった〕連邦憲法は、刑事被告人が人種差別的に、専断的忌避権を行使することを禁止しているかという論点に判断を下すためには、次なる4つの諸問題に、一定の解答を与える必要がある。第1に刑事被告人が人種差別的に専断的忌避権を行使することが、バトソン判決にいう「害悪」を発生させるか否か。第2に、被告人による忌避権の行使がルガー判決[4]において定式化された判断枠組みの下で、「州の行為」(state action) を構成するか。第3に、この争点を提起する「適格」(standing) が、検察官に認められるか。第4に、以上の3つの諸問題に肯定的に答えた場合でも、被告人の憲法上の人権に対する考慮によって、先例を本件にも拡張することが妨げられないか、である。

　陪審員が人種的偏見によって構成されることから生ずる害悪は、被告人および排除された陪審員候補に対するもののみならず、社会全体に及ぶのである。黒人を故意に排除して、陪審団を構成することは、公衆が陪審手続によせる信頼（公正な人々が、法に従って有罪か無罪かを決める）を損なうものである。とりわけ、人種的偏見に基づく犯罪についての公判手続においては、かような公衆の信頼は不可欠なものとなる。

　人種差別の全てが、連邦憲法に反するわけではなく、その行為が「州の行為」(state action) と言いうる場合のみである。第14修正の平等保護条項の適用との関係において、刑事被告人の専断的忌避権の行使が「州の行為」を形成するかについては、ルガー判決で定式化された判断枠組みによって決められねばならない。その枠組みとは第1に、憲法上の侵害が州権力に淵源を持つ権利か特権により生来したものであるか否か、第2に、侵害を行った者が、州の一員 (state actor) と呼びうるような存在であるか否か。

　1991年のエドモンソン判決は、民事事件の被告の専断的忌避権の行使を「州の行為」と認定したものであるが、そこで述べられた理由は、同様の真実さをもって、刑事手続における被告人の忌避権の行使にもあてはまる。しかも、刑事手続においてどちらが忌避権を行使しようと、候補者を排除したとされるのは裁判官であるということも重要である。

　被裁量上訴人〔本訴被告人〕は、刑事手続において被告人と検察官が対審

---

[4] Lugar v. Edmondson Oil Co., 457 U. S. 922 (1982).

構造的関係に立つことをもって，専断的忌避権の行使が「州の行為」ではないと主張する。しかし，対審構造的関係に立つというだけでは，この問題に結着をつけるに十分ではない。行使される権限の性格とコンテクストが重要である。専断的忌避の行使は，被告人の防禦のために行われる他の様々な行為と性格がかなり違う。そこでは，本質的には州の機関である人々が選定されているのである。

被告人による専断的忌避の行使が，「州の行為」であるとして，州（検察官）には，その点を争う適格があるかが次に問題となる。1991年のパワーズ判決[5]は，白人の被告人が，手続から排除された黒人の利益を主張する適格を認めたが，そこで述べられた理由が同様に本件でも有効である。しかも，州は，州の人民を代表して手続に臨んでいるから，社会全体の利益及び司法の廉潔性を主張する適格を有する。

最後に残された問題は，バトソン判決以降守られてきた諸利益が，被告人の刑事手続上の権利に道を譲らなければならないか否かである。それを考える前提として重要なのは，被告人の専断的忌避権の行使が，憲法上保護された基本権ではなく，公正な陪審と公平な裁判のために州が創設した手段にすぎないということである。もし，人種差別的専断的忌避の行使が，公平な裁判の一要素だと主張するなら，それは正義に反すると言わざるをえない。

被告人には，効果的な弁護士の援助を受ける第6修正上の権利があるが，専断的忌避権の行使の際に，人種以外の理由を言わなければならないからといって，それが侵害されるわけではない。最後に，被告人が公正な陪審による裁判を受ける第6修正上の権利も，人種差別的忌避権の行使が禁止されることによって侵害されない。なぜなら，ここでいう「公正」とは争う両当事者にとってのそれなのであるから。

レーンクィスト首席裁判官の補足意見　（省略）

5　Powers v. Ohio, 111 S. Ct. 1364 (1991). 殺人罪などの訴因で起訴された被告人（白人）が，検察官（州）の人種差別的忌避権の行使を争えるかが争点となった事件。バトソン判決で保護された利益は，刑事被告人の第14修正上の権利のみならず，排除された陪審のそれを含むのだという点と，後者の権利を主張する適格を前者に認めた点が先例とされる部分である。

トーマス裁判官の意見

法廷意見の結論にのみ同調。

エドモンソン判決の拘束力のため，結論に賛成するが，バトソン判決以来，専断的忌避権の行使を制限するために連邦憲法を使用してきた先例に対する不満を表明したい。1880 年のストラウダー判決[6]において被告人と同じ人種の陪審員がいることで，人種的偏見を乗り越えた，より公平な陪審団が形成されることが確認された。この前提を覆したバトソン判決以降の判例の流れは，次のような 2 つの害悪を招くことになろう。第 1 に，刑事被告人の権利よりも，陪審になろうとする人々の権利を優先させるという本末転倒の事態を招いたことである。第 2 に，このままいくなら，専断的忌避権の行使が著しく制限され，自分と同じ人種の陪審員に裁判してもらうことに存する刑事被告人の利益がおろそかにされることである。

オコナー裁判官の反対意見

本日，法廷意見は，次のような注目すべき結論に達した。州によって起訴されている被告人は，陪審選定手続において専断的忌避権を行使する際には，自分の敵対者たる州の代わりに行為している，というのである。法廷意見は単に先例に従っているのみであると主張するが，先例はかような倒錯した結論を要請しているのでなく，むしろ，伝統的な公判における役割を果たす被告人およびその弁護人は，州の一員として行為するものではないということを確立させているのである。

最高裁の先例が要請し，法廷意見が無視しているのは，被告人と，被告人を公判廷に強制的に出頭させている州との関係を，現実的に評価することである。逮捕から，公判，判決，そして刑罰付与と，被告人と政府の敵対的関係は，みるもの全てにとって，明らかである。

スカリーア裁判官の反対意見 　（省略）

6　Strauder v. West Virginia, 100 U. S. 303 (1880). ジム・クロウ法と呼ばれる人種差別立法は，生活の様々なレベルで黒人を隔離しただけではなく，選挙権の登録，陪審員の資格という，政治参加の基本的機会においても，明文でそのような差別を行っていた。本件で問題となったウェスト・ヴァージニア州法も，陪審たる資格を明文で，白人男性に限定していたのである。

3 研　究

本件判決の意義を理解するためには，3つの事柄について知見を得ていなければならない。1つは，陪審である。そのアメリカ社会で持つ意味。選定手続（voir dire），特に両当事者に与えられる専断的忌避権の行使。第2に，人種問題（カラーライン）。アメリカ社会に病巣として根深くはびこる問題について，とりわけ，ＮＡＡＣＰを中心とする裁判闘争がどのように行われてきたかについて。3番目は連邦最高裁の判例法理。1986年のバトソン判決以降，本判決まで，最高裁が「陪審選定手続における人種問題（カラーライン）」にどのように対応してきたか[7]。さらに，各ロー・レビューの評釈者たちはそれをどう整理し，評価しているのか。

本研究が与えられた時間と紙幅の中で，これら3つの全てについて，一定の知見を示すことは不可能である。そこで，最高裁の裁判官の意見に現れた考え方を中心に，ややスケッチ風に述べるにとどめざるをえない。

(1)　アレクシス・ド・トクヴィルは19世紀中葉，アメリカ合衆国の刑事司法制度視察のために8ヵ月あまり合衆国に滞在した。そのときの経験をもとに書かれた「アメリカの民主主義」（特に第1巻）は，フランスで好評を博しただけでなく，アメリカ人の自己理解を助けるための基本書として，現在まで読みつがれている。その書物の中に，次のような1節があることはつとに有名であるが，引用しておこう。

「陪審，とりわけ民事陪審が，訴訟当事者にとって有用であるかは定かではないが，アメリカの民主主義にとって不可欠であることは確かである」。トクヴィルのこの見解が，いわばイデオロギーとして，後の世の人々を支配してきたのである。アメリカの市民の民主主義的政治参加は，選挙権の行使を別にすれば，陪審団の一員になる機会が唯一のそれであることを強調し，陪審団から排除されることと，アメリカ社会から排除されることを同一視す

7　これらの判決に対する邦語文献のうち，特に本章が参照したのは，以下の2つである。藤田浩「『公平な』陪審裁判と無条件忌避」判例タイムズ642号（1987年）51頁，紙谷雅子「最近の判例」アメリカ法1992-2号，323頁。

る，パワーズ判決のケネディ法廷意見もこの文脈で捉えることが可能であろう。

　しかし，トクヴィルのこのような読み方は的を射たものだろうか。最高裁の判例法理の流れが，刑事被告人の権利よりも，社会全体 (community as a whole) に対する影響を考慮に入れるほうに傾いているだけに，「アメリカの民主主義」の中で，トクヴィルが言おうとしたことを，より精確に把握しておく必要があるように思えてならない。

　むしろ，トクヴィルが言いたかったのはこうである。政治の世界に人々が参加することの効果として，人々が政治に依存せず，かといって私生活の領域にも閉じ込もらず，積極的に公（連邦でも州でもなく，教会，学校などの部分社会）のことに関わっていくことで，社会がボランタリー精神によって活気づくことに驚嘆したのである。彼が，刑事ではなく，私人相互の紛争を解決するための民事陪審の重要性を強調したのは，この点と関連する[8]。

　そうだとするなら，事態はそう簡単ではない。人種に基づいて，陪審候補者から排除されること（政治参加への自由の制限）と，黒人社会がアメリカ社会の中で，マイノリティとして差別されていることに相関があるにしろ，問題は，個々の黒人が形式的に政治参加の機会が与えられれば解決するわけではないからである。

　黒人にしろ，白人にしろ，一方が他方に優越しているという前提に立って，人の有罪，無罪を判断することを，法は認めていない。したがって，理由を示さずして一定の人数を忌避する特権を両当事者に与えたのは，差別に基づいて忌避することを容認したのではなく，偏見に根ざした判断を陪審員の中から排除するためであった。人の内面の深層に関わる事柄であるだけに，コート・ルームの中で証明してみせるのは著しく困難であるから。

　というのも，陪審制度は一方で，人種的偏見を持った人々が入り込むことを拒否する論理の上に成り立っているから。

（2）　そこで我々はアメリカの民主主義にとって陪審の持つ意味という，最

---

[8] Alexis de Tocqueville, "1 Democracy in America", 334-337.
　本文のようなトクヴィルの読み方については，政治学の大嶽秀夫氏から教示を受けた。

高裁の判例法理のライトモチーフになっている見方とは別の視点から「陪審選定手続における人種問題(カラーライン)」にアプローチしなければならない。他の見方としては，刑事被告人の権利としてこの問題を考えていくことである。本件でも，トーマス，オコナー両裁判官は，このアプローチを採用しているように思われる。

人種に基づいた偏見を誰が持っているか，という非常に困難ではあるが重要な問題について，陪審選定手続において，一定の解決を与えなければならないとして，誰がこの判定を行うか。1986年のバトソン判決以前は，裁判官はほとんどこの判定に介入せず，検察官，被告人（弁護人），そして忘れてはならないのは，陪審候補者自身がこのような判断を行っていたのである。裁判官は，理由を付して排除を行うことができるが，候補者の自己申告を尊重せざるをえない立場にあった。

1986年のバトソン判決によって，検察官は次のような判断を行うことを禁じられた。「この黒人候補者を排除します。なぜなら，人種的偏見に基づいて，被告人に有利な評決を主張する可能性が高いからです」。そして本判決によって，白人被告人も，この特権行使に制限を受けることとなった。「この黒人候補者を排除します。なぜなら，人種的偏見に基づいて被告人に不利な判断を下す可能性が高いからです」。

補足意見でトーマス裁判官が恐れているのは，黒人被告人が，白人を排除する権利を失うことになることである。さて，この問題についてどう整理したらよいのだろうか。専断的忌避権自体を廃止してしまうという考え方は，この点一貫している。公正（fair）な陪審とは，社会を忠実に縮図すること（fair cross section）に求められるとすれば，社会に存する偏見が陪審団の中に入り込むことは避けられない，というのである。

しかし，偏見をできる限り除去しようとする努力を放棄したところでは，虚無感のみが支配しよう。そこで考えられる態度は2つある。1つは積極的是正策（affirmative action）的考え方である。本件のアミカス・キューリーとして登場したＮＡＡＣＰの意見書はこの立場をとる[9]。もう1つは先から

---

[9] Brief for NAACP Legal Defense and Educational Fund, Inc., us Amicus Curiae, 3-4.

述べている考え方である。忌避権を検察官と、刑事被告人の共有する権限であると考えずに、刑事被告人の権利であると考える立場である。

黒人の、黒人による、黒人のための専断的忌避権のみを認める立場に前者は帰着すると思われるが、積極的是正策一般が持つ難点を有するほかに、黒人のみが公正な判断者としている点からみて一種の「人種差別」となりかねない。

後者の立場が現在のところ、最も合理的なものだと考えられ、評釈者の中でも有力な支持を得ている。検察官の「専断的」忌避は否定されても、被告人のそれは残るということになろう[10]。

(3) ところで、最後に述べておかなければならないことがある。本件は言うまでもなく、合衆国連邦裁判所の判決である。アメリカのロー・レビューの評釈者がそれについて賛否を述べ、あるべき判例理論の発展の方向を示唆するなら意味があろうが、決して読まれることのない邦語文献の中で、「規範的」な言語を多く用いたことを、少し説明しておく必要があると思われる。

本章の目的は何よりも「紹介」にあった。ただ筆者が本章のようなスタイルをとったのは、差別というものに無関心の社会にその社会の言語を使って「紹介」することの困難さを解消するため、生き生きとした「紹介」をしたかったから。第2に差別の問題は、内在的視点に立って、思考実験を行ってみるしか理解しがたいと思ったからである。「みなさんが私と一緒に旅したいなら、ジム・クロウ・カーに乗らねばなりません」[11]。

---

10 バトソン判決以降の判例理論の評釈については、夥しい量の文献が存在するが、注(7)に掲げた邦語文献の中で、それらは適切に扱われている。本章の視点からみて重要であるのは、Underwood, "Ending Race Discrimination in Jury Selection : Whose Rights Is It, Anyway?", 92 Colum. L. Rev. (1992).

なお、刑事手続における人種(カラーライン)問題一般についての概観を得るためには、Developments in Law――Race and the Criminal Process, 101 Harv. L. Rev. 1472 (1988) が便宜であろう。

11 W・E・B・デュヴォワ『黒人のたましい』(岩波書店、1992年)。この本の原書は、W. E. B. Du Bois, "The Souls of Black Folk" (1903) である。

むすび――憲法訴訟の当事者としての市民

(1) 本書において，市民と憲法訴訟というテーマを，具体的裁判例を通して考察してきた。

市民と憲法訴訟について考察することは，裏返しとして，憲法の名による立法府を含めた政策過程の正当化の技術をも考慮することを意味する[1]。憲法上の人権が，市民の抵抗権を実定法化したものであるとすれば，憲法訴訟の当事者である国家ではなく，市民のための技術を考察する工夫が必要となる[2]。

そのための有力な手がかりを与えてくれるのが，法哲学者ドゥオーキンの議論である[3]。

ドゥオーキンの描く法の帝国において，憲法訴訟に決着をつけるのは，市民に与えられる切り札としての権利であるとされている。連邦や州自身に権利という切り札が与えられることはない。連邦や州は政策という公益を持ち出すことはできても，他の市民の権利という形でしか切り札を与えられることはないのである。

法は正義を体現するものであり，憲法典は「平等な尊重と配慮を受ける権利」という切り札を実定法化したものである。

既存の法と最も整合的であり，道徳的により素晴らしい正当化を行うこと

---

1 樋口陽一は，憲法判断積極主義と違憲判断積極主義の違いについての明確な自覚を説く文脈で，1976年につとに次の指摘を行っている。

「違憲審査制は，外国語ではより適切に『憲法適合性審査』といわれているが，実際，その機能は，違憲判決をすることによってだけ果たされるのではなく，合憲判決をすることもその重要な働きであり，最高裁判所は，まさにその点で，重要な役割を演じているからである。憲法の公権的解釈権をにぎる最高裁判所は，政治部門の憲法実例に対し合憲の判断をあたえることによって，憲法の名による正当化をそれに与えてきたのである」。樋口「違憲審査における積極主義と消極主義――衆議院議員定数配分の違憲判決に即して――」判例タイムズ337号2頁（1976年。後に，樋口『司法の積極性と消極性』〔勁草書房，1978年〕所収）。

むすび——憲法訴訟の当事者としての市民

が，憲法典を解釈する裁判官に課せられた任務ということになる。

憲法が作成される過程自体は，政策的考慮（公益と呼ばれる政策もあるが，実際は，一部圧力団体の利権であることもあり，政治家の選挙をにらんだ政治的決断であることもある，魑魅魍魎たる世界）が優先する領域である。

しかし，憲法制定過程により生成された憲法典そのものは，権利に関する原理を体現するものとして，裁判官によって解釈されなければならない。

憲法制定者が政策的考慮により作成した法が，裁判官にとっては政策ではなく，人権に関する道徳上の抽象的原理を体現するものとして立ち現れるというのは，違憲審査制についての道徳的正当化の有力な説明となっている。

これに対し，違憲審査の対象となる州法および連邦法などの制定法は，各人に切り札として与えられる権利に関する原理を規定するだけでなく，原理と対比される政策を体現することも多い。ここで政策と呼ばれているのは，州法の制定過程で影響を与えている現実の政策的考慮のことではなく，「最大多数の最大幸福」といったような公益についての一貫した道徳理論である。

ドゥオーキンは，こういった憲法解釈のモデルの有効性を合衆国を二分する論争的，道徳的問題である中絶問題に適用することで示そうと試みている。

彼によれば，中絶をめぐって争われている凄絶な政治的，道徳的，法的論

---

2 刑事事件においては，検察官が公益（国）を代表して当事者となる。また，行政事件訴訟では，2004年行政事件訴訟法改正により，これまでの行政庁ではなく，国および公共団体が，被告として訴訟当事者となった（同11条）。国家賠償請求訴訟においても，被告は，国または公共団体である。

しかし，民事訴訟では，たとえば，区分所有法の一括建替決議の根拠規定（同70条）の憲法適合性が問題となる訴訟において，訴訟当事者と憲法判断における「当事者」が一致しない。

さらに，住民訴訟では，前提問題である実体法規の憲法適合性がいかなる場合に公金支出の違法性を構成するか，構成するとして，場合財務会計行為の権限を与えられ，住民訴訟において最終的に損害賠償責任等を追及される職員と，憲法の実体法規に反する原因行為を行った職員が一致しない場合どうするか，などの「当事者」についての考察が不可欠となる。

これらの問題については，別の機会に考察したいと考えている。

3 Ronald Dworkin, "A Matter of Principle", Oxford U.P., (1985); "Law's Empire", Harv. U.P. (1986); "Freedom's Law", Oxford U.P. (1996).

争は，一般に理解されているように「胎児が人か」「中絶は殺人か」といった究極の価値選択をめぐる争いではなく，むしろ，「受胎のときから尊重しなければならない生命の尊厳さ，神聖さ」という同一の価値をめぐる論争であることになる。

　胎児の生命の価値を絶対視しようとするキリスト教徒，ユダヤ教徒も，女性の実質的選択権を強調するフェミニストも双方，受胎の時から生ずる生命の尊厳，本質的価値に関する「宗教上の問題」に関し，「誰が」「どのような責任」ある決定を行うべきかをめぐって対立をしていることになる。

　人間の尊厳，胎児の生命の神聖さは，自然（神）と人間の投資による創造に固有の価値を認めることから生じるという意味で宗教的，霊的（価値）に関する選択により生じる。その投資は，自然（神）からだけでなく女性の選択によるものであり，女性自身が自ら出産と中絶という生命の重要性に関する決断をすることができることになる。

　(2)　ドゥオーキンの以上のモデルは，憲法訴訟の当事者としての市民という立場からなぜ，たとえば中絶の問題において，女性のみが切り札を持つべきかを説明する方法として，極めて有力なものであり，筆者も，前著『自由とは何か』においては，裁判官の法解釈モデルとして彼のモデルに依存した記述を行った。

　しかし，このモデルの有効性は否定できないとしても，このモデルにより，見えなくなってしまう重要な事柄があるのではないか。

　その後筆者は，そう考えるようになった。そのきっかけとなったのは，夫の暴力の問題を実践の中で問い続けてきた，弁護士小島妙子による，性に関するダブル・スタンダードの存在の指摘である。

　「女性は男性との性交渉の結果妊娠しますが，現実の世界では，この場合男女の関係が対等ではないですね。セクハラや夫婦間暴力の結果としての妊娠もあります。出産か中絶かの選択にも，女性が男性より様々な点において劣位におかれていることが反映します。出産すれば仕事を失うとか。避妊や中絶について相手も含めた他人とオープンに話し合える状況にもありません。そこは性に関するダブル・スタンダード（＝二重の基準）が存在します。そこで，望まない妊娠をしなくてすむように，男女の力関係を対等なものにしていく，女性が自分の体を自分のものとして取り戻すことが大切ではな

むすび——憲法訴訟の当事者としての市民

いでしょうか」。

小島弁護士が、このような問題提起を行ったのは、1997年11月6日に京都で行われた、弁護士水谷英夫と筆者を加えた座談会の席であった。ドゥオーキンの『ライフズ・ドミニオン——中絶と尊厳死そして個人の自由』の小島弁護士と水谷弁護士による翻訳原稿を基に、その内容について討論する座談会であった。

上記発言に続いて、小島弁護士は言う。

「ドゥオーキンは女性の自己決定権を修正第１条で強力に擁護する一方で、決定に当たっての責任を強調しますが、ドゥオーキンの議論では、『なぜ女性の自己決定権なのか？』ということがストレートにでてこない。ドゥオーキンは中絶と尊厳死について、いずれも宗教上の信念の問題だと言っていますが、中絶の権利は女性の権利であり、死に関する権利は男女を問わない、いわば権利の『名宛人』が違いますよね。なぜ女性の権利なのか？ 十分答えているといえるでしょうか」。

小島弁護士の問題提起は、弁護士としての実践に根ざした冒頭にある問題意識から来ている。

そして、この問題提起は、上記著作の主要テーマの１つである中絶問題についての、著者のドゥオーキンの1992年アメリカ連邦最高裁ケーシー判決理解に疑問を提起するものでもあったのだ。ケーシー判決は、ロウ判決を維持したものとして、そして、ドゥオーキン流の法解釈方法論を採用したものとして、上記著作の主要な素材となっていたのである[4]。

この問題提起の意味を、上記座談会において筆者は理解することができなかった。その問いの重要性に気付いたのは、それから、筆者も小島弁護士や水谷弁護士に導かれながら、家庭内暴力とセクシュアルハラスメントについてのいくつかの凄惨な事件を手がけた後であった。

ケーシー判決の事案とオコナーの意見（夫の告知が問題になった部分は法廷

---

4 Planned Parenthood v. Casey, 505 U. S. 833 (1992). ケーシー判決については、日本における全農林警職法最高裁判決の判例変更との対比の中で、政治部門と最高裁の対話の緊張関係を論じる論稿として、大石和彦「憲法裁判における原理と政治(1)～(3・完)」法学61巻3号、4号（1997年）、62巻3号（1998年）。

意見)を見てみよう。

　ケーシー判決で問題になったのは，ペンシルバニア州の中絶規制法であった。同法は，婚姻中の女性が中絶する場合は，夫へ告知をしたという陳述書に署名することを要件としていた。夫への告知要件は医療的な緊急事態については適用されない。

　さらに，告知義務の例外として，①「胎児の父親が夫ではない」②「胎児の父親がわからない」③「妊娠が配偶者による性的暴力の結果である」(この場合は被害届が必要である) ④「告知の結果，夫が妻に対し身体的暴力を加える可能性がある」という陳述書に署名することが規定されていた。

　同法には，医師がいずれかの陳述書を受領しない限り，中絶はできず，違反すれば免許を取り消されたうえ，夫からの損害賠償を受けるという制裁が規定されていた。

　この問題に答えるために，まずオコナー裁判官は，ロウ判決の枠組みを維持することを宣言し，当該事件の憲法問題を次のように定式化する。

　「女性は胎児が独立に生育可能になる以前について，中絶をする選択権を持ち，州からの実質的な障害によって過度の負担 (undue burden) を受けることなくその決定をすることができることが承認されなければならない」。

　そして，中絶の選択を行う女性が置かれている状況については，夫への告知要件との関係について，オコナーは次のような分析をする。

　「夫への告知要件に関する条項の本当のターゲットは，……中絶を受けることを夫に告知したくない女性でかつ告知要件の例外に該当しない婚姻中の女性たちである。われわれが上述のように証拠に基づいて確認した，不幸でありながら遍在する状況によれば，上記条項が関係する相当数の事例 (in a large fraction of cases) において，中絶手術を受けることを選択する女性にとって，同条項は，実質的な障害になる。同条項は，過度の負担であり，それゆえに無効である」。

　ここで，オコナーが言う，「不幸でありながら遍在する状況」とはドメスティック・バイオレンスを指す。オコナーは，下級審裁判所の専門家証言による事実認定を権威ある文献によって支持できるとして，立法事実を詳細に認定した。それによれば，上記夫への告知の例外条項では，救われない女性が少なからず生じるという事実を認定していたのである[4]。

5 連邦地方裁判所は，多数の専門家証人の証言をきき，この条項の予想される効果について詳細な事実認定を行った。それらは以下のようなものである。
　i　大部分の女性は妊娠を終了させる決定をする前に夫に相談している。
　ii　身体的暴力に関する例外条項は，以下のような場合には婚姻した女性によって主張されることはできない。すなわち，もし告知すれば夫は彼女の意思を家族や友人や知人に公にしてしまう，あるいは子供の監護権あるいは離婚の手続において将来彼女を非難する，あるいは彼女や子供たちあるいはその他の人に対して心理的苦痛や情緒的侵害を加える恐れがある場合，あるいは彼女ではなく，子どもや家族，あるいは彼女を愛する他の人たちに身体的暴力を加える場合。あるいは夫が自分の持つ経済的能力を行使することで彼女や彼女の子どもたちに必要な生活費を奪う場合である。それらのことが彼女に合理的に予想される場合，女性は夫に告知しないが，身体的暴力の例外にもあてはまらないのである。
　iii　調査によれば，全米で200万の家庭において家庭内暴力が起こっている。しかし，この数字はかなり控えめなものであって，実際の数字は女性の2人に1人が人生において家庭内暴力を受けているというふうに評価されている（数字が極めて控えめなのは，家庭内暴力は生命に危険を及ぼす程にならなければ，通常は公にならないからである）。
　iv　妻は夫に中絶をすることを告げない様々な理由を持っている。夫が病気だったり，自分の健康のことを考えたり，結婚が明らかにうまくいっていなかったり，夫は必ず反対するだろうという場合だったりする。
　v　夫の同意が得られたということを記録に残さなければならないとしたら，原告らの診療所は女性とカウンセリングするやり方を変えなければならず，患者に対し，彼女の最も内的な決定について開示するよう刑罰の制裁をもって余儀なくされることになる。この過程で明らかになった事実については，医者と患者の秘密であることは保障されることがない。なぜならば女性についての記録は裁判所による開示命令の対象外にはなっていないからである。あらゆる階級の女性，教育程度が様々であり人種も民族も宗教も違う女性が暴力を受けている。
　vi　女性に暴力を振るったり虐待する方法は，肉体的，心理的な様々な形態をとる。虐待の性質と範囲は広範囲の行為にわたり，残酷で過酷なものである。
　vii　婚姻した女性のうち，家庭内暴力の犠牲者がペンシルバニア州でも合衆国全体でも殺されている。
　viii　家庭内暴力はしばしばかなりの程度の性的な虐待を伴い，時には夫婦間レイプあるいは女性を性的不能にするという場合もある。
　ix　家庭内暴力においては，女性を強制させるために子ども達に対して虐待が行われる事が通常である。

むすび——憲法訴訟の当事者としての市民

x　妊娠を告知しただけでしばしば家庭内において暴行や暴力が急激に悪化するということがしばしば起こる。家庭内暴力の数は妊娠中に多くなり，しばしば最悪の事態が妊娠に結びつけられるのである。暴力を振るう夫は自分が父親であることを否認したり，妊娠したことを暴力の口実に使ったりするのである。

xi　家庭内暴力は典型的には秘密にされる。家族のメンバーは誰にも言うな，特に警察や医者に言うなと命じられる。暴力を振るう夫はしばしばもし外部の者に暴力のことを告げたりすれば，彼女や子どもたちをもっと虐待すると脅したり，お前の言うことは誰も信じるかと言ったりするのである。暴力を振るわれた女性もまた復讐を恐れて暴力について話すことは極めて稀である。

xii　医療関係者や他の助けをするはずの専門家の前でさえ暴力を受けた女性は暴力の事実を認めようとしない。なぜなら彼女たちは自分たちが暴力を受けているということを自分自身に認めないからである。シェルターに逃れ，あるいは夫に知られていない安全な家にいる女性も夫によって受けた身体的被害を報告することは合理的にはない。もし上記条項に従って夫に告知しようとすれば，どこかで彼女の居住場所が知れてしまうことを怖れる。彼女が将来の事態を怖れることは現在の状況においてかなり現実的なのである。

xiii　婚姻中のレイプは他人に告げられることや法執行機関に報告するということが稀であり，報告されても起訴されるのは非常に少ない。暴行を受けた女性がさらなる暴行を防ぐために夫と性的な関係を持つことは普通である。こういった種類の強制的な性関係は法の定義によれば夫の性的暴力に当たるのだが，女性自身は多くの場合そのようには考えないし，また話しても信じてもらえないということを怖れているのである。

xiv　法が設けている婚姻中のレイプの場合の例外は，性行為以外の性的強要の被害者によって主張することができないものであるし，レイプから90日以内に報告しなければならないという条項があるので，性的な虐待を受けた妻たちがこの条項を主張できる場合がさらに狭められている。というのも，こういった女性たちの多くが精神的に事柄が起こった後数年間はそれについて話したりあるいは報告したりすることができないからである。

xv　暴行を受けているという関係の性格からして，暴行を受けた女性は夫への告知要件の例外条項を利用できないのであり，それは形式的条項が彼女たちに適用されるかどうかは問わない（id. 889-892）。

連邦地裁の以上の認定は，家庭内暴力についての実態調査によって裏付けられている。アメリカ医療協会はこの分野における最近の調査の結果の要約を公にしているが，それによれば12ヵ月において全米で約200万人の夫による過酷な暴力の被害者が存在する。1985年の調査によれば，8人に1人の夫が妻に暴力を振るったという経緯がある。ア

むすび——憲法訴訟の当事者としての市民

これに対し，インフォームドコンセントのために，中絶手術の24時間以上前に一定の情報を医師から直接受けなければならないという条項（いわゆる義務的待機期間）についていえば，それが特に負担になる女性（最も貧しい人々，遠隔地からの人々，夫や知人に秘密にしなければならない人々）に対してでさえ，実質的障害になるという立法事実が存在しないとされた。

ここで，実質的な障害になるか否かの決め手は，中絶問題について女性の自己決定に反対する立場からも認められる，「女性の生命や健康を害する」（胎児が生育可能になっても，この理由による中絶は争いなく認められる）か否かであったと思われる。

ドメスティック・バイオレンスについてオコナーが認定した立法事実は，正に，夫への告知によって生じる害悪は，女性とその子どもたちへの命の問題を含めた危険であるという認識を示しているからである。

小島弁護士は，2002年に著した『ドメスティック・バイオレンスの法』（信山社）の中で，ケーシー判決を「ドメスティック・バイオレンスの実情を十分に考慮して違憲判断を示したことは，ドメスティック・バイオレンスに対する裁判所の認識の到達点を示すものとして注目される」と評価した。

これに対し，上記著作においてドゥオーキンは，夫への告知要件だけではなく，オコナーの基準からは24時間の義務的待機期間についても違憲判断をすべきだったと主張する。ドゥオーキンは，強制ではなく責任による女性の宗教的自己決定を強調する立場からオコナーをそう解釈したのであるが，彼が，ケーシー判決の紹介において，ドメスティック・バイオレンスの事実について1行も触れていないことが示唆的である。

彼にとって，24時間待たされてクリニックの前にいる反対派のピケを2度通らなければならない女性の負担（たしかに，相当な心理的負担であろう）とドメスティック・バイオレンスにさらされている女性と子どもたちという問題は同一平面に並べられていたと見ざるをえない。

メリカ医療協会はこういった数字はかなりの過少評価であるとしている。というのも事件の性格からして女性は報告をしないし，実態調査は非常に貧しく英語が喋れない人たちやホームレス状態にある，あるいは施設や病院に入っている人などを調査していないからである（id. at 892）。

むすび——憲法訴訟の当事者としての市民

　オコナーは，初めて女性で最高裁裁判官になった人である。ロー・スクールで首席を争う優秀さでありながら，最初にオファーがあった就職先は，法律事務所の事務職であったという。
　地方検事，州議会議員等を歴任して共和党政権によって最高裁入りしたという経歴を持つ[6]。2006年をもって退任をしたが，最後の置きみやげの1つが，中絶規制を違憲とする，エイヨット判決における全員一致の法廷意見の執筆であった[7]。
　エイヨット判決は，未成年の女性が親（あるいは後見人）の一方に対する告知をしなければ中絶ができないというニューハンプシャー州法の規定が，死亡の可能性が明らかな場合以外の医学的緊急条項を設けていないことによって，未成年の女性を重大な健康上の危険にさらすということで憲法違反になるとした。その中で，オコナーは，脚注において次のような立法事実を認定している。
　「しかしながら，若い女性が一定の場合，自分の自己決定の権利を賢明に行使するために援助してくれる，愛情をもって支えてくれる親を持っていないというのは，悲しいけれど真実なのだ。ホジソン判決において当裁判所は，両親への告知を中絶の要件とすることを違憲としたが，そこでは，若い女性が2人目の親に告知しない最も普通の理由は，2人目の親が子どもあるいは被扶養者に対する虐待者であり，告知したら，さらなる虐待を招くというものであった。さらに，健康および人間サービス省児童，青年，家族局による「児童虐待白書2003」によれば，虐待や遺棄の報告事例のうち，79.7％が，両親の共謀関係によるものであった」。
　女性一般ではなく，法が不利に働く人の視点を司法事実として重視し，それと同様の立場にいる人々に関する立法事実の検証を行うという，憲法訴訟のエッセンスがここには提示されている。
　ケーシー判決において，反対意見を書いたレーンクィスト首席裁判官は，オコナー裁判官が採用した「過度の負担のテスト」が焦点を合わせる女性が，

---

[6] オコナーについては，Greg Stohr, "A Black and White Case", Bloomberg Press (2004).
[7] Ayotte v. Planned Parenthood of Northern New England (2006).

むすび――憲法訴訟の当事者としての市民

8　司法事実の認定が，社会に存在する一般的経験則に依存するため，冤罪や差別を容認することになることを指摘し，被差別の立場に立たされた人々に特有の経験則によって，裁判所の事実認定を改めさせていく必要があることを立証する文献は，実務家と実務家を批判する学問的視点と経験の双方が必要であるだけに極めて少ない。

そのような稀少な文献として，西川雅偉「謎解き狭山事件」の連載（巻末参考文献）と水谷英夫『セクシュアルハラスメントの実態と法理』（信山社，2001年）がある。

前者は，自白と客観的事実の齟齬の有無という冤罪事件の一般的証拠構造では把握しきれない，「差別のダブルバインド」による悲劇について，30年にわたる著者の狭山事件弁護団での取組みの中での解明の結果を示す論稿である。

すなわち，被告人が否認から，3人犯行供述，単独犯行供述に至る過程を分析し，「第1審判決の死刑判決まで自白を維持した人は有罪だ」という，特に「裁判官に強固な経験則」を，被告人に固有な事情と，捜査過程における誤った認識を解明することで，打ち消す可能性を示唆している。なお，「ダブルバインド」とは，例えば，「精神」が母親との関係が親密になっていく変化を感じるが，行き着いたところは冷たい拒絶であったという矛盾が，精神を身動きのとれない状態にしてしまうことである。「差別」は，差別者と被差別者の立場を固定し，発話の自由さを奪い固定する。最初は幻かもしれないものが，現実のパワーとして作用し，それはシステム全体をちぎれさせてしまうのである。この点については，杉山あかし「差別のダブルバインドを解く」栗原彬編『講座 差別の社会学第4巻　共生の方へ』（弘文堂，1997年）

西川は，死体を埋めるのに使用されたスコップの発見を捜査当局が秘匿し，嫌疑を掛けている「被疑者」に「自分のものであるが，盗まれた」と上申させるという，いわば「捜査の常道」が，嫌疑を免れようとする「被疑者」の嘘によって，当該「被疑者」の嫌疑がなくなって以降も，捜査当局を自縄自縛していった過程を浮き彫りにする。「犯人は被差別部落出身者」であるという「差別」は，「犯人は，スコップを入手した可能性を持つ人々に限定される」という客観的装いを持つことによって，捜査過程全体を混乱させてしまったのである。このようにして「解きほぐされていく」差別の構造は，「被告人」自身が，「地下足袋」（靴ではなく）を履いている人（特に自分の家族）が犯人ではないかという認識へと追い込まれていく過程の分析と相俟って，単独犯行を1審の間維持せざるをえなかった被告人の状況を説明する有力な仮説を提供する。

後者は，弁護士と労働法学者という双方のキャリアを持つ著者が，安全配慮義務に関する学問的分析と実務経験を出発点に，「抵抗したはずだ」「すぐ騒いだはずだ」「恋人であったのではないか」「男を陥れているのではないか」などというセクシュアルハラスメントにおける神話を，被害女性に関する社会心理学的成果をも参照しなが

むすび——憲法訴訟の当事者としての市民

法の対象とする女性の一体何％に影響を与えるかが全く不分明であることを揶揄して次のように述べた。

「オコナー裁判官の共同意見は，妻に対する家庭内暴力の事例であって，法の規定する告知義務の例外要件に該当しない場合に検討の焦点を合わせたが，記録にはそれを支える何の証拠もない。共同意見は，告知義務の例外に該当しない女性の大きな部分（in a large fraction）が家庭内暴力の事案であると主張する。しかし，この仮定には，何らの客観的な根拠がない。自分の都合の良い結論に達するために，女性が告知したくない場合の100％が家庭内暴力にあたると仮定することも出来るし，同じように，20％に過ぎないと仮定できるのである。過度の負担のテストに依拠すれば，必然的に，このようなあてずっぽうに依存することになる」。

これに対し，オコナー裁判官は，次のように反論する。

「分析は，法が影響する女性が全体の1％であるというところで終わることはできないのである。そこは出発点である。法の合憲性はそれが影響する人々の行為に及ぼす影響によって判断されなければならない。……憲法上の分析の正しい焦点は，法が無関係な人々ではなく，法が制限となる人々に合わせなければならない」。

過度の負担のテストは，法が最も不利に影響する人々に対し，彼女らと同様な人々に関する「悲劇的であるが遍在する状況」についての立法事実に焦点を合わせる方法論である。これがなければ，立法事実論は，権力の単なる正当化の道具となってしまうのである。

たしかに，過度の負担のテストは，専門家証言とそれの依拠する文献のデータが統計的に不確かな場合は，スペキュレーションに依存しなければなら

ら，実際の裁判例の中で，「抵抗の現実的可能性の欠如」という経験則に転換させていく過程を学問的に整理した論稿である。

特に，被害状況の認識枠組みが変わることこそ，支配従属関係の法的把握の要点であり，その結果，支配側（雇い主や大学）に法的義務が発生する機序を明らかにした点で注目される。

憲法訴訟における，憲法事実の検証は，何よりも，上記のような「司法事実」についての視点の転換とその視点による事実の把握のための技術の発展の基礎の上に構築されなければならない。

むすび――憲法訴訟の当事者としての市民

ないが，そのデータが明確な場合には，裁判官の一致を獲得できる強みをもつ。

エイヨット判決は，レーンクィスト首席裁判官を含めた全員一致のものであった。

憲法訴訟の当事者となる市民とは，したがって，法の下で憲法上の権利の行使が最も制限される人々であり，これらの人々こそ，憲法事実としての司法事実の主張を最も正確に裁判所に持ち出すことができる人々である[8]。

あとがきにかえて——同業者諸氏へ

　本書で述べるべきことは終った。書かなかった事柄への弁明は，書くことによってしかできないのでやめておくことにして，最後に，感謝の辞を述べさせていただきたい。
　1　後藤貞人弁護士には，突然大学を辞職してころがり込んできた筆者に，弁護士としての「商品価値」を度外視して，私的に「司法修習」を施して下さったことに感謝する。それから10年，筆者が現在，弁護士として生活をしていられるのも後藤弁護士のおかげである。
　次に，江村智禎弁護士に。「要件事実」と「ようけある事実」の区別も分からない筆者に，多忙な毎日の中で，訴訟技術のイロハを伝授して下さったことに感謝する。ついでに言えば，関西流「ボケとツッコミ」のモデルを提供して下さったことにも感謝する。
　更に，奈良弁護士会の高野嘉雄弁護士と内橋裕和弁護士に感謝する。
　高野弁護士は，「刑訴法321条は何だ，言ってみろ。」と初対面の筆者に厳しく迫り，「横すべりで弁護士になりやがって」といじめともつかぬ言葉をあびせるだけでなく，警察といかにけんかするかを教えて下さった方である。
　内橋弁護士は，「お前さんはよー，こうやれば何とかなるさ」といって，弁護士につくづく向いてないと思う筆者に，そのときどきにかなった生活の知恵を与えて下さった。
　2　そして何よりも筆者は，熊野勝之弁護士と西川雅偉弁護士に感謝する。
　熊野弁護士は，弁護活動に手抜きをしないで40年以上も情熱をもって続けることの大切さを，西川弁護士は，仲間だといって，相手になったら容赦しない厳しさを教えて下さった。
　3　仙台弁護士会の小島妙子弁護士，水谷英夫弁護士，舟木友比古弁護士にも感謝しなければならない。
　御三方とは，筆者が仙台在住以来のおつきあいであるが，弁護士仲間にも恥かしくて聞けない相談事から，学問の高度な議論まで実に惜しみなく，豊かに与えて下さった方々である。

あとがきにかえて

4　最後に，西成法律事務所を支えて下さっている秘書の岩田優子氏と，法廷通訳をしながら，子育て，事務職の三者を懸命にこなしている連れ合いの李鍾和に感謝する。事務所で絵を書いたり，社長ごっこをしながら，留守番をしてくれる息子の遠藤愛明にも感謝したい。

資　料

平成 18 年（行ク）第 8 号執行停止申立て事件
（本案　平成 18 年（行ウ）第 4 号除却命令差止請求事件）

決　　　定

当事者の表示　別紙当事者目録記載のとおり

主　　　文

1　本件申立てを却下する。
2　申立費用は申立人らの負担とする。

理　　　由

第 1　申立ての趣旨

大阪市長が都市公園法 27 条 1 項に基づき申立人らに対して平成 18 年 1 月 13 日付けで下記①ないし④のテント，木製工作物等（以下「本件各物件」という。）についてした各除却命令を停止せよ。

記

第 2　事案の概要

1　本案事件は，大阪市長が，靱公園内にブルーシート製テント又は木製工作物を設置等して，これらを起居の場所とし，日常生活を営んでいる申立人らに対し，都市公園法 27 条 1 項に基づく監督処分として，平成 18 年 1 月 13 日付けで，本件各物件を同月 17 日午後 1 時までに除却するよう命令した（以下「本件各除却命令」という。）ところ，申立人らが，本件各除却命令はいずれも違法であるなどと主張して，その各取消しを求めた取消訴訟である。なお，申立人らは，本件各除却命令の差止めを求めて本案事件を提起したが，その係属中に本件各除却命令がされたことから，上記取消訴訟に訴えを変更したものである。

本件は，申立人らが，行政事件訴訟法 25 条 2 項に基づき，本件各除却命令により生ずる重大な損害を避けるため緊急の必要があるなどとして，本件各除却命令についての執行停止を求めた事案であり，申立ての趣旨からして，本件申立ては，手続の続行の停止を求める趣旨のものと解される。

2　都市公園法の定め

〔資　料〕

　都市公園法2条の2は，都市公園は，同法2条の3の規定によりその管理をすることとなる者が，当該都市公園の供用を開始するに当たり都市公園の区域その他政令で定める事項を公告することにより設置されるものとする旨規定し，同法2条の3は，都市公園の管理は，地方公共団体の設置に係る都市公園にあっては当該地方公共団体が行う旨規定する。

　同法6条1項は，都市公園に公園施設以外の工作物その他の物件又は施設を設けて都市公園を占用しようとするときは，公園管理者の許可を受けなければならない旨規定し，同条2項は，同条1項の許可を受けようとする者は，占用の目的，占用の期間，占用の場所，工作物その他の物件又は施設の構造その他条例で定める事項を記載した申請書を公園管理者に提出しなければならない旨規定している。そして，同法7条は，公園管理者は，同法6条1項の許可の申請に係る工作物その他の物件又は施設が同法7条各号に掲げるものに該当し，都市公園の占用が公衆のその利用に著しい支障を及ぼさず，かつ，必要やむを得ないと認められるものであって，政令で定める技術的基準に適合する場合に限り，同法6条1項の許可を与えることができる旨規定している。

　同法27条1項1号は，公園管理者は，同法（同法26条を除く。この段落において，以下同じ。）若しくは同法に基づく政令の規定又は同法の規定に基づく処分に違反している者に対して，同法の規定によってした許可を取り消し，その効力を停止し，若しくはその条件を変更し，又は行為若しくは工事の中止，都市公園に存する工作物その他の物件若しくは施設（工作物等）の改築，移転若しくは除却，当該工作物等により生ずべき損害を予防するため必要な施設をすること，若しくは都市公園を原状に回復することを命ずることができる旨規定し，同条3項は，同条1項の規定により必要な措置を命じようとする場合において，過失がなくてその措置を命ぜられるべき者を確知することができないときは，公園管理者は，その措置を自ら行い，又はその命じた者若しくは委任した者に行わせることができ，この場合においては，相当の期限を定めて，その措置を行うべき旨及びその期限までにその措置を行わないときは，公園管理者又はその命じた者若しくは委任した者がその措置を行うべき旨をあらかじめ公告しなければならない旨規定している。

　3　当事者の主張　　　（省　略）

〔資 料〕

第3　当裁判所の判断
 1　記録によれば，以下の各事実が一応認められる。
 (1)　大阪市は，都市公園法2条の2及び同法2条の3に基づき，靫公園を都市公園として設置し，これを管理している。
 (2)　申立人Yは，約8年前から，靫公園内で起居するようになり，都市公園法6条に基づく明示の占用の許可を受けないで，靫公園内の別紙図面で示す範囲内に別紙写真（写）1のブルーシート製テントを設置等し，また，同図面で示す範囲内に木製工作物を設置等して，これらを起居の場所とし，日常生活を営んでいる。
 申立人Hは，都市公園法6条に基づく明示の占用の許可を受けないで，同図面で示す範囲内に木製工作物を設置等して，これを起居の場所とし，日常生活を営んでいる。
 申立人Oは，同図面で示す範囲内に木製工作物を設置等して，これを起居の場所とし，日常生活を営んでいる。
 申立人Nは，都市公園法6条に基づく明示の占用の許可を受けないで，同図面で示す範囲内に木製工作物を設置等して，これを起居の場所とし，日常生活を営んでいる。
 平成17年10月31日の時点で，靫公園内には，申立人らの所有又は管理に係る本件各物件を含め，都市公園法6条に基づく明示の占用の許可を受けないで，ブルーシート製テント，木製工作物等が設置された場所が34か所あった。
 (3)　別紙図面で示す範囲が含まれる靫公園の東園にはバラ園が設置されているところ，大阪市は，同市において平成18年5月11日から同月17日の予定で開催される世界バラ会議大阪大会に向けて，靫公園の主として東園について，平成15年度から平成17年度にかけての3か年計画で，バラ園の全面改修，東園全体の再整備等を内容とする靫公園再整備工事を施工してきた。
 (4)　平成17年10月4日，大阪市西部方面公園事務所は，申立人らに対し，「工事のお知らせ」と題する書面を配布した。同書面には，工事名称を靫公園整備工事，工事期間を平成17年12月上旬から平成18年2月末までの予定，工事内容を自然観察園路整備，景石据付，植栽，剪定・剪除，工事区域を別紙図面で示す範囲として，「近く靫公園において工事を施工いたします。

〔資　料〕

つきましては，この物件は工事の支障となりますので，来る11月30日（水）までに撤去していただきますようお願いいたします。」旨記載されていた。

(5)　平成17年10月11日，申立人らを含む靫公園内で生活する者らによって構成されたうつぼ公園自治会は，大阪市西部方面公園事務所に山中所長宛ての要求書を提出した。同要求書には，全体工事によらず部分工事を行い，公園居住者の生活への影響を最小限にとどめること，強制排除を行わないこと，事態の解決のため同自治会と話し合うことなどが要求事項として記載された上，これに対する明確かつ真摯な回答のない限り，公園からの立退き及び同自治会を通さない戸別訪問を拒否するなどと記載されていた。

(6)　平成17年11月18日，大阪市西部方面公園事務所は，申立人らに対し，「告」と題する書面を配布した。同書面には，「公園内にテント・小屋掛け等を設置することは，公園を利用する皆様の支障となるばかりでなく，関係法令により禁止されていますので，所有者は，11月30日までに撤去してください。なお，期日までに撤去しない場合は，本市において処分しますので，念のために申し添えます。また，自立に向けた生活相談や自立支援センター入所，福祉措置の支援を希望される方は，ご連絡ください。」と記載されていた。

(7)　大阪市長は，平成18年1月5日，申立人らに対し，予定される不利益処分を都市公園法27条1項に基づく本件各物件の除却命令とし，弁明書の提出期限を同月11日までと定めて，行政手続法13条1項に基づく弁明の機会を付与する旨の通知をした。

(8)　申立人らは，平成18年1月11日，当裁判所に対し，相手方（大阪市）を被告として，大阪市長は申立人らに対し都市公園法27条1項に基づく本件各除却命令をしてはならない旨求める差止めの訴え（当裁判所平成18年（行ウ）第4号除却命令差止請求事件）を提起するとともに，仮の差止め（当裁判所平成18年（行ク）第4号仮の差止め申立て事件）の申立てを行ったが，当裁判所は，同月13日，同申立てを却下する旨の決定をした。

(9)　大阪市長は，同日付けで本件各除却命令をしたが，申立人らは，本件各除却命令において定められた期限である同月17日午後1時までに，本件各物件を除却せず，それ以降も除却していない。

〔資 料〕

(10)　申立人らは，同月17日，本案事件について，前記第2の1に記載のとおり，訴えの変更をするとともに，本件執行停止の申立てを行った。

(11)　大阪市長は，同月18日，申立人らに対し，行政代執行法3条1項に基づき，同月23日までに本件各物件が除却されないときは同法2条に基づき代執行を行う旨を文書で戒告した。

2　本案について理由がないとみえるときに当たるか否かについて

(1)　申立人らは，靫公園の区域内にテント又は木製工作物（以下「テント等」という。）を設置等してこれを占用することについて少なくとも公園管理者である相手方の黙示の許可を受けているというべきであるから，申立人らによる靫公園の占用は都市公園法6条1項に違反する不法占用には当たらない旨主張する。

しかしながら，前記のとおり，都市公園法6条1項は，都市公園に公園施設以外の工作物その他の物件又は施設を設けて都市公園を占用しようとするときは，公園管理者の許可を受けなければならない旨規定し，同条2項は，同条1項の許可を受けようとする者は，占用の目的，占用の期間，占用の場所，工作物その他の物件又は施設の構造その他条例で定める事項を記載した申請書を公園管理者に提出しなければならない旨規定している。そして，同法7条は，公園管理者は，同法6条1項の許可の申請に係る工作物その他の物件又は施設が同法7条各号に掲げるものに該当し，都市公園の占用が公衆のその利用に著しい支障を及ぼさず，かつ，必要やむを得ないと認められるものであって，政令で定める技術的基準に適合する場合に限り，同法6条1項の許可を与えることができる旨規定するとともに，同法6条1項の許可を与えることができる工作物その他の物件又は施設として，電柱，電線，変圧塔その他これらに類するもの（同法7条1号），水道管，下水道管，ガス管その他これらに類するもの（同2号），通路，鉄道，軌道，公共駐車場その他これらに類する施設で地下に設けられるもの（同3号），郵便差出箱，信書便差出箱又は公衆電話所（同4号），非常災害に際し災害にかかった者を収容するため設けられる仮設工作物（同5号），競技会，集会，展示会，博覧会その他これらに類する催しのため設けられる仮設工作物（6号）及びこれらのもののほか，政令で定める工作物その他の物件又は施設（同7号）を規定しており，都市公園法施行令12条は，法7条7号の政令で定める工作

〔資 料〕

物その他の物件又は施設として，標識（都市公園法施行令12条1号），防火用貯水槽で地下に設けられるもの（同2号），国土交通省令で定める水道施設，下水道施設，河川管理施設及び変電所で地下に設けられるもの（同2号の2），橋並びに道路，鉄道及び軌道で高架のもの（同3号），索道及び鋼索鉄道（同4号），警察署の派出所及びこれに附属する物件（同5号），天体，気象又は土地観測施設（同6号），工事用板囲い，足場，詰所その他の工事用施設（同7号），土石，竹木，瓦その他の工事用材料の置場（同8号），都市再開発法（昭和44年法律第38号）による市街地再開発事業に関する都市計画において定められた施行区域内の建築物に居住する者で同法2条6号に規定する施設建築物に入居することとなるものを一時収容するため必要な施設（国土交通省令で定めるものを除く。）又は密集市街地における防災街区の整備の促進に関する法律（平成9年法律第49号）による防災街区整備事業に関する都市計画において定められた施行区域内の建築物（当該防災街区整備事業の施行に伴い移転し，又は除却するものに限る。）に居住する者で当該防災街区整備事業の施行後に当該施行区域内に居住することとなるものを一時収容するため必要な施設（国土交通省令で定めるものを除く。）（同9号）及びこれらのもののほか，都市公園ごとに，地方公共団体の設置に係る都市公園にあっては当該地方公共団体が条例で定める仮設の物件又は施設，国の設置に係る都市公園にあっては国土交通大臣が定める仮設の物件又は施設（同10号）を掲げている。さらに，大阪市公園条例（昭和52年大阪市条例第29号）8条の2は，都市公園法施行令12条10号の条例で定める仮設の物件又は施設は，市長が定める都市公園に設けられる仮設の施設で，都市公園を故なく起居の場所とし日常生活を営んでいる者に起居の場所として一時的に利用させるためのものとする旨規定している。しかるところ，前記認定のとおり，本件各物件は，申立人らが同所において起居し日常生活を営むための用に供する目的で設置されたブルーシート製テント等であって，都市公園法7条各号，同法施行令12条各号及び上記大阪市公園条例に掲げる工作物その他の物件又は施設のいずれにも該当しないことが明らかであり，都市公園にこれを設置することが法令上認められないものである。このことに加えて，前記認定のとおり，申立人らは，都市公園である靱公園の区域内に法令上その設置が認められていないテント等を設置等し，これを起居の場所

として日常生活を営むことによりその敷地を占用しているのであって，その態様等からして，公衆の利用に著しい支障を及ぼしているものということができるから，本件各除却命令がされるまでの間に西部方面公園事務所職員らとの間で申立人らが「執行停止申立書」において主張するような経過があったとしても，申立人らが靫公園内にテント等を設置等してこれを占用することについて公園管理者である相手方の黙示の許可を受けているということも，相手方の許可を受けているのと同視することができるということもできないものというべきであり，相手方は，都市公園法27条1項1号に基づき，申立人らに対し，当該テント等（本件各物件）の除却を命ずることができるものというべきである。

以上のとおりであるから，申立人らによる靫公園の占用は都市公園法6条1項に違反する不法占用には当たらない旨の申立人らの上記主張は，採用することができない。

(2) 申立人らは，都市公園法27条1項所定の工作物等に対する除却命令は，占有を解くことなくして工作物等を除却することができる場合，すなわち，代替的作為義務を命ずる場合に限定されているのであり，このことは，同条3項がいわゆる簡易代執行を規定しているところからも明らかであるところ，申立人ら起居の場所として日常生活を営んでいるテント等は申立人らの住居（家屋）であり，申立人らは当該テント等を家屋として占有使用しているのであるから，当該テント等を同条1項所定の除却命令の対象とすることは許されず，本件各除却命令は同項に違反し違法であるなどと主張する。

しかしながら，公園管理者が同法27条1項に基づき同項1号に該当する者に対して命ずる措置（監督処分）のうち都市公園に存する工作物その他の物件若しくは施設（工作物等）の除却を命ずる除却命令は，その性質上，当該命令を受ける者に対して当該工作物等を除却すべき行政上の義務を賦課することを法的効果とする処分にすぎず，それを超えてその者に対して当該工作物等の設置場所に係る占有を解くこと自体をも命ずる趣旨を含むものではないと解されるのであり，本件各除却命令に係る除却命令書の記載からも本件各除却命令が申立人らに対して本件各物件の除却に加えて申立人らがテント等の設置場所に係る占有を解くこと自体を命ずる趣旨をも含むものとは読み取れない。

〔資料〕

　しかるところ、工作物等を除却すべき行政上の義務が行政代執行法2条にいう「他人が代わってなすことのできる行為」に該当することは明らかである。

　もっとも、前記認定事実によれば、申立人らは、本件各除却命令の対象とされたテント等を起居の場所として日常生活を営んでいるものであるが、都市公園法27条1項は、同項に基づく除却命令の対象となる工作物等の種類、機能等を何ら限定してはいないから、申立人らの主張するように本件各物件が申立人らにとって住居としての機能を果たしているものであるとしても、本件各物件の除却は「他人が代わってなすことのできる行為」に該当するものというべきであり、同法3項の規定からそのような物件に対する除却命令が許されないと解することもできない。

　そして、本件各除却命令の執行によって申立人らが当該テント等及びその敷地の占有を失う結果になるとしても、除却命令及びこれに基づく行政代執行手続は、上記のとおり、当該除却命令の対象とされた工作物等の除却のみを目的とし、当該工作物の設置場所に係る占有を解くこと自体を目的とするものではないから、これに伴う占有の喪失は、当該工作物等が除却されることに伴って事実上生じる結果にすぎないというべきであり、このことをもって、当該テント等を含む本件各物件が都市公園法27条1項に基づく除却命令の対象にならないと解することはできないというべきである。

　なお、仮に本件各除却命令が申立人らに対して本件各物件の除却に加えて申立人らがテント等の設置場所に係る占有を解くこと自体を命ずる趣旨をも含むものと解する余地があるとしても、本件各除却命令に基づいて行政代執行法による代執行を行うことができるのは、本件各除却命令のうち本件各物件の除却を命ずる部分に限られるのであって、本件各除却命令のうちの申立人らがテント等の設置場所に係る占有を解くことを命ずる部分そのものが執行されるものではないから、そのことのゆえに本件各除却命令が都市公園法27条1項に違反するということもできないというべきである。

　以上のとおりであるから、申立人らの上記主張を採用することはできない。

　(3)　申立人らは、申立人らが他に場所がなくテント等に居住している状態は、裁判規範性を有する経済的、社会的及び文化的権利に関する国際規約（昭和54年条約第6号。以下「社会権規約」という。）11条により保護され

〔資 料〕

なければならないのであり，同条に関するいわゆる社会権規約委員会の一般的意見によれば，強制立退きが認められるためには，高度の正当化事由，真正な協議の機会等の適正手続，適切な代替住居の提供等が必要とされるところ，本件各除却命令の目的は不要不急の工事であって高度の正当化事由は存在せず，相手方は平成17年12月1日以降申立人らうつぼ公園自治会との協議を拒否しており，相手方の提供するシェルターや自立支援センター等は，プライバシーの保護等に欠けるのみならず，平穏性，尊厳性の要件に欠けるものであるから，本件各除却命令は，強制立退きのために必要とされる上記の要件を満たさず，同条によって保障された申立人らの居住権を侵害するもので違法であり，また，都市公園法（6条，27条）及び行政代執行法は社会権規約に適合するように解釈しなければならず，本件各除却命令に基づく代執行は，そのように解釈された行政代執行法2条にいう「他の手段によってその履行を確保することが困難であり」，「その不履行を放置することが著しく公益に反すると認められる」の各要件を満たさないから，違法であるなどといった趣旨の主張をする。

　社会権規約11条1項は，「この規約の締約国は，自己及びその家族のための相当な食糧，衣類及び住居を内容とする相当な生活水準についての並びに生活条件の不断の改善についてのすべての者の権利を認める。締約国は，この権利の実現を確保するために適当な措置をとり，このためには，自由な合意に基づく国際協力が極めて重要であることを認める。」旨規定しているが，社会権規約は，2条1項において「この規約の各締約国は，立法措置その他のすべての適当な方法によりこの規約において認められる権利の完全な実現を漸進的に達成するため，自国における利用可能な手段を最大限に用いることにより，個々に又は国際的な援助及び協力，特に，経済上及び技術上の援助及び協力を通じて，行動をとることを約束する。」旨規定しているところからも明らかなとおり，締約国において，11条1項にいう「自己及びその家族のための相当な食糧，衣類及び住居を内容とする相当な生活水準についての並びに生活条件の不断の改善についての権利」が国の社会政策により保護されるに値するものであることを確認し，この権利の実現に向けて積極的に社会政策を推進すべき政治的責任を負うことを宣言したものであって，個人に対し即時に具体的権利を付与すべきことを定めたものではない。また，

255

〔資 料〕

　申立人らが援用するいわゆる社会権規約委員会の一般的意見（4及び7）並びに同委員会の「最終見解」及びこれに対する日本国政府の「意見書」は，いずれも，法的拘束力を有するものとは解されない。

　したがって，社会権規約11条を根拠に本件各除却命令が申立人らの相当な生活水準についての権利ないし居住権を侵害する旨の申立人らの主張は，その前提を欠くものとして，採用することができない。また，都市公園法（6条，27条）及び行政代執行法は社会権規約に適合的に解釈されなければならず，本件各除却命令に基づく行政代執行は，そのように解釈された行政代執行の要件を満たさず，違法である旨の申立人らの主張も，同様に，その前提を欠くものといわなければならない。のみならず，前記第2の1のとおり，本件申立ては，本件各除却命令の取消訴訟を本案訴訟として手続の続行の停止を求める趣旨のものであるところ，公園管理者が都市公園法27条1項に基づき同項1号に該当する者に対して工作物等の除却を命ずる除却命令は，当該命令を受ける者に対して当該工作物等を除却すべき行政上の義務を賦課することを法的効果とする処分にすぎないから，申立人らは，本件申立てにおいて，当該処分とは別個独立の後続処分である代執行（戒告，代執行令書による通知）の要件の欠缺を主張することはできないものというべきである。仮にこの点を措くとしても，記録により認められる本件各除却命令に至る経過に照らすと，行政代執行法2条にいう「他の手段によってその履行を確保することが困難であり」の要件を具備するものと一応認められるところであり，また，前記認定事実及び記録に照らすと，申立人らは，都市公園である靫公園の区域内に都市公園法6条に基づく占用許可を受けずに同法7条及び同法施行令12条によってその設置が認められていないテント等の工作物を設置等してその敷地を占有し，同所を起居の場所として日常生活を営むことにより，公衆の利用に著しい支障を及ぼし，公共用物としての都市公園の機能を著しく損なっているものというべきであるから，後記(4)において説示するところにかんがみても，行政代執行法2条にいう「その不履行を放置することが著しく公益に反すると認められる」の要件をも具備するものと一応認められるというべきである。

　(4)　申立人らは，本件各除却命令は比例原則に違反し違法であると主張する。

〔資 料〕

　前記のとおり，社会権規約11条が個人に対し自己及びその家族のための相当な住居等を内容とする相当な生活水準についての権利を即時に具体的権利として付与すべきことを定めたものではないと解されるとしても，憲法は，13条において，「すべて国民は，個人として尊重される。生命，自由及び幸福追求に対する国民の権利については，公共の福祉に反しない限り，立法その他の国政の上で，最大の尊重を必要とする。」旨規定し，また，25条1項において，「すべての国民は，健康で文化的な最低限度の生活を営む権利を有する。」旨規定し，さらに，同条2項において，「国は，すべての生活部面について，社会福祉，社会保障及び公衆衛生の向上及び増進に努めなければならない。」旨規定している。これらの規定の趣旨に照らすと，個人の尊厳を確保し，健康で文化的な最低限度の生活を営むための相当な住居についての権利も，憲法上尊重に値するものと解される。もっとも，憲法25条は，いわゆる福祉国家の理念に基づき，すべての国民が健康で文化的な最低限度の生活を営み得るよう国政を運営すべきこと（1項）並びに社会的立法及び社会的施設の創造拡充に努力すべきこと（2項）を国の責務として宣言したものであって，同条1項は，国が個々の国民に対して具体的・現実的に上記のような義務を有することを規定したものではなく，同条2項によって国の責務であるとされている社会的立法及び社会的施設の創造拡充により個々の国民の具体的・現実的な生活権が設定充実されていくものであると解される。また，同条の規定が，国権の作用に対し，一定の目的を設定しその実現のための積極的な発動を期待するという性質のものであり，しかも，同規定にいう「健康で文化的な最低限度の生活」なるものは，極めて抽象的・相対的な概念であって，その具体的内容は，その時々における文化の発達の程度，経済的・社会的条件，一般的な国民生活の状況等との相関関係において判断決定されるべきものであるとともに，同条の規定の趣旨を現実の立法として具体化するに当たっては，国の財政事情を無視することができず，また，多方面にわたる複雑多様な，しかも，高度の専門技術的な考察とそれに基づいた政策的判断を必要とするものである（最高裁昭和51年（行ツ）第30号同57年7月7日大法廷判決・民集36巻7号1235頁，最高裁昭和60年（行ツ）第92号平成元年3月2日第一小法廷判決・裁判集民事156号271頁参照）。このような観点からすれば，個人の尊厳を確保し，健康で文化的な最

〔資 料〕

低限度の生活を営むための相当な住居についての権利が憲法上尊重に値するものとして，国が当該権利の設定充実のための社会的立法及び社会施設等の創造拡充に努力すべき責務を負うものと解されるとしても，その趣旨を実現するために具体的にどのような立法措置等を講ずるかの選択決定は，それが個人の尊厳を損ない，又は25条1項において健康で文化的な最低限度の生活を営む権利を保障した趣旨に反するなど，著しく合理性を欠き明らかに裁量の逸脱・濫用とみざるを得ないような場合を除き，立法府等の広い裁量にゆだねられていると解すべきである。

　前記認定事実によれば，申立人らは，都市公園の敷地に設置されたテント等を起居の場所として日常生活を営んでいる者であるところ，このような態様での都市公園の占用が法令上許されないことはもとより，公衆の利用に著しい支障を及ぼし，公共用物としての都市公園の機能を著しく損なうものであるとしても，本件各除却命令に基づく行政代執行が行われることにより，申立人らは，起居の場所を含めたいわゆる生活の拠点を失うこととなり，申立人らの年齢，申立人らの置かれている社会的，経済的環境に加えて代執行当時の気候等にもかんがみると，申立人らの被る不利益は決して小さくはないということができる。

　もっとも，我が国においては，平成14年，ホームレスの自立の支援，ホームレスとなることを防止するための生活上の支援等に関し，国等の果たすべき責務を明らかにするとともに，ホームレスの人権に配慮し，かつ，地域社会の理解と協力を得つつ，必要な施策を講ずることにより，ホームレスに関する問題の解決に資することを目的として，ホームレスの自立の支援等に関する特別措置法（平成14年法律第105号）が制定され，同法により，都市公園，河川，道路，駅舎その他の施設を故なく起居の場所とし，日常生活を営んでいる者をホームレスと定義した上，国は，自立の意思があるホームレスに対し，安定した雇用の場の確保，職業能力の開発等による就業の機会の確保，住宅への入居の支援等による安定した居住の場所の確保並びに健康診断，医療の提供等による保健及び医療の確保に関する施策並びに生活に関する相談及び指導を実施することにより，これらの者を自立させること，宿泊場所の一時的な提供，日常生活の需要を満たすために必要な物品の支給その他の緊急に行うべき援助，生活保護法による保護の実施，国民への啓発活

〔資 料〕

動等によるホームレスの人権の擁護，地域における生活環境の改善及び安全の確保等により，ホームレスに関する問題の解決を図ること，等の事項につき，総合的な施策を策定し，及びこれを実施するものとされ（同法3条，5条），また，地方公共団体は，これらの事項につき，当該地方公共団体におけるホームレスに関する問題の実情に応じた施策を策定し，及びこれを実施するものとされ（同法3条，6条），さらに，都市公園その他の公共の用に供する施設を管理する者は，当該施設をホームレスが起居の場所とすることによりその適正な利用が妨げられているときは，ホームレスの自立の支援等に関する施策との連携を図りつつ，法令の規定に基づき，当該施設の適正な利用を確保するために必要な措置をとるものとされている（同法11条）。そして，同法8条の規定を受けて策定されたホームレスの自立の支援等に関する基本方針（平成15年厚生労働省国土交通省告示第1号）においては，各課題に対する取組方針として，ホームレスの就業の機会の確保，安定した居住の場所の確保，保健及び医療の確保，生活に関する相談及び指導に関する事項，ホームレス自立支援事業及びホームレスの個々の事情に対応した自立を総合的に支援する事業，ホームレスとなることを余儀なくされるおそれのある者が多数存在する地域を中心として行われるこれらの者に対する生活上の支援，ホームレスに対し緊急に行うべき援助に関する事項及び生活保護法による保護の実施に関する事項，ホームレスの人権の擁護に関する事項並びに地域における生活環境の改善に関する事項が挙げられている。このうち，安定した居住の場所の確保については，ホームレス対策は，ホームレスが自らの意思で自立して生活できるように支援することが基本であり，ホームレス自立支援事業等を通じて就労の機会が確保される等により，地域社会の中で自立した日常生活を営むことが可能となったホームレスに対して，住居への入居の支援等により，安定した居住の場所を確保することが必要であり，このためには，国，地方公共団体等が連携した上で，地域の実情を踏まえつつ，公営住宅及び民間賃貸住宅を通じた施策の展開を図ることが重要であるとされている。また，ホームレスに対し緊急に行うべき援助に関する事項については，病気等により窮迫した状態にある者及び要保護者が医療機関に緊急搬送された場合については，医療機関等との連絡体制を整えるなど連携を図ることにより，早急に実態を把握した上で，生活保護による適切な保護に

〔資 料〕

努め，福祉事務所は，治療後，再び野宿生活に戻ることのないよう，関係機関と連携して，自立を総合的に支援するものとされ，居所が緊急に必要なホームレスに対しては，シェルターの整備を行うとともに，適切な処遇を確保することに留意しつつ無料低額宿泊事業を行う施設を活用し，これらの施設への入居を図ることとされ，生活保護法による保護の実施に関する事項については，ホームレスに対する生活保護の適用については，一般の者と同様であり，単にホームレスであることをもって当然に保護の対象となるものではなく，また，居住の場所がないことや稼働能力があることのみをもって保護の要件に欠けるということはない点を踏まえ，資産，稼働能力や他の諸施策等あらゆるものを活用してもなお最低限度の生活が維持できない者について，最低限度の生活を保障するとともに，自立に向けて必要な保護を実施するものとされている。さらに，地域における生活環境の改善に関する事項については，都市公園その他の公共の用に供する施設を管理する者は，当該施設をホームレスが起居の場所とすることによりその適正な利用が妨げられているときは，当該施設の適正な利用を確保するために，福祉部局等と連絡調整し，ホームレスの自立の支援等に関する施策との連携を図りつつ，施設内の巡視，物件の撤去指導等を適宜行うほか，必要と認める場合には，法令の規定に基づき，監督処分等の措置をとることにより，地域における生活環境の改善を図ることが重要であるとされている。そして，市町村は，この基本方針や都道府県の策定した実施計画に即して，必要に応じてホームレス対策に関する実施計画を策定し，それに基づき，地域の実情に応じて計画的に施策を実施するものとされている。なお，前記ホームレスの自立の支援等に関する基本方針を受けて定められた「ホームレスに対する生活保護の適用について」（平成15年7月31日社援保発第0731001号厚生労働省社会・援護局保護課長通知）において，ホームレスに対する生活保護の適用に関する具体的な取扱いについて，直ちに居宅保護を送ることが困難な者については，保護施設や無料低額宿泊所等において保護を行い，ホームレスの状況によっては養護老人ホームや各種障害者福祉施設等への入所を検討すること，保護開始時において居宅生活が可能と認められた者並びに居宅生活を送ることが可能であるとして保護施設等を退所した者及び必要な治療を終え医療機関から退院した者については，公営住宅等を活用することにより居宅において保護を行う

〔資 料〕

こと，保護開始時において居宅生活が可能と認められた者であって，公営住宅への入居ができず，住宅を確保するため敷金等を必要とする場合は，「生活保護法による保護の実施要領について」(昭和38年4月1日社発第246号厚生省社会局長通知) 第6の4の(1)のキにより取り扱うこと (敷金等を支給することができる)，などとされている。

　記録によれば，大阪市においては，ホームレスの自立の支援等に関する特別措置法が制定される前の平成11年7月から市長を本部長とする推進本部を設置して野宿生活者の自立支援に向けた取組みを行ってきたが，同法及び前記ホームレスの自立の支援等に関する基本方針を受けて，平成15年3月，「大阪市野宿生活者 (ホームレス) の自立の支援等に関する実施計画」を策定し，同実施計画に基づき野宿生活者の自立の支援に向けた各種施策，具体的には，野宿生活者巡回相談事業，自立支援センターの設置，運営，仮設一時避難所の設置，運営，日雇労働者等技能講習会及び保健医療対策等を行っていること，このうち，自立支援センターの設置，運営については，失業等により住居を失い，大阪市内の公園，路上等で起居している者のうち就労意欲のある者，稼働能力のある者に対し，宿所及び食事を提供するとともに，生活相談，健康診断，職業相談を行うことによりこれらの者の就労による自立と社会復帰を支援することを目的として，大阪市内に自立支援センター5施設が設置，運営されており (うち2施設は平成18年1月開所)，これらの施設において，宿所，入浴，シャワー及び食事の提供，日用品の支給，生活，心身の健康等の相談指導，公共職業安定所との連携の下で就労に必要な職業相談，職業紹介，医師及び看護師等による健康診断や必要な医療の提供，面接のための被服の貸与，必要な交通費の貸与，自立阻害要因の除去のための法律相談等の支援が行われていること，これらの施設の入所期限は，就労による自立と社会復帰を支援することを目的とするものであることにかんがみ，原則として3か月，最大6か月とされているが，現実には状況に応じて6か月を超えて入所を認める弾力的な運用が行われており (平成17年12月末現在の退所者総数のうち約29.7パーセントが入所期間6か月を超えている。)，また，居室は複数人の共用とされていること，仮設一時避難所の設置，運営については，現在，大阪城公園内に都市公園法7条7号，同法施行令12条10号に基づく仮設の物件又は施設として，前記大阪市公園条例8条の2に

〔資　料〕

基づき，大阪城仮設一時避難所が設置，運営されていること，同避難所は，当初は大阪城公園内の野宿生活者を支援するための施設として設置されたが，平成16年2月からは緊急対応を要する場合に限り大阪城公園以外の公園において起居する野宿生活者をも一部対象とし，平成17年12月ころ，その規模を縮小し，その開設期限を延長した上，靭公園内の野宿生活者も受け入れる運用を行っていること，同避難所においては，門限や起床，就寝等の日課の定めはなく，犬舎や空き缶，銅線の加工に必要な作業場所が確保されているほか，入浴，シャワー設備が備えられ，1日1食夕飯用として米飯とふりかけ等が提供され，年1度健康診断が行われ，また，看護師による医療相談，弁護士による法律相談を受けることができるものとされ，公共職業安定所との連携による職業相談，職業紹介が行われ，また，所内作業として，清掃作業，巡回警備，アルミ缶買収作業の希望者へのあっせんが行われていること，平成17年12月31日当時，上記5か所の自立支援センターの入所可能者数は合計295人，大阪城仮設一時避難所の入所可能者数は140人となっていること，同日現在の自立支援センター（3施設）における退所者総数2817人のうち1219人（約43.3パーセント）が就労し，246人が生活保護を受けていること，同日現在の大阪城仮設一時避難所における退所者総数256人のうち自立支援センター入所が4人，就労が56人（約21.9パーセント），入院が70人，施設入所が32人，居宅確保が35人（約13.7パーセント）となっていること，自立支援センターにおいては，同センターを就労退所した者に対し，退所後約1年間，現在の生活状況の確認，生活や職場に関する相談，助言，指導，職場定着指導，やむを得ず失業した者に対する就職相談等が行われていること，就労退所者の就労継続率は約77.2パーセントとなっていること，以上の事実が一応認められる。

　以上認定説示したところによれば，我が国においては，都市公園，河川，道路，駅舎その他の施設を故なく起居の場所とし，日常生活を営んでいるいわゆるホームレスについて，宿泊場所の一時的な提供，日常生活の需要を満たすために必要な物品の支給その他の緊急に行うべき援助，生活保護法による保護の実施，自立の意思があるホームレスに対する安定した雇用の場の確保，住宅への入居の支援等による安定した居住の場所の確保等のホームレスの自立の支援及びホームレスに関する問題の解決のための法制度が整備され，

〔資料〕

　大阪市においては，ホームレスの自立の支援等に関する施策の一環として，自立支援センター及び仮設一時避難所が設置，運営され，ホームレスの就労及び居住の場所の確保等について一定の成果を上げているものと一応認められるのであり，上記認定事実等からは，申立人らについても，本件各除却命令当時において，これらの自立支援センターや仮設一時避難所に入所することにより，大阪市の提供するホームレスの自立等に関する施策に基づく前記のような措置を受けることが可能であったと一応認められるところである。
　そうであるとすれば，本件各除却命令に基づく行政代執行が行われることにより申立人らが被る不利益の内容，性質，程度に加えて，仮設一時避難所及び自立支援センターについて申立人らが指摘するようなプライバシーの保護，入所期限等の問題等をしんしゃくしてもなお，本件各除却命令が，前記のような憲法13条，25条の趣旨に照らして，相手方の裁量権の範囲を超え，又はその濫用があったものとして違法であるということはできないというべきであり，また，ホームレスの自立の支援等に関する特別措置法11条に違反するということもできない。
　以上のとおりであるから，本件各除却命令が比例原則に違反し違法である旨の申立人らの前記主張は，採用することができない。
　(5)　以上によれば，本件各除却命令が違法であるとは認め難いから，本件申立てについては，行政事件訴訟法25条4項にいう「本案について理由がないとみえるとき」に当たるものというべきである。
　3　以上によれば，その余の点について判断するまでもなく，本件執行停止申立ては理由がないから，これを却下すべきである。
　よって，主文のとおり決定する。

　　　平成18年1月25日
　　　　　大阪地方裁判所第2民事部
　　　　　　　　　　　　裁判長裁判官　　西　川　　知一郎
　　　　　　　　　　　　裁判官　　　　　田　中　　健　治
　　　　　　　　　　　　裁判官　　　　　森　田　　　　亮

〔資 料〕

　　　　　　　　当 事 者 目 録

大阪市西区靱本町1－9
　　　申 立 人（原 告）　　　　　　Y
大阪市西区靱本町1－9
　　　申 立 人（原 告）　　　　　　H
大阪市西区靱本町1－9
　　　申 立 人（原 告）　　　　　　O
大阪市西区靱本町1－9
　　　申 立 人（原 告）　　　　　　N
　　　上記4名訴訟代理人弁護士　　熊 野　勝 之
　　　同　　　　　　　　　　　　武 村　二三夫
　　　同　　　　　　　　　　　　後 藤　貞 人
　　　同　　　　　　　　　　　　小久保　哲 郎
　　　同　　　　　　　　　　　　木 原　万樹子
　　　同　　　　　　　　　　　　遠 藤　比呂通

大阪市北区中之島1丁目3番20号
　　　相 手 方（被 告）　　　　大　阪　市
　　　上 記 代 表 者 市 長　　　關　　淳 一
　　　上記訴訟代理人弁護士　　　馬 場　昭 彦
　　　処 分 行 政 庁　　　　　大　阪　市　長
　　　　　　　　　　　　　　　關　　淳 一
　　　　　　　　　　　　　　　　　　　　　以 上

示す範囲

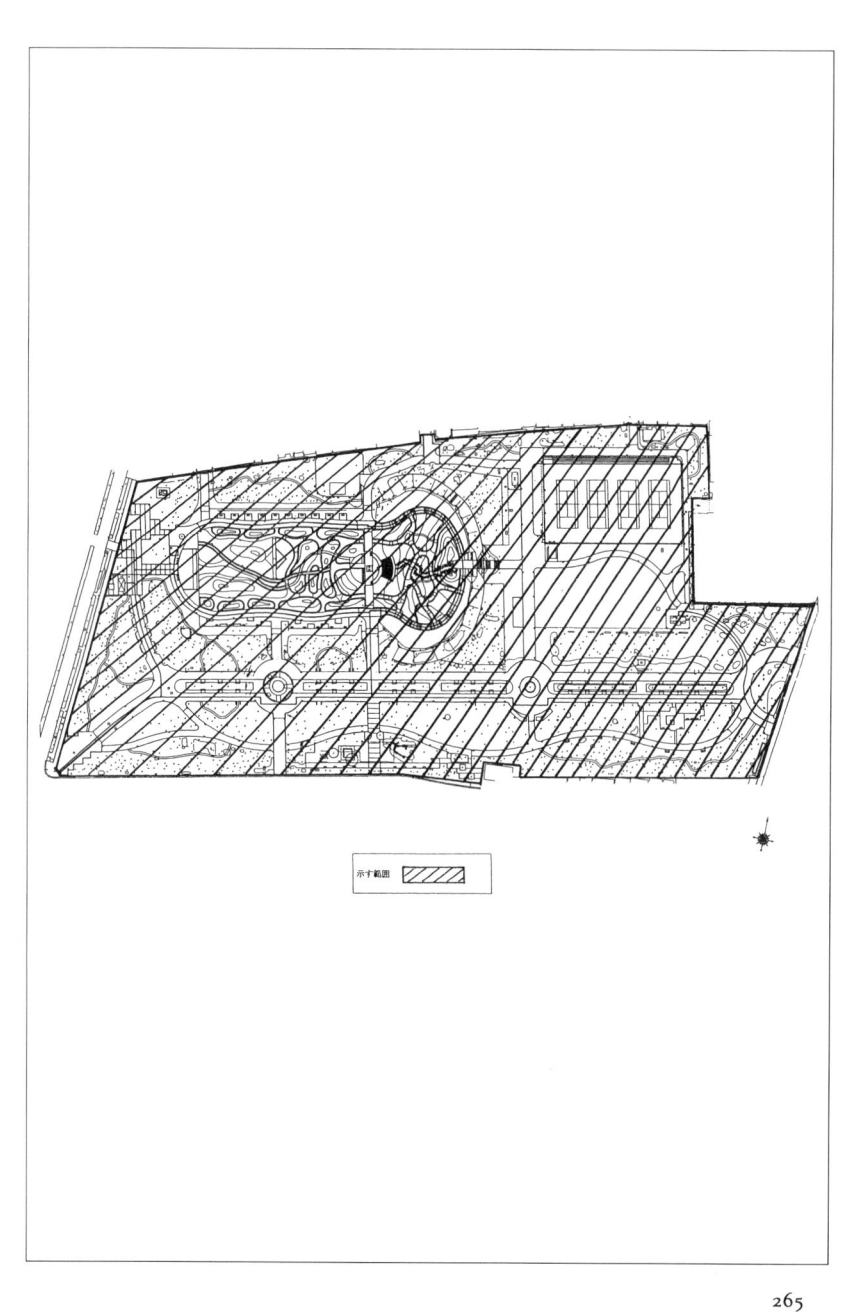

参考文献

阿部浩己	『国際人権の地平』(現代人文社, 2003 年)
阿部信行	「『法体系の交代』理論を求めて——ケルゼン・ハート二つの革命論」法学 69 巻 6 号 (2006 年)
安藤仁介	「国際社会と日本」佐藤幸治＝初宿正典＝大石眞編『憲法五十年の展望Ⅰ 統合と均衡(有斐閣, 1998 年)
安念潤司	「憲法訴訟の当事者適格について」芦部信喜先生還暦記念論文集刊行会編・芦部信喜先生還暦記念『憲法訴訟と人権の理論』(有斐閣, 1985 年)
	「『外国人の人権』再考」樋口陽一＝高橋和之編・芦部信喜先生古稀祝賀『現代立憲主義の展開(上)』(有斐閣, 1993 年)
	「信教の自由」樋口陽一編『講座憲法学 3・権利の保障 (1)』(日本評論社, 1994 年)
	「憲法と憲法学」樋口陽一編『ホーンブック憲法 (改訂版)』第 1 章 (北樹出版, 2000 年)
新井　章	「戦後憲法裁判と憲法訴訟論——弁護士としての体験から」樋口陽一＝高橋和之編・芦部信喜先生古稀祝賀『現代立憲主義の展開(下)』(有斐閣, 1993 年)
アーレント, ハナ	『全体主義の起原 2　帝国主義』(大島通義＝大島かおり訳, みすず書房, 1972 年)
	『パーリアとしてのユダヤ人』(寺島俊穂＝藤原隆裕宜訳, 未來社, 1989 年)
蟻川恒正	「国家と文化」岩村正彦ほか編『岩波講座 現代の法 1』(岩波書店, 1997 年)
浅野豊美	「植民地での条約改正と日本帝国の法的形成——属人的に限定された『単位法律関係』と『共通法』の機能を中心に」浅野豊美＝松田利彦編『植民地帝国日本の法的構造』(信山社, 2004 年)
	「国際秩序と帝国秩序をめぐる日本帝国再編の構造——共通法の立法過程と法的空間の再定義」浅野豊美＝松

 　　　　　　　田利彦編『植民地帝国日本の法的展開』(信山社，2004年)
芦部信喜　　「合憲性推定の原則と立法事実の司法審査——アメリカの理論・実態とその意義」清宮四郎博士退職記念論文集刊行委員会編・清宮四郎博士退職記念『憲法の諸問題』(有斐閣，1963年，後に芦部『憲法訴訟の理論』〔有斐閣，1973年〕所収)
　　　　　　　「法は事実から生ずる」法学セミナー255号(1976年。後に，芦部『憲法叢説1 憲法と憲法学』〔信山社，1994年〕所収)
新　正幸　　「基本権の構成要件について」藤田宙靖＝高橋和之編・樋口陽一先生古稀記念『憲法論集』(創文社，2004年)
Craven, Matthew　The International Covenant on Economic, Social and Cultural Rights, Oxford. Univ. P. (1995)
Davis, K. C.　An Approach to Problems of Evidence in the Administrative Process, 55 Harv. L. Rev. 364 (1942).
江橋　崇　　「立法事実論」「二重の基準」芦部信喜編『講座憲法訴訟第2巻』(有斐閣，1987年)
　　　　　　　「外国人の参政権」樋口陽一＝高橋和之編・芦部信喜先生古稀祝賀『現代立憲主義の展開(上)』(有斐閣，1993年)
江川英文＝山田鐐一＝早田芳郎　『国籍法(第3版)』(有斐閣，1997年)
遠藤比呂通　「国家・社会・個人——或いは公共について」藤田宙靖＝高橋和之編・樋口陽一先生古稀記念『憲法論集』(創文社，2004年)
藤井俊夫　　『憲法訴訟と違憲審査基準』(成文堂，1985年)
藤倉皓一郎　「アメリカにおける公共訴訟の一原型——人種別学解消訴訟における救済の範囲」法学協会編『法学協会百周年記念論文集第2巻　憲法行政法・刑事法』(有斐閣，1983年)
藤田宙靖　　『行政法学の思考形式』(木鐸社，1978年)
　　　　　　　『行政組織法』(有斐閣，2005年)
　　　　　　　『行政法Ⅰ総論(第4版改訂版)』(青林書院，2005年)

参考文献

Freund, P.	On Understanding the Supreme Court (1949)
	The Supreme Court and Civil Liberties, 4 Vand L. Rev. 533 (1951)
	Review of Facts in Constitutional Cases, in Supreme Court and Supreme Law (Cahn ed.)
	The Supreme Court and American Economic Policy, 4 Judicial Review 142 (1959)
	The Supreme Court of the United States (1961).
長谷部恭男	「『外国人の人権』に関する覚書——普遍性と特殊性の間」小早川光郎＝宇賀克也編・塩野宏先生古稀記念『行政法の発展と変革(上)』(有斐閣, 2001年)
	「司法の積極主義と消極主義」『憲法の理性』(東大出版会, 2006年) 第14章
橋本博之	「判例実務と行政法学説——方法論をめぐる一考察——」小早川光郎＝宇賀克也編・塩野宏先生古稀記念『行政法の発展と変革(上)』(有斐閣, 2001年)
早川武夫	「司法過程における社会科学」法思考の問題・法哲学年報1960 (1961年)
早坂禧子	「公物管理行政と実力行使の限界」新正幸＝早坂禧子＝赤坂正浩編・菅野喜八郎先生古稀記念論文集『公法の思想と制度』(信山社, 1999年)
樋口陽一	「違憲審査における積極主義と消極主義——衆議院議員定数配分の違憲判決に即して——」判例タイムズ337号(1976年)
	『比較のなかの日本国憲法』(岩波書店, 1979年)
広中俊雄	『警備公安警察の研究』(岩波書店, 1973年)
	『法社会学論集』(東京大学出版会, 1976年)
	『民法綱要第1巻 総論(上)』(創文社, 1989年)
今村成和	「猿払事件第1審判決と最高裁」判例時報757号 (1974年)
井上英夫	「在日・韓国朝鮮人と社会保障の権利——第2次塩見訴訟によせて——」金沢法学36巻1・2号 (1994年)
石川健治	「人権論の視座転換——あるいは『身分』の構造転換」ジュリスト1222号 (2002年) 2頁

参考文献

	「人格と権利——人権の観念をめぐるエチュード」ジュリスト 1244 号（2003 年）24 頁
	「コスモス——京城学派公法学の光芒」酒井哲哉編『岩波講座・「帝国」日本の学知第 1 巻 「帝国」編成の系譜』（岩波書店，2006 年）
伊藤正己	『言論・出版の自由』（岩波書店，1959 年）
伊藤　剛	『ラーレンツの類型論』（信山社，2001 年）
Karst, K.	Legislative Facts in Constitutional Litigation, 1960 Supreme Court Review 75.
河原畯一郎	「集会，集団行進の許可制と届出制」ジュリスト 82 号（1955 年）
	「違憲審査の基準について——立法政策の審査はできないか」ジュリスト 116 号（1956 年）
	「東京都条例の違憲判決について——明白かつ現在の危険と司法審査の制約の問題」ジュリスト 161 号（1958 年）
	「東京都公安条例の判決中にあらわれたアメリカ法の理論」ジュリスト 208 号（1960 年）
川崎英明	『刑事再審と証拠構造論の展開』（日本評論社，2003 年）
金　泰明	『マイノリティの権利と普遍的人権概念の研究』（トランスビュー，2004 年）
北村隆憲	「法の物語と紛争の語り」法社会学 60 号（2004 年）
小早川光郎	『行政法(上)』（弘文堂，1999 年）
小泉良幸	『リベラルな共同体——ドゥオーキンの政治・道徳理論』（勁草書房，2002 年）
	「入国の自由」法学 67 巻 5 号（2004 年）
小島妙子	『ドメスティック・バイオレンスの法——アメリカ法と日本法の挑戦』（信山社，2002 年）
小久保哲郎	「野宿者に敷金支給・居宅保護の道開く」賃金と社会保障 1321 号（2002 年）
	「ホームレス支援は居宅保護が原則」賃金と社会保障 1358 号（2003 年）
駒村圭吾	「討議民主政の再構築」中村睦男＝大石眞編・上田章先生喜寿記念論文集『立法の実務と理論』（信山社，

参考文献

	2005 年)
古崎慶長	「立法活動と国家賠償責任」判例時報 1116 号 (1984 年)
香城敏麿	『憲法解釈の法理』(信山社, 2004 年)
熊野勝之	「それでも忠魂碑は戦争賛美の宗教施設である」法学セミナー 462 号 (1993 年)
	「政教分離訴訟があらわにした最高裁判所の病理」大阪弁護士会会報第 205 号 (1997 年)
松井茂記	『二重の基準論』(有斐閣, 1994 年)
三島 聡	『刑事法への招待』(現代人文社, 2004 年)
森田寛二	「許可・公企業の特許などの合理的再構成(上)(下)——『自由』に関する『法律学』的研究 第 1 部」自治研究 78 巻 7 号, 8 号 (2002 年)
毛利 透	「人種分離撤廃の現実と法理論——憲法訴訟における事実解釈の研究(1)(2)」国家学会雑誌 106 巻 7・8 号, 107 巻 7・8 号 (1993, 1994 年)
棟居快行	『憲法学再論』(信山社, 2001 年)
中平健吉	「憲法訴訟における実務上の諸問題」公法研究 35 号 (1973 年)
西川雅偉	「田螺貝のひそひそ話——『なぞとき狭山事件』(1)〜(25)」幕文庫第 1 号〜第 26 号 (2000〜2006 年) (ペンネーム「田西我意」)
西村枝美	「法令審査における厳格さ——日本の判決に基づく再構成の試み」安藤高行=大隈義和編・手島孝先生古稀祝賀論集『新世紀の公法学』(法律文化社, 2003 年)
野中俊彦	「立法義務と違憲審査権——選挙権訴訟を素材に——」芦部信喜先生還暦記念論文集刊行会編・芦部信喜先生還暦記念『憲法訴訟と人権の理論』(有斐閣, 1985 年)
	『憲法訴訟の原理と技術』(有斐閣, 1995 年)
野坂泰司	「司法における裁量」公法研究 55 号 (1993 年)
大橋洋一	「新世紀の行政法——行政過程論を超えて」小早川光郎=宇賀克也編・塩野宏先生古稀記念『行政法の発展と変革(上)』(有斐閣, 2001 年)
大石和彦	「司法審査における反専門技術性という困難」法学 67 巻

	5 号（2004 年）
大久保史郎	『人権主体としての個と集団』（日本評論社，2003 年）
	「『立法事実』論からみた国公法 102 条 1 項・人事院規則 14‐7，110 条 1 項 19 号の違憲性」法律時報増刊『新たな監視社会と市民的自由の現在――国公法・社会保険事務所職員事件を考える』（日本評論社，2006 年）
大西祥世	『女性と憲法の構造』（信山社，2006 年）
大貫裕之	「『立法裁量』の考察」新正幸＝鈴木法日児編・菅野喜八郎教授還暦記念『憲法制定と変動の法理』（木鐸社，1991 年）
大田匡彦	「生活保護法 27 条に関する一考察」小早川光郎＝宇賀克也編・塩野宏先生古稀記念『行政法の発展と変革(下)』（有斐閣，2001 年）
奥平康弘	『憲法裁判の可能性』（岩波書店，1995 年）
笹沼弘志	「排除原論――憲法学的考察」Shelter‐less 29 号（2006 年）
佐藤幸治	『憲法』（青林書院新社，1981 年）
	『日本国憲法と「法の支配」』（有斐閣，2002 年）
澤登文治	「自己負罪拒否権の歴史的展開(1)，(2・完)」法政理論 24 巻 2 号（1991 年），25 巻 1 号（1992 年）
芹沢　斉	「近代立憲主義と『抵抗権』の問題――『実定法上の抵抗権』概念批判――」現代憲法学研究会編・小林直樹先生還暦記念『現代国家と憲法の原理』（有斐閣，1983 年）
塩野　宏	『行政法Ⅰ（第 4 版）』（有斐閣，2005 年）
白取祐司	『刑事訴訟法〔第 4 版〕（日本評論社，2007 年）
園部逸夫	「経済規制立法に関する違憲審査覚書」樋口陽一＝高橋和之編・芦部信喜先生古稀祝賀『現代立憲主義の展開(下)』（有斐閣，1993 年）
高橋和之	『憲法判断の方法』（有斐閣，1995 年）
玉井克哉	「法律の『一般性』について」樋口陽一＝高橋和之編・芦部信喜先生古稀祝賀『現代立憲主義の展開(上)』（有斐閣，1993 年）
田中英夫	「合衆国最高裁判所における違憲立法審査権の行使をめ

参考文献

	ぐる論議について」公法研究 36 号（1976 年）
寺島俊穂	「国家主権と国籍条項」慶應義塾大学法学政治学科開設百年記念『近代国家の再検討』（慶應義塾大学出版会，1998 年）
時國康夫	「憲法事実——特に憲法事実たる立法事実について——」法曹時報 15 巻 5 号（1963 年。後に，『憲法訴訟とその判断の手法』〔第一法規，1996 年〕所収）
	「憲法訴訟の方法と憲法判断の手法」ジュリスト 638 号（1977 年。後に，『憲法訴訟とその判断の手法』〔第一法規，1996 年〕所収）
	「憲法訴訟における立法事実論の位置づけ」Law School 3 巻 10 号（1980 年。後に，『憲法訴訟とその判断の手法』〔第一法規，1996 年〕所収）
戸松秀典	「立法裁量論」現代憲法研究会編・小林直樹先生還暦記念『現代国家と憲法の原理』（有斐閣，1983 年）
	『憲法訴訟』（有斐閣，2000 年）
Tribe,L	American Constitutional Law, 2nd. ed. 1987 (Foundation Press)
辻村みよ子	『憲法』（日本評論社，2000 年）
宇賀克也	「立法と国家賠償」樋口陽一＝高橋和之編・芦部信喜先生古稀祝賀『現代立憲主義の展開(上)』（有斐閣，1993 年）
呉煜宗	「家族の公共性」東北法学 14 号（1996 年）
内野正幸	「法律の違憲審査における『挙証責任』」芦部信喜先生還暦記念論文集刊行会編・芦部信喜先生還暦記念『憲法訴訟と人権の理論』（有斐閣，1985 年）
	『憲法解釈の論理と体系』（日本評論社，1991 年）
浦部法穂	『違憲審査の基準』（頸草書房，1985 年）
	「『靖国問題』と裁判所の憲法感覚」樋口陽一＝高橋和之編・芦部信喜先生古稀祝賀『現代立憲主義の展開(上)』（有斐閣，1993 年）
山川洋一郎	「利益衡量論」芦部信喜編『講座憲法訴訟　第 2 巻』（有斐閣，1987 年）
山村恒年	『行政過程と行政訴訟』（信山社，1995 年）

横田喜三郎　　　　『違憲審査』（有斐閣，1968 年）

〈著者紹介〉

遠藤 比呂通（えんどう・ひろみち）

1960年2月　甲府市生まれ
1987年9月より，1996年9月まで
　　　　　　東北大学法学部助教授（憲法講座）
1997年1月より，弁護士（大阪弁護士会）
（主要著作）
単著　『自由とは何か』（日本評論社，1993年）
共著　佐藤幸治編著『要説コンメンタール日本国憲法』（三省堂，1991年），樋口陽一編著『憲法概論（改訂版）』（放送大学教育振興会，1993年），樋口陽一編『ホーンブック憲法（改訂版）』（北樹出版，2000年）

市民と憲法訴訟　—CONSTITUTION AS A SWORD—

2007年（平成19年）5月15日　初版第1刷発行

著　者	遠　藤　比　呂　通	
発行者	今　井　　　貴	
	渡　辺　左　近	
発行所	信山社出版株式会社	
	〒113-0033　東京都文京区本郷6-2-9-102	
	電話　03（3818）1019	
	FAX　03（3818）0344	

Printed in Japan　　　　　印刷・製本／暁印刷・大三製本

©遠藤比呂通，2007．

ISBN978-4-7972-2484-9 C3332

・好評発売中・

女性と憲法の構造　大西祥世 著　12000 円(税別)

ジェンダーと法　辻村みよ子 著　3400 円(税別)

ジェンダーと法Ⅰ　信山社リーガルクリニック叢書
　　　　　　小島妙子・水谷英夫 著　3000 円(税別)

パリテの論理　男女共同参画の技法
　　　　　　　　　糠塚康江 著　3200 円(税別)

マイノリティの国際法　窪　誠 著　8000 円(税別)

講　座　国際人権
　　編集代表　芹田健太郎・棟居快行・薬師寺公夫・坂元茂樹
　1　国際人権法と憲法　　　　　　11000 円(税別)
　2　国際人権規範の形成と展開　　12800 円(税別)

信　山　社

――― 既刊・新刊 ―――

板寺一太郎著　12,000円
外国法文献の調べ方

平野秋夫著
法哲学史概要

高田敏・初宿正典編訳著　3,000円
ドイツ憲法集（第4版）

藤本哲也著　4,800円
概説・アメリカ連邦刑事手続

ドイツ憲法判例研究会編
栗城寿夫・戸波江二・根森健編集
ドイツの憲法判例Ⅰ(第2版)
ドイツの憲法判例Ⅱ(第2版)
ドイツの憲法判例Ⅲ (近刊)

栗城寿夫著　　　　　15000円
19世紀ドイツ憲法理論の研究

――― 信山社 ―――

―――― ブリッジブック ――――

ブリッジブック憲法　横田耕一・高見勝利 編　二〇〇〇円
ブリッジブック商法　永井和之 編　二一〇〇円
ブリッジブック裁判法　小島武司 編　二一〇〇円
ブリッジブック国際法　植木俊哉 編　二一〇〇円
ブリッジブック日本の政策構想　寺岡 寛 著　二一〇〇円
ブリッジブック先端法学入門　土田道夫・高橋則夫・後藤巻則 編　二〇〇〇円
ブリッジブック先端民法入門　山野目章夫 編　二〇〇〇円
ブリッジブック法哲学　田中孝彦 編　近刊
ブリッジブック国関係学　井上寿一 著　二〇〇〇円
ブリッジブック日本の外交　井上寿一 著　二〇〇〇円
ブリッジブック民事訴訟法　井上治典 編著　二一〇〇円

―――― 信山社 ――――